1,000% 자아 활용본
하늘과 통하였는가
(영성공부편)

1,000% 자아 활용법
하늘과 통하였는가
(영성공부편)

초판 1쇄 인쇄 2019년 11월 1일
초판 1쇄 발행 2019년 11월 5일

지은이 무진
펴낸이 金泰奉
펴낸곳 한솜미디어
등록   제5-213호

편집   박창서 김수정
마케팅 김명준
홍보   김태일

주소   05044 서울시 광진구 아차산로413
        (구의동 243-22)
전화   02)454-0492(代)
팩스   02)454-0493
이메일 hansom@hansom.co.kr
홈페이지 www.hansom.co.kr

값 15,000원
ISBN 978-89-5959-518-1 (03180)

* 잘못 만들어진 책은 구입하신 서점에서 바꿔드립니다.

1,000% 자아 활용법

하늘과 통하였는가
| 영성공부편 |

무진 지음

한솜미디어

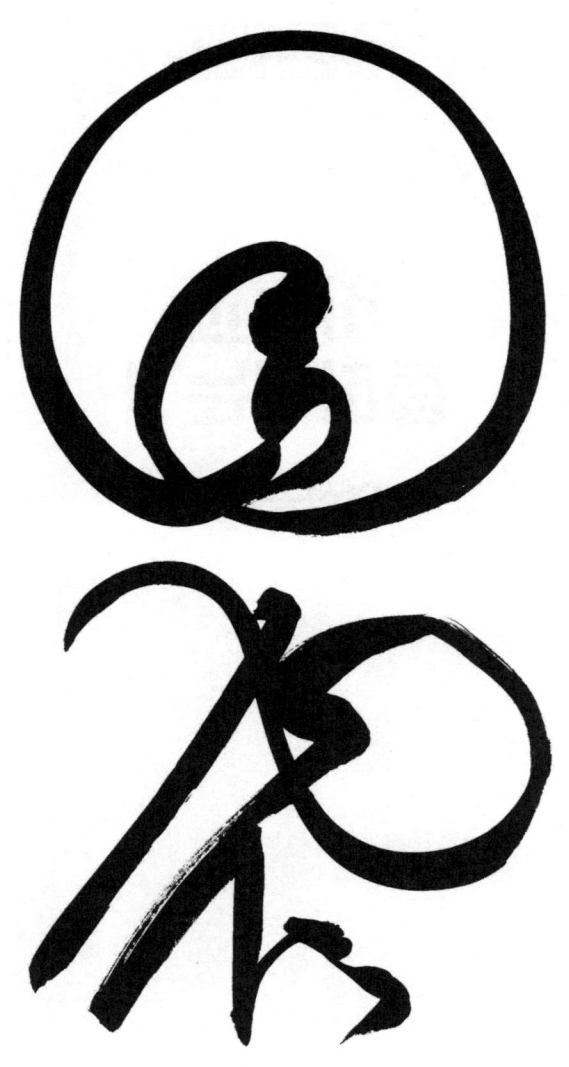

천문

천서

1,000% 자아 활용법
하늘과 통하였는가

제1장 _ 천신제자의 길

천신제자 _ 16
십행도, 천신제자가 되기 위한 조건 _ 18
영적으로 공부한 자는 항시 깨어 있다 _ 19
제자의 선택 _ 20
답은 항시 세 가지를 준다 _ 23
내적 수준 다지기 공부 _ 25
하늘의 제자가 되기 위해서(1) _ 28
하늘의 제자가 되기 위해서(2) _ 30
하늘의 제자가 되기 위해서(3) _ 32
배우는 자세 _ 34
3~4차원계 공부 방법 _ 35
두 번 기회를 준 제자에게 _ 38
자격을 못 갖춘 제자 _ 40
거짓의 옷을 벗은 제자 _ 44
제자들의 질문 수준 _ 46
영적 능력 향상을 위해서 _ 49
수행자와 구원자 _ 51

어려울 때는 본주본산에 가보자 _ 52
자신을 믿었는가? _ 54
하늘 법을 몰라 스스로 고문당한 제자 _ 56
인신을 다루지 못하면? _ 58
자업자득 공부 과정 이수 _ 60
옹고집 신명이 들어 있는 자 _ 63
믿고 싶었던 제자 이야기 _ 65
육체의 즈인은 누구인가? _ 69
받은 문제는 즉석에서 풀어야 한다 _ 72
지나간 정보 속의 틀 _ 74
내면의 상처 치유 _ 76
소속과 회자정리 _ 79
안일함에 내가 죽는다 _ 81

제2장 _ 하늘의 가르침

내면의 소리 _ 84
신명 이전 _ 86
자신의 존재 가치 _ 89
수험생 _ 90
좋은 시련은 놓치지 마라 _ 92
마음 아픈 상담 _ 93
신분 상담 _ 95

대오각성? _ 97
미운 오리 새끼 백조 _ 101
실천 사항 _ 103
명절증후군 _ 106
잡신 정리해 준 결과 _ 108
가정의 숲 _ 111
약초 농사지으면서 _ 112
결혼하려면? _ 115
성공의 기준은 어디에 두어야 하나? _ 117
영적 지능 향상 _ 119
꿈이 있어야? _ 121
모순된 사회 _ 123
대중목욕탕 _ 125
4차원 세계 활용법 _ 126
제자들 손에 들려오는 물건들 _ 128
어머니가 무당 _ 130
제자들을 가르치면서 _ 133
산소 파묘하는 방법 _ 137
왜 영성공부를 하는지 알아야 한다 _ 138
영성공부하는 방법 _ 141
영성공부는 파김치가 되어야 알 수 있다 _ 143
영성공부 중 제일 어려운 과정 _ 146
영성공부하고 나면 _ 147
숙명 개척 _ 148

제3장 _ 측은지심

우주의 원리 _ 152
기운을 읽어 내리는 방법 _ 156
인성교육 _ 158
하늘에서 부여받은 능력 수행 _ 160
수행보다 사람이 우선 _ 162
눈엣가시 _ 164
생각에도 기형이 있다 _ 166
자기 관리 _ 168
혼불 살리는 방법 _ 173
보살도의 깨어짐 정신 _ 176
대자연의 움직임 _ 177
천부경 열쇠 _ 178
말·말·말 _ 179
기도 제도 _ 182
측은지심 _ 183
스스로 해결하는 방법 _ 184
같은 부류 진단하는 방법 _ 188
마음의 긴장 _ 191
인터넷 속 세상 _ 192
수많은 문 _ 194
정신세계 홍수 속의 구분 _ 196
명상(1) _ 198

명상(2) _ 200
종교 속의 영성 _ 202
모순된 판의 연속 _ 204
뜻은 어디에 두어야 하나? _ 206
작가가 꿈이었던 어느 삶 _ 209
성공하고 싶다면 남 원망부터 고치자 _ 211
책 읽는 예절 _ 215
우주의 질서 _ 216
저자와의 만남 _ 218
단전호흡 부작용 _ 221
하늘은 여러 방법으로 겸손을 가르친다 _ 222
태어남 자체가 고(苦)인데 _ 225

제4장 _ 천제와 만행

천도라는 것? _ 230
제사장 자격증 _ 233
여행 천제(1) _ 236
여행 천제(2) _ 238
재생 여행 _ 240
자연에서 주는 소리 귀 _ 241
동해바다 _ 243
만행 _ 244

전생 여행 _ 245
국가 천제 _ 247
지금의 국가 정세 _ 248
위급 상황 처세 _ 252
보호령 교체 _ 255
뜬구름 잡는 에너지 _ 256
수행 등급 _ 257
신명의 원력 유효기간 _ 260
반성하는 자세 _ 262
질량이 찬 기운에 밀려나가는 기본 신 _ 264
선원 가족들 _ 267
후회 아닌 후회 _ 269
영과 혼 _ 272
책 읽는 방법을 지도하다 _ 274
내가 행하되 하늘이 평가한다 _ 276
하늘의 환수 _ 278
참신과 가신 _ 281
반성시키는 에너지 _ 282
하늘 무게 측정 _ 283

제5장 _ 약초 농사지으며

자연의 물리가 터지려면… _ 286

당뇨약 만드는 중 _ 288
당뇨약 완성 _ 289
당뇨약 효능 검증 _ 291
자신의 법을 갖춘 자가 되어라 _ 294
수행일지(1) _ 296
수행일지(2) _ 300
수행일지(3) _ 304
명리학 공부(1) _ 307
명리학 공부(2) _ 310
약초 농사짓는 이유(1) _ 312
약초 농사짓는 이유(2) _ 316
하계 만행 _ 319
영성공부 대학 과정 _ 320
선원 활성화 고민 _ 321
혼을 울리는 영성 멘토 _ 323
허심탄회한 사이 _ 326
아픔 속의 아픔 _ 327
무덤덤한 어머니의 사랑 _ 330
신문 _ 332
영적 결합 _ 333
건강의 행복 _ 335
건강의 행복 마무리 _ 339
짝사랑 _ 341
카페에 들어오는 회원 _ 343

딸의 트라우마 _ 345
전혀 예상치 못한 뜻밖의 질문 _ 347
딸내미의 탁한 에너지 이동 _ 349
웃고 살자 _ 351

제1장
천신제자의 길

천신제자

천신제자가 되기 위해선 우선 닦은 조상이 있어야 하고, 원력을 펼치는 천신들이 자리 잡고 있어야 한다. 다른 집안을 다스릴 충분한 원력이 있어야 한다.

첫 번째로 수신(修身)해야 한다.

하늘에서는 인간공부를 먼저 시킨다. 사람이 안 되어 있으면 신명 구성원들이 잡신들에게 끌려다니기 때문이다.

천신제자들은 첫째, 돈을 알아서는 안 된다는 것을 가장 먼저 수행시킨다. 둘째, 약속을 위반하지 않게 수천수만 가지로 수행시킨다. 셋째, 남 탓하지 말라고 여러 가지 억울한 상황을 만들어내 어떻게 처세하는지 지켜본다.

남 탓으로 돌리면 어느 날 그 사건을 나에게 뒤집어씌우는 상황을 실제 상황극처럼 만들어놓는다. 또다시 누구의 탓으로 돌리는지 시험을 치르게 하신다.

내 탓으로 인정하면 신명세계에서 움직여줌이다.

신명세계에서는 천신제자에게 피 묻히게 하지 않는다.

하늘에서는 악의 열매가 다 익어 터질 때까지 바라보고 있다. 인간이 스스로 어느 곳에서 멈추었는지, 멈추는 지점마다 악의 열매 값이 달라진다.

하늘을 알고 하늘만 믿고 따라가겠다고 약속한 제자들은 죽을 때까지 그 약속을 지켜야 한다는 것을 알아야 한다.

두 번째는 제가(齊家)이다.

내 주변과 내 가정을 돌보는 것이다. 내 가정, 내 주변을 돌보지 않는다면 원력은 주어지지 않는다.

세 번째는 치국(治國)이다.

나라와 백성을 위해 돌아가신 조상님들 해원할 수 있음이다. 나 개인만 잘 먹고 잘 살자 하는 천신제자에게는 그만한 신명을 전 안으로 좌정시킬 수 없다고 한다.

나라를 생각하는 마음, 중생 구제하는 마음 다 중요하지만, 자신의 심신을 갈고 닦으며, 자신의 가치를 발견하게 되면 자신의 신명 세계도 밝아지고, 근력과 원력은 수행의 경지가 높아질수록 다르게 내려올 것이다.

십행도, 천신제자가 되기 위한 조건

첫 번째, 나라와 민족을 위해서 일하는 자가 되겠는가?
두 번째, 나보다 남을 위해서 봉사하겠는가?
세 번째, 진정으로 하늘을 믿고 가는 마음이 섰는가?
네 번째, 하늘을 올바르게 전달하는 자가 되겠는가?
다섯 번째, 하늘의 마음으로 사랑을 전달하는 자가 되겠는가?
여섯 번째, 너의 가장 소중한 생명을 담보 잡힐 마음 자세가 되어 있는가?
일곱 번째, 부모에게 효도하고, 가정에 충실하며 책임지겠는가?
여덟 번째, 진정 하늘의 음성만 듣고 가겠는가?
아홉 번째, 하늘을 기만하고 사칭하는 자가 되지 않겠는가?
열 번째, 조화로운 인간이 되고자 노력하겠는가?

공부 받기 시작한 지 몇 달 안 되어 독도에 갈 일이 생겼다.
김포공항에서 광주공항까지 가는 비행기에서 십행도(열 가지)를 내려받았다.
나는 십행도 기준에 의해 제자들의 영적 공부를 지도하고 있다.

영적으로 공부한 자는 항시 깨어 있다

영적으로 공부한 사람은 항시 깨어 있다.

평범한 사람은 할 수 없지만, 영적으로 공부한 자는 인간이 잠을 자는 동안 몸 안에 있는 어느 한 영이 천상계와 영적인 말을 주고받거나 어떠한 정보를 공부로 내려주는 계시를 받는다.

영적으로 공부한 자는 천상계와 일종의 안테나로 연결된 상태에서 수면을 취하기 때문에 항시 의식이 깨어 있다.

그래서 깨어 있으라는 말은 어떠한 상황에 있든 천상계와 안테나를 연결시켜 놓으면 나도 모르게 천상계와 수많은 정보를 주고받게 된다는 의미이다.

영을 통해 깨어 있는 경지에 들어서면 인간으로서 할 수 없는 일을 할 수 있다. 다른 사람의 사주를 볼 수 있음은 물론이고, 여기저기 인간이 모르는 세계를 풀어갈 수 있다.

조상과 빙의 된 병도 말 한마디로 보낼 수 있고, 이유 없이 빙의 된 영들도 말 한마디로 보낼 수 있다.

그러나 그러한 내공을 아무나 펼칠 수는 없다. 빙의 된 사람을 치료하는 것은 영적으로 깨어 있는 자만이 가능하며, 기로 치료한다거나 운동요법으로 한다거나 손으로 주물러서 되는 것이 아니다.

영적으로 깨달음을 받아 영적으로 깨어 있는 자가 되자.

제자의 선택

하늘의 제자가 되기 위함은 자기를 버리고 간절히 자신을 새로이 찾기 원할 때 이루어지기는 하나 하늘의 시험이 너무 많아 그야말로 하늘의 별 따기다.

하지만 자신이 원하고 바라는 만큼 공부한다면 노력이 얼마 안 되어도 참된 마음만 있으면 하늘은 인간에게 큰 능력을 주신다.

제자들을 보면 여러 환경을 접하다 제자가 되는 경우가 있는데, 여기저기 안 다녀본 곳이 없을 정도로 남들에게 많이 속아서 시간만 허비한 것을 느낄 수 있었다.

신명이 높아서 무당이나 철학관을 찾아도 누구도 알 수 없는 것이 우리의 길이다. 오늘도 자기의 신명을 몰라 방황하는 사람이 있을 것이다. 허탈하기만 할 것이다.

그렇다. 하늘은 제자로 만들기 위해서 여러 가지 시련을 준다. 그냥 하늘의 제자가 될 수 없음을 알려주는 것이다. 그러나 인간은 그런 것을 모른다.

신은 처음에는 잘되게 했다가 나중에는 참을 수 없는 고통과 고난을 안겨준다. 자신이 그 상태를 모르기에 남들이 보면 꼭 정신병자처럼 행동한다.

우리나라 인구가 5,000만이 넘는데 이 중 많은 사람이 하늘의 제자로 살아가야 한다. 대한민국을 세계의 정신적 지도국가로 만들려면 영적 지도자가 많이 필요하기 때문이다.

신을 모시는 사람이 있는가 하면 신을 다루는 사람도 있다. 그러나 평범한 사람들은 그것을 모르고 자기의 인생을 묻곤 한다.

신을 모시는 것과 신을 다루는 것은 말 그대로 하늘과 땅 차이다.

다시 말해 책을 보거나 남의 말을 듣고 공부한 사람은 신을 모시는 형국이며, 하늘 문을 열어 하늘의 글과 말을 하는 사람은 신을 다루는 사람이다. 그러나 많은 사람들은 이러한 세계를 모르기에 무조건 신을 모시는 사람들을 찾아간다.

이제 신을 모시는 것과 신을 다루는 것을 알아서 바로 서는 나라를 만들어야 한다. 우선 자기 자신부터 바로 서야 온 국민이 바로 설 것이다.

우리가 알고 있는 상식 중에 왜곡되어 있는 것들이 너무도 많다.

우선 기도하면 어떤 것이든 원하는 대로 다 될 것 같지만 그렇지 않다. 물론 기도하면 어느 정도 마음이 정화되는 것은 분명하지만, 신들은 기도하는 것만으로 즐거워하지 않는다.

우선 자기 자신이 노력해야 한다. 그야말로 뼈를 깎는 고생을 하고 인내를 가져야 하늘에서 제자에게 능력을 임대해 준다.

인간은 신에게 감사하기보다 신을 다룰 줄 알아야 편안히 살 수 있다는 것을 깨우쳐야 한다.

제자가 되기 위해서는 남을 먼저 생각하는 마음을 가져야 하늘에 선택된다. 내가 하늘을 선택할 수는 없다.

다만 하늘에서 선택할 수 있도록 정직하게 살아야 한다. 남의 것을 탐내지 말고, 오직 어려운 사람들을 생각하며 살아야 한다.

그러므로 하늘의 제자가 되기 위해서는 어떠한 경우도 이해해야 하며, 인내심이 필요하다.

제자가 되었어도 하늘에서 항상 관리하기 때문에 한 번이라도 잘

못했다가는 임대해 준 능력을 다시 빼앗아간다. 그렇게 되면 다시 아무것도 모르는 상태가 된다.

  참으로 힘든 일이다. 쉽게 남의 기운을 읽어내리는 것이 아니다. 수억 가지 공부를 해야 겨우 남의 사주를 볼 수 있다. 그러므로 하늘의 제자가 되면 우주를 알 수 있다.

답은 항시 세 가지를 준다

천(天) · 지(地) · 인(人)

천부경은 굳이 해석하려고 애를 쓸 필요가 없다.

하늘을 알고 땅의 이치를 알고, 살아가고 또한 사람이 살아가는 우주의 원리만 알고 살아가도 천부경의 해석은 자연적으로 알게 된다.

인간에게 물음을 던지면 답은 꼭 세 가지를 준다.

첫 번째는 하늘의 물음 속의 천 · 지 · 인 이요,

두 번째는 대지의 물음 속의 천 · 지 · 인 이요,

세 번째는 인간의 이기심 속의 얄팍한 천 · 지 · 인이다.

물음은 언제 어느 때 어떻게 오는지 모른다.

인간이 죽으면 가져갈 것이 무엇이 있을까?

3차원 세계에 올 때는 인간세계에 적응하며 살아야 하므로 육신을 입고 오지만, 돌아갈 때는 유일하게 가져온 육신마저 3차원 세계의 지 · 수 · 화 · 풍으로 돌려보내고 순수한 정신을 가지고 돌아간다.

영성공부를 시작할 때 소감을 묻는다.

그 소감은 항시 세 가지로 내놓게 한다.

처음이 하늘의 소감이요,

두 번째가 대지 신들의 소감이요,

세 번째가 인간의 소감이다.

영성 지능을 계발하러 이 땅에 왔음에도 불구하고 천신제자들은 수준 높이는 노력들을 게을리한다.

마음의 변사들을 이기지 못한다. 영성공부는 마음의 변사를 먼저 끄집어 내놓게 한다. 그리고 저급신들의 버르장머리를 따끔히 공부시켜 다시 재생하게 한다.

신들의 시대가 막을 내렸는데도 불구하고 천신제자들 중에는 아직도 신들을 신앙하는 신봉자들이 많다. 내가 커야 하는데 자꾸만 신들에게 의존하니 스스로 법을 만들지 못한다.

선천시대는 문을 닫았는데, 습이라는 것이 무서워 지신들에게 자신들의 정신을 내어준다. 그렇다고 신들을 무시하는 것이 아니다. 신들은 수많은 세월 속에 혹사당했으니 그만 쉬게 하여(차원계) 실력을 더 닦아서 오게 하자는 것이다.

신명들의 의식 수준이 낮으니 국민들의 의식 수준도 낮다.

정치권 인사들의 수준들을 보라.

예나 지금이나 다른 것이 무엇이 있는가?

지금의 정부는 이념이 제대로 서 있지도 않은 학생들을 동원하여 데모에 휩쓸리게 하여 정치인들만 실속을 챙기고 있다.

최고의 지식을 갖추었다는 지성인들이 옛날의 유생과 다를 바가 무엇이 있나. 지성인들이 어찌하여 자기 자리를 지키지 못하고 정치인들의 이권에 놀아나고 있는지 참으로 한심하다.

항시 답은 세 가지를 준다.

하늘의 마음이냐, 땅의 마음이냐, 인간의 마음이냐.

지금은 영성시대이고, 환웅시대이다.

하늘에서 내려주는 답을 사용하기를 절실히 청하는 바이다.

내적 수준 다지기 공부

제자들에게 영성공부를 내려주면서 디지근한 마음이 드는 이유는 무엇 때문인가?

영성공부는 교재도 없고 읽을 경도 없다. 내가 할 수 있는 것은 영적 경험과 하고고 하는 것들, 천어와 천서를 본인들의 키만큼 부지런히 쓰라는 것이다.

경(經)이란 '말하다'를 뜻한다.

영성공부는 나의 법을 만들기 위해 하는 공부이다. 그러한데 제자나 준제들이 영성공부를 잡신들이 하는 조그마한 신통으로 착각하는 것 같아 답답함을 느끼는 것 같다.

영성공부는 나와 정신세계가 합일이 되어야 하는 영적 지능 개발이다. 신과 통하여 신통을 부리려는 것이 아니다.

영적 개발은 내가 어떠한 공부를 하는지 알 수 없다. 3년을 마음먹고 공부한다고 하늘에 고했으면 공부가 끝날 때까지 어떠한 공부들을 하고 있는지 알 수 없다.

때때로 궁금하여 교관들에게 슬며시 물어보면 확인차 잠시 알려주는 것은 있지만, 공부가 끝날 때까지는 알려주지 않는다.

나 또한 3년을 공부하면서 무엇을, 어떠한 공부인지도 모르고 하였다. 그리고 어떠한 공부를 하는지 궁금하지도 않았다.

영성공부는 어떠한 공부인지 알려고 하면 할수록 깊은 수렁으로 빠져들며, 누구의 말을 듣고 하는 공부가 아니라는 것을 명심했으면 한다.

나 자신과의 싸움을 누구에게 떠쓰려고 영성공부의 영 자도 모르는 민생들에게 말하는가?

누지고 처진 신명들을 3차원계로 되돌려 보내 다시 공부할 수 있는 기회를 주는 것인데 기초도 모르는 민생들이 어찌 알겠는가?

천신제자들은 정신 바짝 차렸으면 한다. 누지고 처진 내면세계를 제대로 청소하여 밝은 자가 되도록 하고, 영적 지능을 개발하고 향상하여 자신만의 법을 만들어 고향으로 돌아가는 자가 되었으면 한다.

영성공부는 나의 내면세계를 청소하고 새로운 산소를 주입하여 신세계를 구축하는 것이다.

사람이 신인 후천세계에서 신들에게 의지하지 말고 스스로 개척하여 어려운 환경 속에서 길을 헤매는 중생들을 구제하는 천신제자가 되었으면 한다.

요즘 상담하러 오는 인간들은 "제가 잘살 수 있나 봐주세요", "사주에 돈이 있나 봐주세요" 한다.

이러한 질문들을 할 때면 이 어린 중생을 어떻게 구제해야 하는지 한숨이 절로 나온다.

태어날 때 기본 사주는 가지고 나온다. 누가 빼앗지 않는다. 기본 사주를 개발하려면 영성공부를 제대로 하면 된다. 기본 사주를 배가 시켜 놓으면 앞으로 살아가는 데 곤경에 빠지지 않는다.

천어와 천서를 제대로 공부하면 하늘에서 상상도 못 할 능력을 내려주는데 자기 자신을 이기지 못하여 중도에 탈락하는 제자들을 지켜보면 안타깝다.

천서는 자기 키만큼 써야 한다고 다짐을 받아놓았는데도 진도를 거의 내지 못한다.

선원에 와서 대화를 나누는 것도 좋지만 천어와 천서를 쓰는 데 게으름을 안 피웠으면 한다. 본인들은 필요한 대화라고 생각하겠지만, 하늘에서 "이놈들아, 언제 정신 차리려 하느냐" 호통치고 있는 것을 모르는가.

이왕 하는 영성공부, 3년만 나 죽었소 하고 매진하기를 권한다.

천문이란 하늘의 법이다. 천문을 내려받기까지 부지런히 공부하였으면 한다.

하늘의 제자가 되기 위해서(1)

하늘의 제자가 되기 위해서 아무리 노력해도 할 수 없는 공부가 많다. 하지만 하늘의 선택을 받으면 할 수 있다. 다만 어려운 하늘의 시험을 통과해야 한다.

나는 하늘의 시험지를 너무 많이 받아왔다. 인간의 한계가 어디까지인지 스스로 알아볼 수 있는 좋은 기회라고 위로하며 긍정하는 마음으로 시험지를 마주하였지만, 하늘의 제자가 된다는 것은 그야말로 다시 태어나는 것이고, 거듭나는 것이다.

거듭난다는 것은 인간으로서는 쉽게 알 수 없는 경지이다.

신을 받는 것으로 만족하지 않고, 하늘세계를 알아가는 것이므로 그 어느 공부할 때보다 정신 차리지 않는다면 절대로 갈 수 없는 길이다.

시험을 마치면 언젠가는 좋은 일이 있겠지만, 하늘공부는 좋은 것을 바라고 하는 공부가 아니다.

학교에는 공부할 수 있는 교재들이 있지만, 하늘공부는 교재가 따로 없고 인간이 전혀 알 수 없는 방향으로 진행되기에 지식 습득 공부보다 몇 배 힘들다는 것을 알아야 한다.

하늘공부를 할수록 하늘을 알면 알수록 하늘의 세계는 멀어진다. 그러다 멀리 도망가면 슬쩍 하늘이 내 옆에 와 있다.

오늘은 어떤 것을 아는 것 같지만, 다음 날은 전에 알았던 것은 아무 쓸모 없을 때도 있다. 그러므로 하늘공부는 어떠한 규칙도 없으며, 인간이 상상하는 잣대로 생각한다면 도무지 알 수 없다.

오랜 시간에 걸쳐 하늘공부를 하지만 끝이 없는 공부라는 것을 스스로 느껴야 한다.

어느 사람은 책을 읽어야 한다지만 영성공부는 책을 읽으면 읽을수록, 지식을 알면 알수록 힘들어지게 만든다. 누구나 알 수 있는 정보는 이미 죽은 정보라고 한다. 하늘 도서관에 새로운 정보가 얼마나 많은데 이미 써먹은 정보를 취해서 무엇 하나?

지식으로 한다면 얼마나 쉬울까 생각할 때가 많았다. 그러나 지식으로 알 수 없는 길이기에 이렇게나마 하늘공부 하는 사람들에게 조언해 주고 싶다.

어떤 것을 안다고 하늘공부를 하는 것은 아니다.

하늘공부는 돌라도 아는 것이고, 알아도 모르는 것이다. 하늘은 조화를 부리기에 사람의 마음으로 하늘을 헤아린다면 그 순간부터 하늘의 기운을 알 수 없다.

하늘의 제자가 되기 위해서(2)

도(道)는 자기 자신을 이기는 것이며, 깨달음을 아는 것이다. 그래서 인간에게 하늘의 세계가 잘못 알려지는 것이 안타까울 뿐이다.

하늘의 제자가 되면 우선 하늘의 언어를 쓰며 하늘의 글을 배우기 시작한다. 하늘의 글은 오묘해서 인간의 머리로는 해석이 안 되며 해석하려고 한다면 목숨을 버릴 각오로 노력해야 한다.

그만큼 하늘의 세계는 우리가 알지 못하는 언어와 알지 못하는 글을 가졌기에 쉽게 알 수 없다.

하늘의 제자가 되려면 많은 시련이 있다는 것을 알아야 한다. 인간의 머리로는 알 수 없는 시련과 고통이 언제 일어날지 모르기에 그 순간의 두려움과 무서움은 상상할 수 없으며, 여러 현상을 경험하고 시험을 거친다.

어떤 사람은 교육을 받아 교수가 되어 여러 형태로 기(氣)나 영(靈)이나 신(神)을 연구하여 논문을 쓰기도 한다.

그러나 이런 것이 모순이라는 것을 알아야 하며 하늘이 주는 여러 메시지를 바로 알 수 없을 뿐만 아니라 전달하기에 너무도 먼 거리라는 것을 알아야 한다.

그러므로 인간이 하늘을 안다는 것은 스스로 해서는 안 되고 하늘의 선택을 받아야 한다는 것을 알아야 한다.

하늘의 세계는 우리가 알 수 없는 일이 너무도 많기에 영적으로 접근해야지, 인간의 지식으로 하늘을 읽을 수 있다고 생각한다면 그 사람은 한 단어도 읽어내리지 못한다.

인간은 수많은 영으로 구성되어 있는 하늘의 도구다. 다만 그것을 인식하지 못하고 살기 때문에 많은 시행착오가 있는 것이다. 하늘공부를 한 사람으로 인간의 세계가 얼마나 인간을 모르고 사는지 지금도 안타까울 뿐이다.

나는 많은 것을 내려받았으므로 인간 사회에 조금이라도 보탬이 되고자 한다.

하늘의 제자가 되기 위해서(3)

흔히 마음을 비워야 한다고 한다.

그러나 마음 비우기가 그리 쉬운 것은 아니다.

사람은 저마다 자신의 마음을 비우며 살고 있는 줄 착각한다. 그렇지 않다는 것을 알지 못하는 것이 문제다.

사람은 자신이 마음을 비울 수 없다. 마음을 비웠다면 그것은 이미 하늘이 같이 노력해 주었기에 가능한 것이다.

마음을 비웠다는 것은 비운 만큼 마음의 문이 열렸다는 뜻이다. 마음을 비울 수 있는 수많은 노력과 인내가 준비되어 있을 때 비로소 하늘에서 마음을 열어준다.

그렇다. 마음을 비운다는 것은 하늘에 자기를 낮추고 많은 사람들에게 좋은 본보기가 되는 것이다.

마음을 비우면 우리가 알고 있는 여러 가지 상식이 지금까지 알았던 것보다 훨씬 많이 잘못되어 있다는 것을 알게 될 것이다. 자기가 부정했던 것이 이해가 되고, 자기가 알고 있던 것이 더욱더 내 안의 신성으로 들어가 깊이를 알게 되고, 하늘의 법칙에 순응하게 되고, 어떻게 살아왔는지 스스로 자신을 평가하게 된다.

하늘의 법을 안다는 것은 잘사는 것이 아니다. 항상 하늘의 순리를 남에게 알려주는 것이다.

그러나 사람들은 이것을 알지 못하기에 말을 듣지 않는다.

그저 자기만 잘살려 하기에 서로 못사는 것이다.

우리는 하늘과 가장 가까운 민족이다. 그러나 우리 민족은 하늘의 법을 따르지 않는 사람들로 인해 많은 것을 놓치고 있다.

하늘의 제자가 되려면 가장 먼저 '자기 자신은 없다'라고 생각해야 하며 0.00000001초라도 한눈을 팔아서는 안 된다. 신을 받은 사람이 이렇게 한다면 통하지 않았기 때문이다.

다시 말해 어떠한 것을 안다는 것은 신을 통해서 아는 것이 아니라 직접 하늘에서 내려오는 것을 가지고 판단해야 한다. 지금 우리나라에서 점을 보는 사람들은 대부분 신을 가지고 점을 보는데 접신해서 보는 경우가 90%이다.

사람의 일생은 이미 하늘의 기운이 70%는 정해 놓았기 때문에 그 순리를 따라가지 않는다면 더 어려운 길로 갈 수밖에 없다.

그러나 인간은 그 내용을 알 수 없다. 그러다 보니 나이만 먹고 시간만 허비하는 것이다.

자기 자신을 안다면 살아가는 동안 많은 일을 할 수 있는데 자신을 알 수 없으니 요즈음 사람들은 자기를 알려고 자기 나름대로 자신을 찾으려 한다.

그러나 자기 자신을 찾으려는 것도 욕심이라는 것을 알아야 하며, 자기 자신은 자기도 모르게 찾아지는 것이며 자기 자신을 안다면 세상이 시시할 뿐이다.

그러므로 자기 자신을 안다면 이미 그것은 하늘을 닮은 것이다.

배우는 자세

제자들이 영성공부를 시작하면서 부딪치는 부분들을 이야기하면서, 영성으로 하는 공부는 자기 자신을 공부시키는 거라고 누누이 설명해 줘도, 자신의 내면 구성원들을 공부시키지는 않고 아는 것을 내놓으려고 한다.

하늘에서 시키는 공부는 인간이 알려고 하면 할수록 알 수 없게 해 놓으니 알려고 하지 마라. 다만 3년 공부가 끝나면 자연스럽게 알 수 있을 것이다.

3년 공부하기로 약속했으면 궁금해하지도 말고, 알려고도 하지 말고, 배우는 자세로 비가 오나 눈이 오나 선원에 오다 보면 어느 날 조상신들 정리할 때도 있을 것이고, 나의 기본 신들도 바꾸어줄 때도 있다.

영성으로 공부하는 자들은 아는 것은 보자기에 싸놓아 장롱에 깊숙이 넣어두고, 모르는 것을 배움에 힘써야 한다. 선원에 올 때는 배우러 오는 마음 자세부터 키워서 왔으면 한다.

각자의 내면 구성원들을 공부시켜서 영성으로 진화시키고 성장시키려면 '열심히 배우겠습니다' 하는 겸손의 자세가 필요하다.

3~4차원계 공부 방법

정신세계를 공부하는 사람들은 3차원 세계에 왜 왔는지 의문을 가져야 한다. 그리고 필수 물음으로 따라다녀야 하는데 그래서 항시 영적으로 깨어 있으라고 화두를 주는 것이다.

사람은 억지로 화두를 고민하려 하기 때문에 주어진 화두를 알 수 없다.

화두는 사람에게 던진 것이지만 신명들에게 영적으로 던져준 것이기도 하다. 3~4차원계에서 정신세계 문제를 동시에 풀어야 카르마가 정리된다.

천부경의 일시무시일(一始無始一) … 일종무종일(一終無終一).

이 뼈대만 풀면 천부경은 누구나 풀 수 있다.

시작과 끝은 누구에게나 숙명처럼 주어진다. 다만 활용 방법을 어떻게 풀어나가느냐에 따라서 3, 4차원계의 문제를 풀 수 있다.

정신세계에 입문한 자나 시작한 자 모두 시작과 끝이 있다. 그러나 시작과 끝은 똑같지 않다.

어제 남자 제자를 받아주었다.

대화하면서 답답한 것은 지금껏 남의 공부한 것들만 찾아다니면서 귀동냥 눈동냥하고 다녔다는 것이다.

본인의 혼은 어디에 있으며, 나의 신명들은 어디에 있으며, 내가 살아가는 주체는 어디에서 받아서 풀어갈 것이냐를 들여다보니, 한숨만 꽉 차 오른다.

그 남자만 그런 것이 아니다. 대다수가 공부하겠다고 선지식인들이 말장난한 것을 대단하다고 여겨 따라다니면서 눈동냥, 귀동냥하며 뿌리 없는 말들을 한다. 그리고 본인들 것인 양 여기저기 떠돌아다니면서 대변하고 다닌다.

어느 단체에서는 '모른다'라고 말하라는데, '모른다'에 조금만 더 설명을 덧붙여주면 참으로 멋진 영성으로 한 발자국 나아갈 수 있다.

그런데 '모른다'라고만 하지 더 이상 어떠한 부연 설명도 없어서 안타깝지만 그 단체의 활용 문구라 더 이상 물음은 안 가지려 한다.

요즘 유튜브를 통해 각 단체들의 활동을 보면서 세상 구경을 하고 있다. 한 가지 아쉬운 것은 공부한 자들은 본인 것만 떠들지, 개개인의 성향에 대해서는 아무런 부연 설명이 없고 나는 이렇게 공부했으니 듣고 따라오라고 한다.

남들이 공부한 것을 듣고 따라가고자 이 세상에 온 것이 아니다. 저마다 각자의 소질을 개발하고자 온 것이고, 영적 지능을 향상시키려 3차원계에 온 것이고, 각자의 자질이 무엇인지 찾으려 한다. 그런데 정작 공부하고 깨우쳤다는 선지자들은 본인들의 말이 맞으니 따라오기만 하면 된단다.

그건 모순인 것 같다.

나는 누구인가?

그리고 무엇을 정리(카르마)하고자 왔고, 몇 생을 살아왔는지 스스로 알아내야 한다. 그중의 어떤 카르마를 정리해야 숙명 속에서 벗어날 수 있음이며, 숙명을 (우주사주) 원시 반본으로 돌아가야 함이다.

3차원계는 4차원과 동시에 존재한다. 그래서 사람 옆에는 항시 에너지가 받쳐주고, 조상도 따라다니고, 잡신도 있다.

사람이 정신세계를 공부하려는 것은 4차원계 성장을 위해서이다. 4차원계와 소통하여 살아가면 답답하지 않다.

영성공부는 3~4차원계를 동시에 하는 것이다.

제자들은 이 부분을 좀 더 중요하게 생각하고 수행했으면 한다.

두 번 기회를 준 제자에게

영성의 공부 장에는 '정'을 사용하지 않는다.

본인의 낮은 신명들을 정리해 주고자 우주를 돌아다니면서 공부시켜 준 것을 착각하고 나에게 도움을 주었다고 한다.

그렇게 말할 때마다 내가 실소를 터트리고 있다는 것을 모르는 어리석은 천신제자여….

영계가 높을수록 정을 사용하지 않는다는 것을 알았으면 한다.

자존감이 낮다는 것은 조상신들과 신명들의 영성 지능을 진화시켜 주지 못했고, 신명들 처세술과 놀았다는 것이다. 신을 다루라고 하였지, 신들의 처세술에 놀아나라고 하지 않았다.

신들 처세술에 놀아나면 결국 그 제자는 신들의 놀림감으로, 신들 장난감으로 전락한다. 그래서 영혼의 에너지를 신들에게 **빼앗기**는 것이다.

자신의 음흉한 이익을 숨기고 나를 대한다면 하늘을 농락하고 하늘을 속이는 것이다.

제자들은 자신들의 이익을 위해 영성공부를 한다.

처음에는 아무것도 모르기에 본인이 원하는 것을 조금씩 주면서 하늘과 소통시켜 준다. 천신제자들이 진정 거짓 없이 자신과 하늘을 대하고 있는지 나는 안다. 진실인지 거짓인지.

여제자여!

가슴에 손을 얹고 양심을 속이지 마라.

하늘은 너에게 진실만을 주었거늘 너는 어찌하여 하늘을 기만하려

하느냐. 지금도 하늘은 너에게 진실만을 주고 있다.

그리고 낮은 신들에게 빙의 되어 있음을 깨닫고 낮은 신들에게 놀아나고 있음을 스스로 깨달아 현명한 천신제자가 되어라.

나도 영성공부하던 시절 가르침을 주던 분에게 그렇게 투정하였다. 정을 조금만 사용해 주면 얼마나 좋을까? 하는 안일한 마음을 들켜 가르침을 주던 분에게 호되게 꾸중 들었다.

그런데 막상 내가 그 자리에 있어 보니 그분의 마음을 알게 되었다. 정은 마음속 깊숙이 숨겨두고 가르침만 주는 것이라고.

이 제자는 도반들과 같이 공부하라고 흡수시켜 주면 꼭 이중성을 내보인다.

하늘의 시험지가 항상 코밑에 있다는 것을 모르는 어리석은 제자여, 정신 차려라!

자격을 못 갖춘 제자

50대 여자가 선원 문을 두드린다.

3대 종교 다 다녀보았고 증산도, 무당세계, 대순진리, 기세계 등 두루두루 다녀보았는데 『도반』이란 책을 읽고 여기다 싶어 찾아왔다고 한다.

어디에 가서 상담을 받아보면 다 신 내림 받으라고 하는데, 그것이 싫어서 지금껏 결혼도 안 하고 혼자 미용실을 운영하며 산다고 하였다.

당신은 무속인 팔자인데 영성공부를 하면 무속인 사주에서 벗어날 수 있다고 상담해 주었다.

대뜸 "그럼 저 좀 공부시켜 주세요" 한다.

신명 조사에 들어갔다.

왜 이 여자를 선원으로 보냈느냐고.

그 여자 신명들이 이 여자를 마음 그릇이 큰 제자로 만들어달라고 한다.

그래서 어떻게 사용할 것이냐고 물었더니, 일단 시시비비를 가리지 않게 해주시고 남들 위에 군림하려는 마음을 없애 주시오. 골목대장처럼 쥐락펴락하는 양아치 신명들에게서 헤어나지 못하고 있으니 우선 그것부터 제거해 주시고, 그다음은 다시 의논하겠습니다…하고 떠난다.

신들의 부탁으로 그 여자를 3년 동안 조상공부를 시켜주었다. 3년은 도반들과 어울려 놀게 하는 흡입공부를 시켰고, 마지막 단계에서 신명 수준들을 점검하여 무속 신들 정리와 마음 자락을 넓히는 측은 지심 공부를 시켰다.

그 단계까지는 자신을 이기고 잘 따라오는 것 같더니, 목전에서 걸리고 말았다. 걸렸다는 것은 가르치는 선생을 안 믿는 것이고, 자신을 속이고 공부했다는 것이며, 자기 자신을 속인 것은 하늘도 속였다는 것이다.

더 이상 공부를 못하겠다고 말한 지 일주일 만에 다른 제자가 소식을 알려왔다. 일어나는데 갑자기 쓰러져 119를 불러 ○○대학 병원에 입원했다는 것이다. 걱정했던 일이 현실이 되었다.

너는 하늘에서 찜한 천신제자이다. 이 길에서 절대 벗어나지 못하니 공부를 하든 안 하든 선원에서 놀기만 하라고 했다. 그 제자는 본인도 알고 있다고 하늘에 맹세까지 했다.

그런데 여제자는 무속 신들 올리는 마지막 관문에서 탈락하여 스스로 좌천되어, 대신들의 괘씸죄에 걸려 뇌출혈로 쓰러진 것이다.

신벌은 하늘에서 주는 것이 아니라 본인 조상 신명계에서 내리는 것이다. 하늘은 공부하고 갈 수 있게 여건만 만들어준다. 하늘은 제자들에게 벌을 주지 않는다.

여제자의 신명계에서 너는 앉아서 공부하는 과정에서 탈락하였으니 누워서 다시 공부하라고 엄명에 처했다.

나는 천신들의 부탁으로 인신들을 공부시키는 같은 천신제자이다. 다만 하늘을 대행하여 영성공부를 지도하는 것이기에 나와 소통이 안 되면 제자들 신명들과도 소통이 이루어지지 않는다.

우주에서 천신제자를 배출하라는 타전이 오고 나는 하늘과 우주 신들과 교류해 가며 제자들을 한 명 한 명씩 정성껏 키워내고자 영적 질량의 마음 그릇들을 바꾸어주고 있다.

큰 대신들은 인간을 통하여 우주의 일을 하고자 하는 대업에 제자들에게 끊임없이 수행하라고 한다.

큰 대신들을 맞이하려면 제자의 마음 그릇도 큰 대신들의 마음 자락을 따라갈 수 있도록 마음 수행 준비를 하고 있어야 한다.

큰 대신이 그 여제자에게 들어서려고 무속 신들을 올려 보내는 과정을 나에게 내려주었는데, 여제자의 마음 그릇이 대신들이 들어설 수 있는 그릇이 안 되니, 큰 대신에게 맞은 것이다.

기가 장하지 못하면 대신이 내려설 때 받아들이지 못하고 파편을 맞아 뇌출혈로 쓰러진다. 마음의 흐름이 바다와 같지 않으니 맞는 것이다.

영성공부는 큰 대신이 좌정하여 활동하겠다고 하여 수준에 맞게 공부시키는 것이다. 큰 신명을 맞이하려면 자격을 갖추어야 하는데 제자들은 그 의미를 모르고 도토리 키 재기하듯 그 자리에서 뱅뱅 돌면서 스스로 공부가 되었다고 착각들을 하였기에 심사에서 언제나 자격 미달로 떨어지고 만다.

신명이 클수록 맞는 매도 크다는 사실을 알았으면 한다. 인간세계에서도 중책을 맞은 자의 실수에는 책임도 크다는 사실을 알았으면 한다.

신명들도 급수가 있다고 누누이 전달해 주었는데, 그럼 내 신명 급수는 어디에 있고 마음 그릇을 얼마만큼 내주어야 하는지 견적도 내봐야 한다.

공부할 때는 다들 잘하고 있다고 착각들을 하는데, 막상 자격 심사에 들어가면 거의 탈락의 고배를 마신다.

어떤 제자는 왜 이 공부를 해야 하는지 신명계에서 의문을 갖게 만들어놓기도 한다.

그건 우리나라가 뿌리의 땅인 것도 있다. 선택받은 천신제자들이기 때문에 인간세상에 내려와서 꼭 거쳐야 하는 관문들이고 정신세계를 공부하지 않으면 소모품이 될 수밖에 없다. 앞으로 정신 바짝 차리고 살아가지 않으면 소모품으로 전락해 우주 쓰레기로 처분될 것이다.

그것을 아는 대우주에서는 구제해 주려고 인간세상에 나오게 되었고, 우주도 진화하여 많은 것을 원하고 있다.

앞으로는 물리(자연의 물리적 성질과 현상, 구조 등을 연구하고 물질 사이의 관계와 법칙을 밝히는 자연과학)를 알아야 하고 우주의 법을 전하는 자가 되어야 한다.

그러려면 자격을 갖추어야 하는데 지금의 마음 상태를 점검하면 내가 어느 수준인지 알 수 있다.

큰 신명을 원한다면 자격을 갖추는 자가 되어라.

하늘은 이념을 세우는 자에게 우선순위를 준다.

거짓의 옷을 벗은 제자

아이는 어린 영들이 많아 노는 것 좋아하고, 먹는 것을 밝히고, 돈이 생기면 맛있는 것을 사먹거나 장난감 살 생각부터 한다. 식탐이 많은 어린 영들로 인해 많은 시간을 잃어버리고 있어도 본인은 모른다.

영성공부는 반성이 기본이지만 무엇을 반성해야 하는지도 모르는 경우가 많다.

한 남자 제자의 과거 생을 들여다보았는데 웃음만 나왔다. 얼굴에 마냥 순수함이 묻어 있는데, 본인은 그것을 큰 장점으로 착각하고 있었다.

할 수 없이 남자 제자를 하늘에 의탁하여 15년 동안 보호하면서 영성공부를 지도해 주었다. 하늘도 무심치 않았는지 이제야 무지를 벗겨주는 작업을 지시한다.

무엇을 반성해야 하는지도 모르는 어린 순수한 영이 이제야 조금씩 거짓의 옷을 벗기 시작했다.

거짓 옷 벗는 방법은 반성하면서 가는 것이다. 나도 거짓의 옷을 벗을 때마다 반성하였다. 작은 반성도 있었고, 꽤 덩어리가 큰 반성도 있었다. 반성하는 방법은 다양한데 제자들의 근기와 내공에 따라 다 다르다.

손님들과 상담하면서 순한 얼굴로 생글생글 웃어가면서 말하는 위선들 때문에 갑갑증을 견디기 어려울 때가 있다.

얼굴에 물을 뿌리거나 욕을 실컷 퍼붓고 싶어도 사람이 하는 것이 아니라 조상이나 귀신들에 빙의 되어 저러고 있는 것을 어찌 한단 말인가?

가끔씩 손님들에게 영적 처방전을 나려준다. 행(行)하기만 하면 어떤 한 부분은 정리가 되어 조금은 도움을 받는다.

이제 제자가 거짓의 옷을 벗어버리는 작업에 들어갔음을 알리는 음식을 하늘에 올려주었다.

지금까지 미꾸라지가 정신을 어지럽혔으나, 이제부터 정신 바짝 차리고 새로운 마음으로 다시 시작할 수 있도록 하늘에 고해야겠다.

어린 영을 가지고 여기까지 따라온 것이 대견하지만, 시간을 너무 많이 소진하였다. 그래서 하늘은 공부하는 자들이 만회할 수 있는 기회를 주기 위해 사람의 생(20년)의 시간을 늘려주었나 보다.

이제부터 한눈팔지 말고 공부에만 전념하기 바란다.

제자들의 질문 수준

   제자들 공부를 지도하면서 제자들이 질문을 던질 때마다 실망감이 살짝 들어온다.
   나를 지도해 주신 선생님은 나에게 질문은 절대 하지 말라고 못을 박았다.
   공부 지도를 받으면서 혹시나 하고 질문을 던지면 어김없이 날카롭고 따끔한 말이 이어졌다. 그래도 포기하지 않고 선생님께 질문을 던지면 역정을 내면서 그 어느 것도 묻지 못하게 했다.
   나에게는 묻지 말라고 질문 금지령을 내렸고, 선생님은 나에게 수 없는 질문 공세를 던졌다.
   질문을 던져놓고, 소감! 소감! 소감! 지시만 내릴 뿐….
   사소한 질문조차 허락하지 않았던 지나간 나의 영성공부 과정들… 태산 같은 공부를 쪼개고 쪼개 가루로 만들어 스스로 섰다.
   그렇게 완고하게 끊임없이 채찍을 쳐주신 덕분에 지금의 이 자리에 서게 되었다.
   선생님이 귓속말로 속삭인다.
   "앞으로 두 번 다시 이 말은 안 한다. 지금의 이 말은 외워둬라. 궁금하다고 나에게 자꾸 질문하면 너는 죽는다. 너 스스로 살아가는 방법이 무엇인지 생각해 보아라. 네 신명이 살아야 네가 산다."
   3년의 공부기간 동안 나는 선생님과의 약속을 지켰다. 질문은 하늘에다 던져야 된다는 것을 알았고, 알고 나서는 쉽게 가려고 하지 않았다.

그런데 지금 제자들이 질문을 던질 때마다 답답함을 가지면서 답을 주지만, 제자들 신명들은 언제 질문할 것이냐 목 빠지지 기다리고 있는데, 정작 제자들은 본인 신명들의 기대치를 실망시킨다.

나에게서 답을 얻어가면 그 순간은 쉽게 넘어가고, 그 답을 외워 다른 곳에 가서 사용한다 해도 상대방이 질문을 던지면 바로 코앞에서 막힌다는 것을 모르는가 보다.

본인 교관들을 활용할 생각은 안 하고 쉽게 가려고만 하는 제자를 보면 답답하다.

영성공부를 받을 때 나에게 질문을 던져 답을 찾아가는 것은, 외우려고 하는 마음이 내포되어 있다는 것과 답을 받아가면 그 부분은 더 이상 성장하지 못한다는 것을 알았으면 한다.

나에게 공부하러 오기 전에 종교단체, 또 기수련단체, 무당, 박수… 기타 등등 그 단체에서 외우는 공부를 하였고, 기도나 주술을 가르침을 받은 제자들은 영성공부하는 시간에 질문을 던지면, 본인 것이 아니라 그 단체에서 가르쳐준 것, 또는 책에서 읽어 외워놓았던 것을 소감으로 내놓는다.

영성공부는 외운 것을 내놓는 것이 아니고, 시키는 대로 하는 것이 아니다. 각자 신명 건설 하고자 하는 공부인데, 연구하고자 하는 욕심은 안 내고 정지하고자 하는 공부에 더 관심을 가지지 말았으면 한다.

영성공부는 내적 성장을 위해 공부하는 것이라고 귀에 딱지가 앉도록 설명해 주었다. 앞으로 죽은 정보들은 그만 쏟아내고, 살아 있는 소감을 해주기 바란다.

다시 한 번 전한다.

영성공부는 하늘에 묻고 → 내려받아서 → 나의 신명들을 가르치는 것이다.

영성공부는 인간이 사람이 되고자 육신을 공부시켜 주고 육신의 옷을 끊임없이 벗어주는 것이다.

가장 영적인 사람이 가장 사람이고, 가장 사람인 것이 가장 영적이다.

영적 능력 향상을 위해서

　영적 능력이 성장하기 위해서는 우선 영계(靈界)를 알아야 하는데 무한의 뜻을 담은 영계의 언어와 영계에서 사용하는 문자를 써야 한다.
　영계에는 수많은 언어가 있는데 그 언어를 다 알아야 해석이 되며, 영계에 존재하는 문자는 글자 모양이나 사용하는 방법 등 여러 가지 면에서 인간세계 문자와 큰 차이가 있다.
　가장 큰 차이점은 영계 문자는 곡선이 많으며 중국 글도 아니고, 일본 글도 아니며, 문장 전체적 인상도 마찬가지이다. 여러 가지 뜻을 포함한 상징으로 숫자를 사용하며 영계 문자는 인간세계의 문자와 비교하면 적은 수인데 대단히 많은 뜻을 포함한다.
　영계 문자는 복잡하고 미묘 정묘하기 대문에 인간이 쓰는 문자로는 형용할 수 없으며 이집트의 신성 문자나 그리스 문자와 유사하고, 아이들이 뜻 없이 써놓은 글과 같으며 문자와 문자 사이에 연결되어 있거나 간격이 낮아 떨어져 있거나 뜻 없이 크게 굽어 있거나 역으로 작게 굽어 있다. 똑같은 문자라 하더라도 좌측을 부풀리거나 반대로 우측을 부풀렸다.
　이 외에도 상상할 수 없는 언어나 문자가 있으며 이것들을 인간세계의 언어나 문자로는 표현할 수 없다. 왜냐하면 영계에는 인간세계에 없는 사물이나 인간이 상상할 수 없는 복잡하고 미묘한 영들의 감각이나 마음의 움직임이 있는데 인간세계에는 그와 상응하는 언어나 문자가 없기 때문이다. 다만 영계와 통한다면 인간세계의 글처럼 자유자재로 활용할 수 있다.

언어나 문자만 보더라도 인간세계는 영계에 미치지 못한 미발달의 세계이다.

영계 문자는 배우지 않고도 자유롭게 읽고 쓸 수 있다. 글을 쓸 때는 영들의 손이 무의식중에 자유자재로 움직이며 그들 마음속에 있는 생각, 작은 감정의 움직임 등도 문자 체와 곡선의 변화를 수반한 문자 가운데 그대로 표현한다.

영계 문자는 영계 언어와 마찬가지로 많은 뜻을 포함하고 내용은 언어의 경우와 닮았다. 그리고 표면상의 의미보다는 그것을 쓴 영의 감정이나 의지, 지성마저 표현할 때도 언어의 경우와 유사하다.

영계 문자는 음악의 리듬과 같이 다양하게 진행되며 인간이 알려고 해도 알 수 없는 세계이다. 노래로 표현할 때가 종종 있는데 무슨 말인지는 몰라도 부르고 나면 저절로 해석되는 것이 특징인데 처음에는 해석하기가 어렵다.

인류가 문자를 갖기 전에는 영계 문자를 빌려서 사용하였다.

영계 언어는 "아 가 시 우 츄 프 타 가 화 이 추 타 파 시"인데, 인간세계의 언어처럼 순서나 글의 배분 없이 이어진다.

인간이 깨닫는 순서는 영계를 알고 이용하고 다룰 때 빛처럼 다가온다.

수행자와 구원자

절간에서 경전을 읽으면서 무엇인가 구하기 위해 갈구하며 기도하는 사람을 구원자라고 한다.

목사도 성경책을 열심히 읽으며 아버지 하나님 하며 간절히 기도하면서 능력을 구하기에 역시 구원자라고 한다.

신부도, 산속에서 도 닦는 자들도… 기타 등등.

그네들은 자신의 마음을 닦는 것이 아니라 이런저런 능력을 내려 달라고 구하고 있기에 구원자이다.

수행은 말 그대로 자신을 닦는 과정이다. 나의 내면 어느 부분이 잘못되었는지 찾아내는 처절한 자기 자신과의 싸움이다. 그래서 자기 자신을 알아가며 닦는 자들을 수행자라고 한다.

천지신명 제자들은 구원자가 되어야 한다.

수행자가 되어서는 안 된다.

어려울 때는 본주본산에 가보자

신을 찾을 때는 명분이 있어야 한다.

작은 문제로 신을 찾는 것은 신들에게 명분이 서지 않는다. 인간이 고뇌를 읊조릴 때 신들도 귀담아듣는다.

또한 어려울 때 한 번쯤은 본주본산에 명분을 가지고 찾아가서 청해 보는 것도 하나의 방법이다. 본주본산 산신은 본이 있고 사주가 있고 관장하는 신이 다 따로 있다. 그러므로 그 산에도 나를 관장하는 대신이 있다.

어려워지면 해결할 수 있는 면을 찾아야 한다. 직접적으로 관장하는 신은 본주본산 산신이다. 내가 죽어도 3대까지 본주본산 산신이 관장한다.

어렵다고 무조건 찾아가라는 것이 아니다.

"아무것도 모르고 지금껏 방황하며 살아왔습니다. 어느 사람이 본주본산 산신을 찾아가서 이렇게 이야기하라고 했습니다. 그동안 아무것도 모르고 수도 없는 시간을 낭비하였습니다.

이제부터라도 나의 본주본산 산신의 역할이 무엇인지 알게 해주시어 오늘 청합니다. 이곳 본주본산 산신의 정기를 이어받아 태어나게 해주신 본주본산 산신이시여 청합니다.

지금까지 아무것도 모르고 나의 태어난 줄기를 모르고 이제껏 방황하게 해주시어 감사합니다. 무엇 때문에 방황하게 하셨는지 오늘에야 이 자리에서 감사기도를 청하옵고 앞으로는 언제라도 나의 본주본산 산신을 꼭 기억하겠습니다.

이 어려움을 만들어주신 본주본산 산신에게 감히 청합니다. 어렵게 만든 것이 븐주본산 산신이시면 풀어주시는 것도 본주본산 산신의 역이십니까?"

이렇게 내면 깊숙이 대화를 찾아 들어가면 매개체가 연결시켜 준다. 마음의 피눈물은 기도의 필수이다.

확신이란 내가 경험해 봐야 알 수 있다.

자신을 믿었는가?

여행 천제를 통해서 미리 귀띔한다.

자신을 믿지 않은 프로그램을 진행하다 영성공부에 들어가면 많은 과목을 이수하게 되는데 그중에 부정적인 공부 과목에 걸리면 어떻게 헤쳐나가는지 근본을 살펴보게 한다.

공부 지도하는 것은 연극과 비슷하다. 그리고 나는 거기에 걸맞은 역을 맞는데, 이번 또한 좋은 역은 없는 것 같다.

제자들에게 자기 자신을 믿지 않는 인자를 삽입시킨다. 그리고 영성공부하는 것을 믿지 못하겠다는 부정적인 생각을 갖게 만들고, 그다음부터는 내 관할이다. 수단과 방법을 안 가리고 영성공부에 부정적인 말만 나오게 만들어놓으면 된다. 내가 제일 잘하는 과목인데, 신이 난다.

이 과목에서 걸리지 않으면 이번 천제 여행은 매우 의미가 있지. 자신을 믿지 못하거니와 하늘도 믿지 못하겠다고 말만 해라! 그럼 나는 성공이다.

영성공부하는 자는 당당함이 필수 과목이다. 비교하는 근성을 버리지 못하는 소인과 같은 마음의 에너지를 바꾸어준다고 한다. 그런데 여기에서 탈락하면 정리하겠다는 천신들의 단호함에 고개를 떨굴 수밖에 없는 나의 인간적인 고뇌….

자신을 믿고 하늘을 믿고 가라고 수없이 능력을 보여주었는데, 어찌하여 아직도 비교하는 근성을 버리지 못하고 스스로 탈락하는 어처구니없는 단계까지 오게 되어 부정적인 공부를 받는지?

기회를 수없이 주었고 그때마다 끝까지 가겠다고 소감하였다. 본인이 말한 소감도 책임지지 않는다면 하늘도 인간을 신뢰하지 않는다.

하늘에 인정받기가 하늘에 별 따기만큼 어려운데 그렇게 수더분한 결심으로는 인정받기는커녕 신명들에게 농락 받다가 일평생 끝나게 만들어준다.

하늘의 대변자 자격은 아무에게나 주는 것이 아니다. 하늘의 대변자는 하늘에서 원하는 수없는 단계를 거쳐야 하는데, 그중에서 본인이 하는 말에 책임지느냐를 1순위로 본다. 자신이 말한 것도 책임지지 못하면서 하늘의 대변자가 되려는 것은 도둑놈의 심보라는 것이다.

자신이 말한 소감을 지키지 않으면 언젠가는 이자까지 내야 하는 비운의 시간을 맞이하게 된다. 인간세계에서도 말한 자가 빈 공약만 내세우면 대우받지 못하고 따돌림을 받는데 영적 세계에서는 더더욱 심하다.

제자들에게 물어본다. 책임지는 말들을 얼마나 했으며, 말한 책임은 인정을 받았느냐고!

부정적인 공부 과정을 받았다는 것은 이미 하늘의 시험지에 올라있다는 거다. 제자들아, 만회하려면 반성이 필요하다.

하늘 법을 몰라 스스로 고문당한 제자

얼마 전 새로 들어온 남자 제자를 받아주는데 마음들이 아주 복잡 다양하게 들어왔다. 측은하면서 답답하고, 마음이 아프고, 화도 나고, 괘씸하기도 하고, 죽이고 싶을 정도로 미운 마음이 들어오는 제자는 처음이었다.

3년 동안 개인적 일들이 많아 제자를 안 받겠다고 하늘에 고했다. 3년 만 선원 문을 닫겠다고. 그러고는 미래지향적인 개인 활동만 해왔다.

어느덧 약속 시간이 다가와 다시 선원 문을 열었더니 그러한 제자가 들어왔다. 만약 3년 전에 상담하러 왔다면 상담은 물론 제자로 받아주지도 않았을 것이다.

옛것에 대한 집착이 상당하고 미련하여 어디서부터 어떻게 정리해야 할지 고민이었다. 몸도 마음도 다 지친 신명 구성원들을 어떻게 천지공사해 주어야 할지 천신교관들에게 상의해 보아야 알겠지만 난감했다.

제대로 천신제자로 다듬으면 보람 있는 천신제자로 성장하지 않을까? 적어도 인간세계에서 제대로 살 수는 있겠지? 하늘의 법을 알았더라면 <u>스스로 신체 고문</u>은 당하지 않았을 것이다.

『O』은 소설책 이름이다. 그 단체에서 단전호흡을 지도받으면서 하라는 대로 따라했다가 육신이 엉망으로 망가졌다고 본인이 실토한다.

관음혈에 쑥뜸을 어찌나 크게 떴는지 뼈가 다 보일 정도였고, 1년이란 세월이 흘렀는데도 관음혈이 푹 패여 있었다. 정신세계 시야가 좁아 그 방법이 최고인 줄 알고 시작했다가 마음과 육신을 엉망으로 만들었다.

그는 청년시절, 우연히 단전호흡에 관한 정보를 접하고 단학을 시작했다. 우연한 호기심이 정신과 육체를 황폐하게 만들었다. 그러고 나서 삶이 힘들고 지쳐 있었다.

그러다 조상신들 위한다고 산속에서 기도 생활하는 보살들을 만나 조상 기도 해달라고 돈을 줘가며 기도를 했는데 되는 일도 없고 몸은 점점 아프기만 해 일하는 것이 힘들다고 건강도 봐달라고 부탁한다.

허우대 멀쩡한 사람이 이렇게 답답한 일들을 했다는 것이 도무지 이해가 되지 않는다. 말로는 다 아는 것처럼 이야기하면서 하는 짓은 우매하다. 하늘의 법을 알았다면 제 몸에 큰 쑥뜸을 뜨는 개고생은 안 했을 텐데….

인신을 다루지 못하면?

영성공부하던 시절 도반에게서 질문이 들어왔다.
"죽음이 무어냐"고.

조금 고민하다 답을 주지 않았다. 인간적으로 말한다면, 죽어보지 않아서 죽음의 세계를 무어라 말 못 하는 것이고, 신적으로 말한다면 영은 숨이 끊어지기 전 영의 세계로 돌아가고, 혼신들을 인간 껍데기에서 본래 자리로 돌아간다. 그다음 껍데기가 서늘하게 식어가는 것이 죽음이다.

영적으로 말한다면 전생을 정리해 준 다음 낙타가 바늘귀로 들어가기보다 더 어려운 창천의 세계로 가는 것이다. 그런데 창천의 세계로 가는 것은 모든 수행자의 희망사항인데 수많은 수행자들이 중도 탈락하여 가기 어려운 곳이다.

그 도반은 인신을 제대로 다루지 못했다. 인신들이 주는 알량한 정보가 가짜인지 진짜인지를 구분 못 해 인신들의 장난에 놀아나며 끌려다녔다. 인간의 에너지를 모두 빼앗겨 죽지도 살지도 못하는 단계에서 고통을 하소연했다.

공부할 때 들어오는 모든 것에 대응하지 말고, 따지지 말고 일단은 행해 보자. 행해 보고 이야기 나누어보자 하였는데, 허구한 날 따지기만 하다가 결국 인신들에게 잡히고 말았다.

인신들은 거의 양아치 수준이라고 생각하면 된다. 양아치같이 남의 것을 빼앗으려는 인신들을 다루지 못하면 결국 자신의 영혼을 파멸로 이끌게 되는 비운을 맞이하고 자신은 죽지도 살지도 못하는 고통 속에서 주변 가족들에게 고통을 가중시킨다.

조상신도 인신에 포함된다. 영성공부하는 제자들은 조상신들을 천도시켜 주지 않으면 영성공부를 제대로 할 수 없다.

전화로 답을 안 주니 본인이 직접 전화를 했다. 수술하는 것이 나을까? 그냥 고통을 겪다가 죽음을 맞는 것이 어떠냐고? 웃음을 참지 못하고 하하하! 웃으면서 이 사람아! 자네는 죽고 싶어도 죽지 못하네. 이미 괘씸죄에 걸렸는데, 쉽게 데려가겠는가?

하늘을 위해 삶을 바치겠다고 약속하고, 인신들을 제대로 다루지 못해 하늘과의 약속을 저버렸는데 그에 대한 괘씸죄는 고통으로 갚아야 하지 않겠는가! 자네는 죽고 싶어도 고통 속에서 죽음과 같은 삶을 살아야 한다네. 그랬더니, 그런 것 같네. 곧 죽을 것 같은데 또 살아 있고 또 곧 죽을 것 같은데 죽지 않는다고 한다.

이 사람아, 하늘에 무릎 꿇고 빌게! 인신이 있는지조차 몰랐고 인신들을 제대로 다루지 못한 죄가 이렇게 큰지 몰랐다고 하늘에 무릎 꿇고 용서받을 때까지 빌어보라고, 이제라도 인신을 제대로 가르쳐 본래 자리로 돌려보내게. 하늘의 용서를 받으면 그다음은 초스피드로 신명들을 다 바꾸어준다네. 인신들을 제대로 다루지 못한 죄를 용서받지 못하면 아무것도 해줄 수 없다네.

그렇다. 나 역시 인신들을 제대로 다루지 못하여 몇 년 동안 방황했었다.

이 글을 읽는 분들은 꼭 인신을 잘 다루어 살아가는 데 성공하는 삶을 살았으면 한다.

자업자득 공부 과정 이수

영성공부는 과목이 하도 많아서 몇 과목이라고 말하기가 매우 난감하다.

사람답게 살아가는데 좋고 싫음을 가려가면서 하는 것이 아니라는 것을 알 것이다. 내가 좋아하는 것만 할 수 없다는 것도 알 것이다.

부모는 자녀를 키울 때 편식하면 병이 온다고 여러 가지 음식을 골고루 먹인다.

음식은 종류마다 기운을 담고 있다.

음식에 담겨 있는 기운들이 영이다.

영이란 정보를 뜻하고 어떤 음식을 먹었느냐에 따라서 뇌의 영성 지능이 개발된다. 그래서 음식을 골고루 섭취하라고 교육시킨다.

편식 없이 음식을 고루 먹는 자녀는 성격도 원만해 주변 사람들과 원활히 소통한다.

편식하는 사람들은 보면 대부분 성격 결함을 가지고 있고, 만나는 사람들만 만난다. 새로운 환경에 적응하는 데도 어려움을 겪는다.

영성공부를 지도해 주면서 수업료 없이 공부시켜 주는 자들이 많았다. 그네들에게 한 번씩 부탁해 본다.

영성공부하면서 자신이 얻은 결과들을 솔직하게 이야기해 달라고. 그러면 공부 점검하기도 쉬운데 영성공부를 받은 자들은 잘된 것은 본인이 잘해서 얻은 결과물이라고 한다.

나는 지금도 어떤 일들이 해결되면 하늘에 보고한다.

이러한 일들이 이렇게 해결되었으니, 다음에는 좀 더 확실하고 쉬운 방법으로 해주시면 고맙겠습니다.

형편이 어려워 일단 살려줄 터이니 공부를 시켜준다.

조상들이 나의 자손 살려달라고 나에게 들여보낸 것이라, 거절을 못 하고 자손들에게 살고 싶으면 자신을 기만하지 말고 죽을힘을 다해 공부하면 만회할 수 있는 기회를 받는다, 그러니 세상 원망하지 말고 자신을 탓하지 말고 하늘을 원망하지 마라.

그리고 살아나면 한 번쯤 고맙다는 말이라도 진실로 하라. 하늘을 속이고 공부를 받아간 제자들은 자업자득이라는 공부 단계에 들어가게 된다.

나하고는 관계없이 신들 세계에서 필수 과목으로 제자들에게 자업자득 공부를 시킨다.

신들 세계에 공짜가 없다는 것을 아는 사람들은 알 것이다.

영성공부는 조상들 공부시키는 과정도 있다.

조상들에게 자손이 대가 없이 공짜로 받아간 공부는 결자해지(結者解之)가 있다는 것을 알아야 한다.

대가 없이 영성공부를 받아간 제자들은 하늘에 보고해야 함을 잊어버리고 본인들이 잘해서 잘되었다고 고만에 빠져 결국은 자업자득 공부의 방에 들어간다.

자업자득 방에 들어가면 계산법이 너무 정확하여 선원에서의 음료수 한 잔도 계산에 집어넣는다.

겸손한 마음으로 영성공부한 제자들은 자업자득의 방에 들어가지 않는다.

감사합니다! 덕분입니다! 고맙습니다!

하늘은 이 세 가지를 기본으로 알고 살아가라고 가르치고 있다.

그러한데 하늘에 그런 말을 할 줄 모른다.
고맙습니다!
감사합니다!
덕분입니다!

그래서 하늘은 이 세 가지의 단어를 알게 하기 위해 수많은 탁류의 방에 넣어둔다. 그리고 수많은 탁류의 방에서 나오는 것은 인간들 스스로의 몫이다. 인간들이 알아주었으면 한다.

신명세계에는 공짜는 없다는 것을.

옹고집 신명이 들어 있는 자

인간에게는 저마다 삼신들이 기본으로 배정되어 있다. 필요에 의해 따라오는 에너지도 있고, 시간이 되면 자동적으로 나가는 에너지도 있다. 그냥 좋아서 들어오는 에너지도 있다.

수행하는 자들에게는 수행을 방해하는 에너지도 존재하고, 성공하려도 열심히 살아도 잘 살지 못하게 만드는 조상신들도 있다. 인간이 가지고 오는 개념에 의해 신명들도 가지가지 존재한다.

나는 우주 사주를 가지고 상담하는데, 어제 새로이 상담받고자 하는 남자는 천신이 반, 조상신이 반이라 상담을 중지하였다.

천신제자 공부 지도해 주면서 옹고집 신명들이 너무 많으면 빨리 포기해야 한다는 것을 알았다. 상담하는게 옹고집 신명들이 너무 잘난 척하기에 상담을 포기하고 그만 돌아가라고 했다.

지금까지 상담해 준 것 중에서 가장 초스피드로 천신제자로서 탈락시켜 버렸다. 대신 혹한의 세상에 던져버렸다.

혹한의 세상에서 옹고집 신명들 데리고 더 공부해 보라고.

예전에 옹고집 신명들을 공부시켜 보았는데, 결과는 인간이 옹고집 신명들을 못 이기고 탈락하는 것을 지켜보아야 했다. 이제는 결과 없는 신명들 공부시키는 데 시간을 낭비하지 않기로 했다.

옹고집 신명들이 인간에게 존재하면 본인의 생각으로 도든 사물을 이해하기 때문에 영성 지능 개발 향상이 될 수 없다. 내 잣대는 보따리에 싸놓고 영성공부에 임해야 하는데, 본인 수준에 맞게 만들어놓은 지식과 상식 속에서 이해하려고 한다.

옹고집 신명이 인간과 인간 사이의 타협도, 협상도 안 되고 있었음을 인정하지 않으므로 천신제자 공부시켜 달라고 청할 적에 옹고집 신명부터 찾는다.

지금까지 영성공부를 지도해 오면서 터득한 것이 있다면 옹고집 신명들을 가지고 오는 천신제자들은 혹한의 세상에 던져놓아야 한다는 것이다.

이 남자는 겸손 속의 교만이라는 옹고집 신명들이 줄줄이 들어오기에 짧은 시간에 탈락시켰다. 그리고 후일을 도모하였다.

내 기준으로 지식과 상식을 만들어놓으면 사람들이 만들어놓은 세상 속으로 들어가지 못한다. 내가 만든 지식과 상식이 세상과 통하지 못하면 도태되고 본인만의 세계 속에 갇혀 나오지 못한다는 것을 모르는 것 같다.

내가 만든 지식과 상식이 세상과 통하도록 영적 지능을 개발하였으면 한다. 참고로 옹고집 신명이 존재하는 자들은 세상에서 받아주지 않는다.

세상 속으로 흡수되지 않으면 우주를 알 수 없다.

믿고 싶었던 제자 이야기

강원도에서 자그마한 절을 운영하던 여제자는 나에게 선생님과 평생을 같이 가겠다고 약속했다.

나는 신들의 변덕을 알고 있기에 우선 제자의 잡신부터 쳐주었는데, 많은 난관이 있었다.

기존에 암자를 운영하면서 조상들과 합의하에 일들을 했었고, 산에서 신을 떼어내겠다고 들어갔다가 오히려 더 많은 잡신들과 산신을 등에 업고 마을로 내려왔다.

십여 년간 신과 통해서 조상 일들을 한 제자는 어구신, 잡신들, 천한 신들, 하천계에서 울부짖는 조상들과 접신되어 있는지도 모르고 잘났다고 고개를 빳빳이 들고 있는 행태를 보니 가관이 아니었다.

그 모습에 나의 과거를 돌이켜보니 제자보다 내가 더 심했을 수도 있었겠다는 반성을 하면서, 신명들 면접을 하나씩 봐주었다.

여제자는 내가 본인 신명들 면접하고 있는지, 어떠한 잡신을 슬쩍 처리해 주는지 전혀 모르고, 그저 교만과 자만의 신들에게 휘둘리고 있었다.

나는 신과 통해서 일하는 제자가 필요하였기에 여러모로 주의 깊게 배려해 가면서 친분을 유지해 왔다. 그리고 어느 날은 본격적으로 공부를 시작해 주었다.

여제자는 조상 일을 할 때 음식을 안 놓고 하는 방법이 분명 있을 거라고 골똘히 생각하던 중에 나를 만났다고 솔직히 이야기하기에 영성공부시키면서 상을 안 차려도 되는 공부를 지도해 주었다.

나중에는 제자 집 앞에 주택을 얻어 일주일에 한 번씩 서울 제자들과 동행하여 여제자의 잡신들을 정리해 주었고, 남편의 조상들도 같이 정리해 주었다.

이 제자가 대오각성하는 공부만 한다면, 서로 다른 영역에서 뜻을 펼쳐갈 수 있지 않을까 하는 기대를 하였는데 신명들 수준이 너무 낮다 보니, 아무리 영적 수준을 올려주려고 해도, 더 이상 올라가지 않았다.

잘 생기지도 못한 외모에 신경 쓰는 선녀에게 접신되어, 육신의 옷을 벗으려 하지 않았다. 천신제자는 예쁜 외모가 아니라 잘 생겨야 신명이 제대로 서 기도한다.

교만 속의 겸손만 늘어가고, 뭐라도 된 줄 알고 천방지축 움직임에 망연자실 바라만 보는 날이 더 많아졌다.

나를 지도해 주신 선생님의 처세가 생각났다. 나도 천방지축 잘났다고 공부에 임했던 시절이 있었는데, 선생님은 그때 나를 내쳤다.

"다른 제자들은 공부해서 성공하려는 자세가 있는데, 너는 뭐냐! 공부하는 데 물이나 흐려놓고…"

그때 쇼크를 먹었다. 사실 나한테 문제가 너무 많았는데, 실력이 월등한 나를 부족한 제자들 공부하는 데 걸림돌이 된다고, 과감히 쳐냈다. 당시에는 내가 선생님에게 많은 도움을 주는 제자였기에 나를 쳐낸다는 것은 상상도 못 할 일이었다.

시간이 흘러서 알게 되었는데, 선생님이 나를 쳐내신 것이 아니라 나의 교관들이 정신 차리라고 쳤던 것이다.

나를 지도해 주신 선생님의 선원은 강화도에 있었고, 내 선원은 구의동에 있었다.

내가 운영하던 선원에 들어가면 하늘에서 당장 나가라고 호통을 쳐 선원 문을 잠그고 나오기를 6개월… 6개월간 일주일에 한 번씩 선원에 들어가면 바로 쫓겨 나왔다.

6개월간 선원을 빙빙 도는데 어느 날 이제 되었다며 너의 자리를 내준다고 했다. 다시는 이 자리를 박탈당하는 공부는 하지 말라는 격려를 받았고, 이내 대성통곡하며 하늘에 반성이 들어갔다.

그때의 뼈아픈 과정으로 초심을 잃지 않게 되었고, 선생님의 냉정한 판단에 감사했다.

나도 그러한 아픈 과정이 있었기에 교만의 에너지를 인정하지 않는 제자를 쳐내기로 했다.

아두리 신과 통해서 일하는 제자가 필요하더라도 융화가 안 되고 자신을 먼저 내세운다면 같이 갈 수 없다. 희생을 보여주었는데 아직도 모르는가 보다.

내가 이 글을 쓰는 것은 그 제자가 지금도 원망의 에너지를 보내오고 있기 때문이다.

3차원인 지구촌, 그 제자가 다시 온다면 받아준다.

3번까지는 하늘도 봐준다. 2번은 봐주었다.

마지막 한 번은 심사숙고해서 사용하기 바란다.

강원도 윗 지방에 있는 무당은 5년 동안 공부를 가르쳤다.

그 아이도 낮은 신들의 세력을 못 이겨 나를 무던히 시기하고 다른 보살과 손잡고 나를 죽이려고 작업을 몇 번 들이댔다.

무당인 아이에게 물어보았다.

너, 왜 나에게 사술을 사용하니?

깜짝 놀라면서 그걸 어떻게 알았냐고 되묻는다.

그런 것도 모르면서 영성공부를 가르치고 있겠냐?

대답해 보라고 했더니, 사실은 당신의 능력이 너무 뛰어나다 보니 욕심도 나고, 심술도 나고, 질투가 나서 그랬다고 한다. 정말 죄송하단다.

영적인 자에게 사술이나 비방을 하면 너희들이 다쳐.

솔직하게 답을 하니 이걸로 털자.

너도 귀한 신명들이 많은데 부지런히 자신을 닦아라. 이걸로 정산하자.

그 일이 있은 후 그 제자는 연락을 자주한다.

언니, 뭐해 하며 동자신명이 장난을 걸어오면서 내 동자하고 친하게 놀자 한다.

언니야! 나의 할아버지가 언니라고 부르지 말래.

큰 어른신이 계시기 때문에 언니라고 부르지 말라고 하는데, 나는 친언니처럼 잘해 주어 할아버지에게 떼를 썼단다. 언니라고 부르겠다고!

나는 솔직함을 좋아한다. 나에게 사술을 걸든, 비방을 했든 죄송하다고 진실을 털면 무엇이라고 말하겠는가.

지금은 시집가겠다고 궁합 봐달라는데 그 모습이 귀엽다.

나와 놀고 싶은 자들은 배짱을 키워라.

나는 배짱이 있고, 못된 자를 더 좋아한다.

다듬기만 하면 보석이 된다.

육체의 주인은 누구인가?

　많은 인간들이 정신이 깨어 있어야 산다고 외치는데, 그네들은 정신이 깨어 있어야 산다는 말의 진짜 의미를 알고 있을까?
　아니면 남들이 그렇게 떠드니깐, 지지 않을세라 같이 떠들어 대는 것일까?
　정신이 깨어 있어라!
　의식의 문은 항시 열어두어라!
　의식이 항시 열려 있어야 한다!
　다 같은 맥락이다.
　우리에게는 각자의 정신세계가 있다.
　그것을 4차원 세계라고 덧붙인다.
　4차원 세계는 무엇을 뜻하는 것인지 확실한 원리 설명들은 하지 않고, 어쭙잖게 형이상학이니 뭐니 표현들을 하는데 나 같은 무식쟁이는 알아듣지 못한다.
　지구는 계속 움직인다.
　그러나 인간은 잠을 잔다.
　4차원 세계는 아주 많은 변화가 생기기에 잠을 자지 않는다.
　인간은 아침형이 있고, 저녁형이 있고, 특이체질형이 있다.
　4차원 세계는 특이체질형들과 좀 더 교류가 이루어진다.
　사주에서 본다면 금, 수로 이루어진 사주들 중에서 신 강한 자들에게 특이체질형이 많다.
　정신이 깨어 있어라. 그리고 정신을 깨우치고 나와야 한다고 하지만 잘 모르고 떠드는 것 같아서 이참에 말하고 싶다.

정신은 4차원 세계와 연결되어 있고, 4차원 세계에는 조상신들도 있고, 나의 전생의 못 닦은 신명들도 머물러 있다.

그것을 통틀어서 인신이라고 한다.

인신들은 4차원계에서 항시 대기하고 있다. 자손들이 언제 불러주고 해원시켜 줄 것인지, 아니면 언제 영적 진화를 시켜서 제자리로 보내줄 것인지 촉각을 곤두세우고 항시 자손의 의식 속에 숨어 있다.

인간의 의식계가 바로 4차원계라는 것은 알고 있을 것이다. 그래서 항시 정신이 깨어 있으라고 한 것이다.

촉이 있다, 감이 있다, 직관력이 있다 등의 표현들은 상황에 따라 달리 쓰지만 결국은 다 같은 맥락이다.

4차원 세계도 수준이 다 똑같지 않다. 신명들 수준에 의해 촉이 있네, 감이 있네, 직관력이 뛰어나네 등등 달리 표현하는 것이다.

정말 중요한 것은 홍익인간 정신을 깨우치는 것이다.

홍익인간은 사람답게 사는 자이고, 사람답게 사는 원리를 깨우친 사람들끼리 모여 사는 것이며 그것이 바로 이화세계이다.

우리는 각자 홍익인간 정신을 이어받아 깨우침을 얻어야 한다.

홍익인간으로서 깨우침을 얻으려면 우선 나의 무지한 육신들을 공부시켜야 한다. 그렇지 않으면 경험 안 해도 되는 수많은 시행착오를 생을 마감할 때까지 겪어야 한다.

우리는 4차원 세계가 형이상학적으로 꽤 멋있을 거라고 막연한 환상을 가질 수 있지만 4차원 세계는 쓰레기 같은 것이 더더욱 많다는 것을 알았으면 한다.

의식이 살아 있어라, 정신이 살아 있어라의 숨은 뜻은 인간에게 숨어 있는 신명들을 이끌어줄 수 있는 자가 되라는 의미이다.

그런데 그 방법을 몰라 이리저리 헤매는 자들이 너무도 많아 안타까움을 금치 못한다.

부디 각자의 인신들을 공부시켜, 홍익인간 정신을 깨우치는 자가 되기 바란다.

받은 문제는 즉석에서 풀어야 한다

뜬금없이 남자 제자가 과거에 스승님이 본인을 여러 산에 데리고 다니면서 여러 가지 행위를 한 것은 자신에게 그렇게 사용하라고 가르쳐준 것이 아니냐고 반문한다.

남자 제자가 무엇을 하는지 궁금해서 영안을 열고 제자의 행방을 추적하였던 적이 있었고, 남자 제자에게 너는 무엇 하러 산에 돌아다니면서 쓸데없는 짓거리들을 하고 돌아다니냐고 호되게 지적한 적이 있었다. 그랬더니 스승님이 제자를 데리고 다니면서 보여준 행위는 배워서 사용하라고 가르쳐준 것이 아니냐는 되물음에, 자네가 일반인으로 사업하며 살아가겠다고 선언했는데 왜 그러한 행위를 가르쳐주겠는가?

내려주는 받은 문제는 즉석에서 풀 수 있는가? 하고 문제를 던져준 것이고, 그 당시에 즉석으로 문제 풀이를 해준 것이었지.

나를 필요로 한 사람들은 어려운 문제들을 가지고 오는데, 나는 그 자리에서 문제의 키를 즉석에서 깎아 만들어 살아갈 수 있는 문을 가끔씩 열어준다네.

선원에 오는 자마다 가지고 오는 문제가 제각각 다 다르지.

자네도 공부하러 선원 문 열고 들어설 때마다, 고민거리 내놓을 때마다 다르고, 그럴 때마다 해결책은 그 자리에서 바로 주지 않았는가?

내가 이러한 말을 할 때는 자네의 기준에서 받아들이지 말고, 내 기준에서 받아들이고, 내 기준에서 해석하게.

일반인으로 살아가겠다는 천신제자어게 신명들 사용하는 방법을 왜 가르쳐주겠는가?

항시 엉뚱하게 받아들이고 그 수준에서 받아들이니 오해만 사지.

답답한 사람아! 앞으로 공부하되 산으로 돌아다니면서 쓰잘머리 없는 짓거리는 하지 마시게.

그때의 행위들은 그 사건을 해결할 수 있는 즉석에서 열쇠를 깎아서 해결의 문을 열어준 것이다. 앞으로 그러한 행위는 한 번이나 통하지 두 번은 통하지 않는다네.

하늘은 항시 새로운 문제를 주고 즉석에서 풀 수 있나 시험지를 내려준 것인데, 구시대의 유물로 문제를 풀겠다고 하면 열쇠가 맞겠는가? 명심하시게….

하늘은 새로운 문제를 풀어보라고 난관을 주신다.

시대가 계속 바뀌어가고 있음을 알았으면 고맙겠다.

시련도, 난관도 흐름에 따라 풀 수 있는 열쇠는 계속 바뀌고 있음을 명심해야 할 것이다.

행복의 지수, 슬픔의 지수도 명분을 달리 하여 만들어준다는 것을 알았으면 한다.

영성공부하는 제자들은 즉석에서 키를 깎아 만들어 사용할 수 있는 내공이 필요하다.

제자들아, 영성공부는 내공을 취하는 것이다.

기준이 서 있지 않으면 어느 것도 취하지 못한다.

지나간 정보 속의 틀

남자 제자가 몇 년 전에 공부 받고 지나간 정보가 최고인 양 고자세로 더 이상 공부할 게 없는 것 같다며 미련함을 떨치지 못하고 교만과 흥분 속에서 떠든다.

이 제자를 어떻게 해야 할지 답답해 하늘과 의논한다.

인간은 우주에서 수만 가지 처리할 일들을 가지고 태어난다.

그중에는 간단히 해결할 수 있는 일들이 있는 반면 누군가의 도움을 받아야 하는 일도 있고, 어느 누구의 능력으로도 해결되지 않는 문제들도 있다. 왜냐하면 인간은 지적 질량 수준을 향상시키기 위해 태어났는데 쉬운 문제만 풀려고 한다면 지구에 올 필요가 없기 때문이다.

누구도 풀 수 없는 우주의 숙제를 사이사이에 삽입시켜 놓았는데 어려운 우주 숙제들을 풀려면 수많은 자연신들의 도움을 받아야 하기 때문이다. 그 부분을 설명해 주어도 제자는 자기가 알고 있는 정보가 최고란다.

나만 열심히 살면 무엇이든 될 수 있다고 착각하고, 죽을 똥을 싸며 앞만 보고 열심히 살면 노력하는 만큼 결과가 나올 것이라 착각한다.

나 역시 영성공부하기 전에는 그런 줄 알고 앞만 보고 달렸으며 여러 시행착오를 겪으면서 달려도 안 되는 부분이 있다는 것을 몰랐다. 결국 영성공부하면서 우주 숙제에 걸리면 안 되는 일들이 부지기수라는 것을 알게 되었다.

풀리지 않는 일들이 있다면 조상신을 찾아보아야 하고, 그래도 안 되면 정신세계에 들어가서 신들의 문제인지 아니면 영들의 세계에 들어가서 원인을 찾아보아야 한다.

지나간 정보 속의 틀 안에 갇혀서 나오지 못한다면 지적 질량은 향상되지 않는다.

내면의 상처 치유

제자들에게 질문을 던졌다.

내가 가지고 있는 모든 능력을 다 주겠다. 웅천마음선원에 몸담고 같이 갈 자 있느냐.

아무도 같이 간다는 제자가 없었다.

제자들은 이렇게 말했다.

책임진다는 자체가 두려워 현재 하고 있는 업에서 영성공부하고 가겠다고.

기가 약한 제자들에게 무리한 욕심을 냈나?

하는 수 없이 신의 능력이 조금 있는 제자를 찾아보기로 하고 전국 투어를 나섰다. 전국을 돌아다니면서 제자감을 고르다 삼척에서 작은 법당을 하나 꾸려가고 있는 보살을 선택하여 신명구조 조사에 들어갔다.

무지막지한 어구진 신명들이 많아야 하며, 혹한 세계에서 인정에 매이지 않고 오로지 하늘과 나 하나 완성시키고 가는 제자를 찾는 거다. 순하거나, 남을 등쳐먹거나, 남의 일들을 가로채려 하는 상도덕을 무시하는 못된 신들이 앞을 가리는 제자는 동행하기 힘들다.

다행히 내가 원하는 신명구조를 갖고 있어 탐색에 들어갔고, 서서히 키우기로 했다. 신들이 먼저 들어가 있는 자들은 영성공부하기가 매우 어렵다.

조상신들 가지고 얕은 일들을 하는 제자는 본인들의 신명들을 이겨내기 어렵고 중도 포기가 많기에 가랑비 옷 젖듯이 영성공부를 가르치기로 했다. 허나, 제자 신명의 수준 낮은 신명 급수들이 너무 많아 제자 본인도 조상신들에게 휩쓸리기 다반사이다.

어렸을 때의 트라우마를 극복하지 못해 아무나 원망하는 것을 지적해 가며 가르쳐도 자신의 신들을 질책할 수도 가르칠 수도 없는 조상신들의 원망을 대변해 준다. 난관에 부딪쳐도 알아채지 못하는 교만과 오만 속에서 나오지 못하기에 극약처방에 나섰다.

그동안 삼척을 오르내리며 제자의 신명구조를 살펴보아도 여전히 어린 시절 불행함 속에서 못 빠져나와 오만과 교만 속에서 계속 헤엄치고 있는 제자를 보며, 매번 한숨만 내쉬었다.

얼마 전 드디어 내면 정리가 끝난 것을 알고 제자의 집으로 찾아 들어갔다.

첫 인사가 정으로 품어주면 안 되었냐고 한다.

정으로 품어주면 둘 다 죽는데, 어떻게 품어주겠니?

호랑이도 절벽에서 새끼를 떨어트리고 올라오는 새끼를 키운다. 호랑이도 용맹성을 대표하는 새끼를 선별해서 키우듯, 나 역시 하늘의 대변자를 키우는데 어찌 정에 약하고, 오만하고, 교만하고 특히 자신의 상처를 치유하지 못하는 제자를 키울 수 있겠는가?

위에 나열한 종목들을 가지고 있는 사람들의 문제를 대화로 끄집어내고 지적해 주고, 상처를 치유해 주고 안아주어야 하는 자가 자신의 문제는 묻어두고 상대방의 문제를 질책하면 어디에선가 반드시 사고를 낸다.

제자들에게 물어본다.

자신의 문제들을 직시하고 필요 없는 인자를 빼내고자 어떻게 어떠한 방법으로 하늘에 청했는지 점검받았는가?

자신의 트라우마(재해를 당한 뒤에 생기는 비정상적인 심리적 반응)도 치유 못 하면서 자격증을 취득하여 심리상담사나 정신적 질환 상담, 청소년 심리상담을 하겠다며 설쳐대는데 이미 심리상담사 자격증을 걸어놓고 하는 자들도 있다. 종교지도자들(무당이나 법사들, 기타 등등)도 자신이 어떤 트라우마에 걸려 있는지 모르고 지도자 행세를 하고 있다.

나는 말하고 싶다. 자신의 트라우마를 치유하지 못한다면 다른 사람에 대한 정신적, 심리적 상담은 껍데기가 하는 것이라고.

여제자에게 본인이 어떤 것에 걸려서 지금의 오만과 교만이 들어와 있는지 아냐고 세세히 설명해 주니, 다행히 스스로 상처를 치유해 나가기 시작했다.

오늘 해준 점검이 보람 있기를 바라지만 아직은 믿을 단계가 아닌 것이 아쉽다. 시간에 맡겨두기로 한다.

소속과 회자정리

제자들에게 공부하다가 안 하고 싶으면 꼭 회자정리(會者定離)하고 가르고 가르친다.

이유는 신명들이나 조상들에게 법을 주어 차원계 이동을 시켜주며, 법을 전하는 스승이기 때문에 우주에서의 법대로 행한다.

나에게 영성공부를 받게 되면 그 신명들은 나의 권한에 있다.

나의 우주에서 보호를 받고 보호령 신과 통해 천신제자들을 보호하라고 보호령과 신명계에 고한다. 그리고 공부 수준에 의해 보호령들을 바꾸어주고 있다.

나에게 영성공부를 내려받을 때는 보호령, 수호령, 지도령의 수준들은 조상들이나 지신들이 관리하는 자들이 주로 온다.

천손의 자손이지만, 3차원의 세계에서 자신의 존재감을 상실하여 신들 계급이 스스로 강등되어 신들의 괴롭힘에서 벗어나고자 상담하러 온다. 그래서 제자들에게 강조한다.

나는 인간을 공부시키는 것이 아니라 천신제자 인간의 체를 통해 신명계, 조상계를 공부시킨다. 공부하는 천신제자 마음의 무게를 하늘과 상의하여 보호령들을 바꾸어주곤 한다.

보호령들도 각각 수준이 있기에 처음부터 높은 보호령을 교체해주는 것은 아니다.

하늘의 마음도 수준에 의해 사는 것이므로 일단 공부하기로 마음먹었으면 3년 하라고 말로 계약서를 쓰게 한다. 일단 계약서를 쓰게 되면 제자들의 신명들이나 조상들은 나의 소속으로 들어오게 된다.

이유는 자손이 공부를 어떻게 하느냐에 따라 조상들을 공부 주어 깨우침을 갖게 해주어 차원계 이동을 시켜주기 때문이다. 그러하기에 하늘도 나에게 그러한 권한을 부여해 주었다.

천지를 창조하신 하늘의 명을 받아서 하기에 나에게 영성공부를 하러 온 천신제자들은 본인의 조상이나 신명들은 모두 나에게 소속되어 나의 명을 받아야 하므로 더 이상 공부를 하고 싶지 않을 때는 회자정리를 하고 떠나라고 누누이 부탁하고 있다.

그런데도 그 간단한 회자정리를 안 하고 가기에 그네들이 교회에 다시 다니든, 절에 다니든, 성당에 가서 기도를 하든, 아님 다른 단체에 귀속되어 기도하여도 기도발이 받지 않는다. 어쩌면 한 번은 들어줄 것이다.

어디에 소속되어 있지 않을 때는 한 번쯤은 기도를 들어주지만, 하늘에서는 이렇게 이야기한다.

너는 이미 무진의 하늘에 소속해 있기 때문에 기도하는 신들을 다시 나에게 보낸다.

그래서 꼭 회자정리하고 가라고 하였는데 천신제자들은 공부 도중 아무 말 없이 가기에 제자들의 신명들을 나에게서 데려가지 못하고 그냥저냥 살아가면서 즐겁다고 착각하고 있다. 용서는 하되 더 이상 발전이 없다는 뜻이다.

스스로 공부하는 시점까지 공부하고 나가면 좋을 텐데, 아쉬움을 가져본다.

안일함에 내가 죽는다

이 핑계 저 핑계 대면서 끊임없이 원하기만 한다.
스스로 성장하라고 하였다.
인간으로 태어나 성장하면서 유치원에 가서 노는 법을 배워 친구들과 어울려 논다.
초등학교에 입학하면 1학년 과정은 쉽기 때문에 학교에 가기 싫다는 말을 안 한다.
선생님들의 인솔하에 많은 과정의 공부를 이수한다.
숙제를 집으로 가져가면 부모님은 숙제를 도와주어 자녀가 학교에 가서 선생님께 칭찬받기를 바란다.
자녀에게 부족한 것을 도움 주며 지도해 준 부모와 자녀의 부족함을 알려 하지 않고 전부 다해 주는 부모의 결말은 다들 안다.
초등 과정에서 부모의 전격적인 도움을 받은 자녀는 중학교 과정 이수하는 데 많은 어려움이 따르고, 학년이 올라갈수록 더 힘들어지기에 상급 학교 진학을 포기하는 학생들이 속출하고 있다.
영성공부도 마찬가지이다.
옆 사람 공부를 커닝해 가면서 소감만 잘하면 시간이 지난 후 결국은 실력 차이가 나기 마련이다. 실력 차가 나게 되면 그때 가서 이렇게 말한다.
영성공부가 너무 어려워요.
저는 이 공부가 맞지 않는 것 같아요.
본인이 안일함에 빠져 공부를 등한시하고 3차원 세계에서 왕따가

된 것을 나에게 원망이란 단어를 내뿜는다.

　3차원 세계에서 왕따 당하지 말고 조화로운 사람이 되어 우주와 우주에서 잘 노는 자가 되라고 영성공부를 시킨다 하였거늘, 영성을 진화시키지 못한 어리석음을 나에게 책임 전가하는 어둠을 택한다.

　편안함의 생각, 행복하게 살아야겠다는 욕심들이 결국은 안일함의 생각을 만든다.

　그리고 내가 죽는다. 3차원의 혹독한 세계에서 편안함을 추구하는 것은 죽음을 의미한다는 것을 알았으면 한다.

제 2 장

하늘의 가르침

내면의 소리

　자기 자신의 내면의 소리가 에너지 파장을 만들어 빛과 모양을 만들어낸다. 빛과 모양이 만들어지면 얼굴에 표정으로 나타나고, 내면의 에너지가 진동을 일으켜 소리가 만들어져 말이 되어 입으로 나오게 된다.
　각양각색의 모양과 빛이 만들어지는데 그건 각자의 몫이다. 그러므로 내부에서 나오는 자신의 말소리를 즉시 자기의 귀로 알아차리며 살아야 한다. 자신이 한 말은 분명히 부메랑이 되어 자신에게 되돌아온다.
　그러므로 내면에서 소리치는 음성, 내면에서 원하는 색, 내면에서 원하는 음악, 내면에서 원하는 발걸음, 내면에서 원하는 호흡들을 알아차리면서 말한다면 매순간이 즐거울 것이다. 찰나찰나 강·중·약을 조절해 가며 소리를 낸다면 본래의 자기 소리를 낼 수 있으며 내용도 단순해질 것이다.
　그렇게 내면의 수많은 영들의 말소리를 알아차리며 살게 된다면 인위적으로 꾸며 나오는 소리가 아니라 자연스러운 멋스런 소리가 나오게 된다.
　내면이 원하는 말소리를 깨달아야 본래의 나를 만나는 시간을 갖게 되고, 자신의 음성을 들을 줄 알게 되면 그제야 진정성이 들어 있는 나만의 소리가 나온다.
　일부러 꾸며서 나오는 소리는 언제나 어깨너머로 새 나가는 인위적인 소리일 뿐 진정성이 포함되어 있는 내 소리는 아니다.

내면의 소리는 저절로 나오는 것이 아니다.
내면과 통했을 때 나온다.
천둥번개와 같은 소리
소슬바람처럼 부드러운 소리
흐르는 물처럼 거침없이 나오는 물소리 등.
내면과 통한다면 우리는 위와 같은 소리를 한 번에 낼 수 있다.

신명 이전

전남편이 재혼하자고 자꾸 와서 재촉한다면서, 재결합해야 하는지 길을 일러 달란다.

좋은 자식을 두고 재결합 안 하면 나중에 엄청 후회하세요 했더니 전남편이 살면서 무식하다고 엄청 무시했는데 재결합해서 또 무시하면 어떻게 하냐고 조심스레 되묻는다.

나는 웃으면서 재결합 결심만 하시면 남편에게 있는 훌륭한 신명들을 부인에게 이전시켜 드릴 테니 걱정 마시라고 재결합을 권해 주었다.

그랬더니 큰언니가 아버지 천도재를 지내면 저는 무엇을 해야 하느냐면서 나에게도 제를 지내게 해달라고 간청하기에, 그럼 그동안 살아오신 삶들에 감사함의 천제를 지내세요! 하고 권유했고, 재결합하면 하늘에 천제 진행 도중 남편에게 있는 신을 분리해서 넣어주겠다고 했다.

이 대목은 누가 들어도 참으로 정신 나간 사람들의 대화라고 질타할 것이다.

그런데 그 여자 분은 주저함 없이 "네, 천제 지낼게요. 진행해 주세요." 대뜸 뜻을 전한다.

내가 어떤 것도 권하지 않았는데 본인 스스로 나는 무엇을 할까요? 하는 사람을 지금껏 두 명 접했다.

천제를 진행하면서 남편에게 있는 필요한 신명들을 여자분에게 이전시켜 주었다.

하늘 아래에 사는 인간은 누구나 평등하다 하였다. 반려자에게 없는 무기를 지녔다고 무시하면 되는가?

천제를 진행해 주고 그 여자 분은 잠시 잊고 있었는데, 어느 날 그 여자 분이 다시 찾아왔다.

재결합하고 남편이 운영하는 사업장이 있는 멕시코로 돌아갔다고 한다. 무역을 하던 남편이 상품을 보는 감이 자꾸만 떨어진다면서 당신이 해보라고 권하기에 불안하였지만 왠지 자신감도 생기는 것 같아, 혼자 중국에 가서 물건들을 해가지고 멕시코에 가서 팔면 불티나게 팔린다고 아기처럼 행복한 모습으로 자랑한다. 너무너무 신기하다고.

선생님, 정말 남편의 무역하는 신명을 이전시켜 주신 게 맞나 봅니다. 이젠 제가 남편에게 답답하다고 핀잔을 주고 살아요, 그리고 행복하게 삽니다. 그때 선생님이 재결합하라고 조언해 주신 것이 감사하고, 덕분에 자녀들과도 즐겁게 삽니다.

내 자랑을 하는 것이 아니라 그 여자 분이 절실했기에 하늘의 마음을 산 것이다.

하늘은 스스로 돕는 자를 돕는다.

하늘의 마음을 사는 자가 되자. 나의 꿈이자 염원인 천신제자 만들려고 전국을 돌아다니면서 발견해서 어느 정도 키워놓으면 본인들 잡신을 이기지 못하여 화합공부관 들어가면 다들 튕겨나간다.

그럴 때마다 나의 부족한 탓이지 하고 제자를 포기한다.

내가 원하는 것은 영성학교를 만드는 것이다.

정신세계 종합학교를 만들어 전문성을 가진 자들을 초대하여 영적 지능 개발 향상을 지도하는 것이다. 무속인이나 각 종교인들, 기수련하면서 부족함을 느껴 더 추구하는 자들, 삶에 지쳐 나침판을 잃은 자들이 이곳에서 해결해 나갈 수 있는 그러한 영성학교를 만들고 싶었다.

오늘 원예 예술원을 방문하면서 희망을 가지고 간다.

자신의 존재 가치

사람은 누구나 자신의 존재 가치를 찾아 나타내고 싶어 한다. 그러므로 어느 장소에 있든 자기를 나타내고자 부단히 노력한다.

자신이 어떤 장소, 어떤 일, 어떤 조직에서 필요 없다는 것을 느끼는 순간 자신의 에고가 편치 않음을 느낀다. 에고가 존재하는 것은 스스로 에고의 존재가 필요할 때뿐이다.

그래서 나의 신명 구성원들은 원한다. 나를 필요로 하는 사람, 둘도 없는 존재, 나 없이는 어느 것도 되지 않기를….

이것이 신명 구성원들이 모든 사람들에게 요구하는 태도이다.

수험생

　작년에 재수생과 그 부모님을 같이 상담해 주었다. 그리고 아버지는 정신세계의 이상 증후군을 이해한다고 답해 주었다.
　자기 집안의 사촌형도 어려서 원인 모르게 가출했었고, 또한 스님이 된 사촌형도 있어서 거부하지 않는다고.
　아빠 집안과 엄마 집안의 신 계보를 보니, 자녀들이 공부해 보았자 신명세계에서 대학은 안 보내기로 주거니 받거니 회의하는 중이라고… 이 상황을 부모님에게 설명해 보았자 반신반의할 게 뻔해서 이 부분을 어떻게 풀어야 할지 잠시 걱정해 본다.
　신명세계에서 결정이 떨어지면 부부의 자녀는 더 이상 갈 학교가 없어진다. 그것도 모르고 부모는 재수, 삼수, 사수까지 시키다가 끝내 포기하겠지.
　그리고 서로가 상처받을 것이고, 어떠한 방법을 동원해서라도 대학에 보내고자 노력들을 하겠지.
　여자아이는 재수생에서, 삼수 그리고 체력이 달려 공부 포기에 들어갈 것이고, 부모가 원하는 대학은 물 건너간다.
　부모의 기운이 자녀에게 도움을 줄 수 있는 것이 아니기 때문이다. 부모의 겉 기운은 딸에게 어떻게든 무엇을 주려고 하지만, 속 기운은 딸에게 도움을 주지 못한다. 왜냐하면 신명세계에 괘씸죄가 발동이 걸렸기 때문이다.
　부모에게 신명세계에서 괘씸죄에 걸려 있다는 말을 어떻게 할까? 특히 어머니는 마음이 지극히 착하고 여리기 때문에 사실을 말하면 그 상처는 너무나도 크므로 독단적인 결정을 내리기로 했다.

　내가 그 짐을 짊어지고 가자. 그리고 어떻게든 서울에 있는 대학만 들어가게 해보자. 여자애가 이번에 대학만 들어가면 스스로 갈 수 있는 의식만 깨어늘으면, 다음은 혼자서 갈 수 있는 의지의 인자를 형성시켜 만들어즈면 신명세계에서 그다지 큰 문제를 삼지 않게 거래는 해볼 수 있는 가능성은 있기에.

　19세가 되어도 하고 싶은 것이 무어냐고 물어보면 생각 안 해보았다고 하고, 꿈이 무어냐고 물어보아도 없는데요 하는 애는 처음이다.

　이건 문제가 있어도 한참 거슬러 올라가서 찾아야 하기에, 일단 의식만 붙어 넣어주면 똑똑한 인자가 있으니깐 대학만 합격시켜 주면 꿈을 찾을 것이고, 의식도 깨어날 것이고, 그럼 스스로 알에서 깨어날 것이다.

　신명세계는 내가 들어가서 합의 봐주면 되는 것이고, 이제 이 여자애는 의식만 깨이면 꿈을 향해 도전해 갈 것이다.

　대학 갈 수 없는 애를 대학에 보내려고 에너지를 너무 많이 혹사시켰더니 지친다.

　부모 신명세계를 바꾸는 작업이 얼마나 어려운지 일반인들이 알 수 있을까?

　이제 피기 시작한 꽃을 꺾지 말아달라고. 그리고 인재로 만들어서 나라를 위해 일하는 자 만들어주소서!

좋은 시련은 놓치지 마라

사람은 일평생 살면서 위기가 주기적으로 찾아온다고 한다.

때론 불시에 찾아오는 위기의 순간들을 맞이하곤 하는데 개개인의 능력으로 타파하고 가는 자들도 있고, 그냥 주저앉는 자들도 아주 많다.

나도 지금까지 살아오면서 위기의 시련들을 수도 없이 만나왔는데, 그때마다 신명세계에서 훈수를 주어 고민 끝에 위기를 잘 넘어가게 해주었다.

아마도 영성공부를 하지 않았다면 신명세계에서 훈수하여 그 순간마다 위기를 넘기게 해주었다는 것을 몰랐을 거고, 제 잘난 맛에 얼마나 잘난 척하고 다녔을까 하는 창피함에 고개를 숙인다.

지금 현재 신명세계에서 나에게 좋은 시련을 주어서 얼마나 감사 기도를 드리는지….

마음을 다해 그 자리에서 집중한다. 이 시련의 드라마를 어떻게 전개할지, 떨리는 가슴을 진정시키며 조용히 숨죽이며 기다린다.

하늘에 눈물로 석고대죄를 한다.

이렇게 좋은 시련을 주셔서 감사합니다. 또 다른 어떤 세계로 데리고 가기 위해 집중을 원하시나이까?

마음 아픈 상담

운명 사주는 인간이 살면서 충분히 풀 수 있는 문제지만, 우주 사주는 인간이 아무리 열심히 살아도, 우주에서 수많은 종류의 매듭 고를 묶어놓으면 풀 수 없는 문제라는 것을 사주 상담하면서 매번 느낀다.

앞에 있는 여인네를 보면 한숨이 나온다. 짜증나는 사주들도 간혹 접하지만, 이 여인은 우주의 매듭 고를 풀지 않으면 힘들게 살 수밖에 없으니 상담하면서 무리수를 둔다.

하늘과 긴급회의를 소집하고 삐뽀삐뽀 무전을 쳐가면서 내가 이 여인을 10회만 책임지고 공부시켜 보낼 테니, 이 여인에게 내릴 가혹한 죄는 잠시 접어두라고 명을 내리고, 여인들의 신명들을 재판에 붙였다.

다행히 숨어 있는 신명들의 협조가 있어 무리 없이 변론과 영의 재판을 끝내고 기회를 주었다. 내가 일방적으로 주는 것이 아니고 하늘과 긴급회의를 주관하면서 다시금 기회를 내려준 것이다.

두 시간 가량 영들 변론과 재판을 끝내면서 여인에게 이야기해 주었다.

"당신은 앞으로 즐겁게 살 권리가 있다."

여자는 "저에게 즐겁고 행복하게 살 수 있게끔 알려준 곳으로 가 살겠습니다"라고 하면서 눈물을 흘리는데 나도 모처럼 눈시울을 붉혔다.

우주 사주를 알았다면 저렇게 가슴 아픈 일들을 안 겪어도 되는데,

꽃다운 나이에 삶이 온갖 고문으로 물들었다.

앞으로 예쁘게 살아갈 것이다.

다음 날 아침에 전화가 왔다.

"저 처음으로 아침에 건강하게 눈을 떴어요! 똑같은 일상이었는데, 어떻게 건강하게 눈을 떴는지… 감사합니다."

전화기 너머 속의 여인은 연신 웃는다.

나는 영적인 처리를 해주는데 상담받는 자들이 예의만 갖추면 무료로도 해준다.

이 여인네도 순수하게 따라와 주어 스스로 복을 찾았다.

신분 상담

여자 한 분이 현재의 정신 상태를 점검받고자 상담을 청한다.

어린 시절 새엄마 밑에서 갖은 고생을 하며 자랐고 아버지가 본인 명의로 1억이라는 빚을 졌으며, 27세에 두 명의 아이를 놓고 이혼했는데, 양육권은 본인이 가지고 있다면서 왜 이렇게 사는 게 힘든지 모르겠다고 한다. 교회를 다니는데 교회에서 영적 지도자나 영성으로 상담하여도 그네들은 본인의 이야기를 귀담아들으려 하지 않고, 이상한 사고를 가진 여자로 치부한단다.

기독교인으로서 예수님께 기도하며 안정을 취하고 살고 있지만, 목마른 갈증은 해갈이 안 된다면서 갈증을 해갈시켜 주세요, 점검해 주세요 하는데, 세상을 제대로 살아가는 여자라고 칭찬해 주게 된다.

영적으로 상담받으면 일반적인 사람에게는 안 보이는 세계를 미신으로 상담해 주는 줄 안다. 영적 상담은 상담받고자 하는 자의 뇌 구조를 조사하고 언어 구조를 살피며 내면의 기운을 순간순간 터치해 주면서 상담과 치유를 동시에 끝내는 것이다.

당신은 지금껏 자신의 신명계보다 낮은 차원계의 신명계 사람에게 자문을 얻으려 했으니 정신적 갈증을 해갈 못한 것이라며 조곤조곤 고민을 짚어주었더니, 처음의 경계심을 풀면서 활짝 웃는다.

너무 시원합니다. 지금껏 이렇게 시원하게 점검받아 본 적 없었는데, 감사합니다.

앞으로 더 잘 살겠다고 환히 웃고 가는 내면의 모습이 예뻐서 한마디 답을 더 주었다.

　하늘은 자네가 감당하지 못할 일은 절대로 안 주시네.

　혹 주신다면 성장을 원하기에 시험대에 올려놓는 것이니 그때 나를 다시 찾아오시게.

대오각성?

능력이 다분한 도반이 있었다. 그 도반을 볼 때 내심 흐뭇했다. 좋은 인자들이 도반을 지키고 있어 걱정 안 하고 나는 나대로 수행에 정진하고 있었는데, 어느 날 그 좋은 인자들이 하나둘씩 빠져나간다는 것을 확인하고는 비상등을 발포했다.

어떻게 공부했기에 이 지경까지 왔는가? 수행 방법이 잘못되었다고 아무리 설명해 주어도 본인이 하고 있는 방법이 맞다고 하도 우겨서 나도 포기하고 말았다.

그러던 어느 날 몸이 좋지 않다며 도움의 손길을 청하기에 할 수 없이 남자 제자 둘을 데리고 충청도로 향했다. 당뇨가 심해 걸음도 제대로 걷지 못하여 남자 제자 둘이 양쪽 손을 부축하여 산행을 시작했다.

신들에게 받은 벌로 얻은 당뇨병이어서 산신과 합의 보고 산에서 당뇨병을 고쳐주고 다시 서울로 돌아왔다.

이제 다시는 쓰잘머리 없는 짓 하지 말라고, 당뇨병은 그 일(기 치유)을 하게 되면 더 이상 손쓸 수 없는 상황까지 가니 다시는 하지 말라고 경고했는데 무시하고 계속하더니 결국 이 사단을 내고 말았다.

사람들이 와서 병을 고쳐달라고 하면 거절을 못하여 남의 병 고쳐주다 그 일을 또다시 하게 되어 정작 본인은 신장투석까지 하는 지경에 이르렀다.

자기 몸도 지키지 못하면서 남의 몸에 왜 손을 대 바보같이 제 몸을 병신으로 만들었는지 화가 난다. 간사한 것이 인간이다.

살려달라고 애걸할 때는 언제고 도와주면 언제 도움을 받았냐며 꽁지 빼며 어디론가 사라져 버린다. 그렇게 간사한 인간에게 돈 몇 푼 받고 정작 당사자는 사기를 체내에서 정리하지 못해 장기들의 손상으로 병을 만든다.

나는 이러한 것을 수없이 봐와서 안 한다. 인간들이 죽겠으니 살려달라고 해서 도와주면 바로 그 길로 얼굴도 안 내미는 인간을 수두룩하게 겪었다.

냉정하지 않으면 앞서간 선배들 꼴 나지.

그 길로 기 치유를 접었다.

사실 나도 하늘로부터 경고를 먹었다. 병은 왜 생기게 만들었으며 가정에 우환은 왜 만들어놓았겠냐? 왜 곳곳에 함정을 만들어놓아 마음의 고통을 겪게 만들어놓는지 알려고도 하지 않느냐?

이전에는 신들이 쥐락펴락하는 시대라 인간이 신들에게 도움의 손을 뻗치면 도움을 주는 시대였다면 이제는 인간이 신인 시대다. 인간이 신인 시대는 문제를 스스로 풀라고 마음의 고통을 준다. 이제부터 공부하지 않으면 문제를 풀어주지 않는다는 경고를 먹고 그 길로 기 치유를 접었다.

대신 조상 천도재를 진행한 사람에게만 기 치유를 해주었다. 기 치유해 주면서 조상신들을 공부시켜 주었다. 그래서 나도 내 몸에 사기를 저장하지 않았다.

2002년 만났을 때만 해도 전도유망할 것이라고 했는데, 주변 인물들을 정리 못 하여 지금은 죽지도 사는 것도 아닌 암흑 세계에서 헤매는 것을 보니 안타깝다.

마지막으로 또다시 측은지심을 내어 "인신을 제대로 다루지 못한 죄를 뉘우친다면 마지막으로 정리해 줄게" 했더니 며칠 만에 전화가 왔다. 오늘 퇴원했는데 언제 가면 되겠냐고!

일하기 전에는 아무것도 모른다.

예전에 미리 알려주면 어떠냐고 물어보았더니 "신들의 행위를 알려고 하지 마시오"라는 한마디에 지금은 묻지도 따지지도 않는다. 일 다 끝나면 알려줄 텐데, 알려고 하면 다친다고, 남자를 정리해 주면서 알게 되었다.

엉터리로 수행시킨 교관들을 불러 문책해 봤더니 "저 제자는 묻지는 않고 자꾸 알려고만 하니 오죽하면 우리도 포기하고 떠났겠소" 하면서 되묻는다.

"허참, 그래도 신명들 책임도 있는데…" 하며 도반의 고관들을 두들겨 팼다. 그래도 그렇지, 왜 포기했냐고!

천지여! 이제 어떻게 해주실 겁니까?

대오각성만 하게 해주면 하늘의 품으로 받아주시겠습니까?

오늘처럼 심혈을 기울여 하루 종일 일을 해본 적이 없었다. 조상신들의 항복을 받아내지 못하면 사람의 입에서 절대로 잘못했다는 말이 나오지 않는다. 막판에 피치를 올려 즉검이 부러질 때까지 신들을 족쳤더니 드디어 말이 나온다.

"입이 열 개라도 할 말이 없습니다. 알려 하지 말라고 했는데 알고 싶은 게 너무 많아 그랬다고… 이제부터 제대로 수행하겠습니다."

"이 사람아! 질문만 던져놓았어야지."

질문은 수준에 따라 던지기 때문에 바로 알 수 있는 것이 아니다. 질문을 받은 신들이 공부하고 와야 인간이 저절로 알 수 있는 법인데, 질문을 던져놓고 바로 알려주지 않는다고, 신명들을 천대시해서 벌을 받았으니 지금부터라도 대오각성한다면 건강은 다시 찾아주겠다는 하늘의 약속을 받아냈다.

당신의 정신세계가 얼마나 거만하고 교만하면 할배(단군)가 바닥까지 내려보냈겠소.

천제를 끝내고 한숨 쉬는 중에 전화가 왔다. 고생 많았다고, 그리고 염치 없었다고.

오늘 그 일을 안 했으면 할아버지를 잃어버렸을 거라고(제자의 하늘을 말한다).

나는 오히려 "내가 감사하지요, 내가 아무리 능력이 있다고 해도 인정을 못 받으면 쓸모가 없는 것 아니겠소. 나를 인정해 주고 나에게 일을 의뢰해 준 내가 더 고맙지요"라고 했다.

그렇다. 능력이 아무리 뛰어나도 인정을 못 받고, 신명들을 교화시키지 못한다면 모두 내려놓아야 한다.

지금이라도 공부가 잘못된 것을 알았다면 처음부터 다시 시작해 달라고 하늘에 고해 보라!

미운 오리 새끼 백조

3년 전 제주도에서 만나 간간이 정리해 준 여자가 상담을 청하는 전화가 왔다.

제주도에서는 정식으로 상담을 청하지 않았기에 곁에 있는 기운들만 이야기해 주고 정리해 주었다. 그러면서도 짬짬이 선물도 주었는데 당사자는 알지 못했다.

영적 통화는 법으로 상담한다. 영적으로 상담받으려는 자는 마음의 문만 열어놓으면 정식으로 상담 안 해도 통화하는 즉시 바로 신명들 정리가 들어갈 수 있다. 상담을 청한 여자는 그것을 모르고 통화를 끝냈다.

통화 이후 어떠한 변화가 있었다고 알려주면 좋은데 아무 말도 전달 못 받아서 그 이후 상황은 알 수 없었다. 그런데 중간 점검해 달라고 고통을 호소해 왔다. 통화가 끝나면 언제 아팠냐는 듯 통증이 사라진다고 보고한다.

중간 점검을 해달라고 통화할 때마다 서울에 올라와 정식으로 상담에 들어가면 통증은 가볍게 빨리 끝난다고 정보를 주었더니 올라가서 상담받겠다며 예약을 부탁하였다.

여자는 나를 지도한 선생님에게 공부를 받은 적이 있다면서 그 부분을 궁금해하며 질문을 던진다.

영성공부를 받긴 받았는데 도대체 영성공부가 무엇인지 몰라 허우적거리다 그 선생님에게 안 가고, 우연히 내 카페를 알게 되어 꾸준히 들어와서 읽었다고 한다.

고등학교 때 이탈리아로 유학 가서 공부를 마치고, 패션 계통에 직장을 잡아 승승장구 잘 나갔다고 한다. 그리고 서류 하나만 나오면 영주권이 나오는데, 별것도 아닌 부분에서 꼬여 할 수 없이 귀국하게 되었는데, 그 후로 하는 일마다 꼬이며 풀리지 않는다고 원인을 알고 싶다고 요청한다.

자매 중 기가 제일 세고 제일 잘 나갔는데, 그 후부터 형제 중 제일 쓸모없는 인간이 되어 기가 죽었다. 형제 중 질량이 제일 높아서 자매끼리 어울리는데 자주 삐걱거리고, 자매들이나 부모도 진가를 모른다. 주변에서는 이 여자를 제대로 알지 못해 본인들 잣대로 평가하므로 부모 형제 사이에서 삐걱거릴 수밖에 없었다.

이 여자는 제일 앞에 어떤 신명이 있는지 몰라 헤매는 천신제자이다. 이제부터 내면 깊숙이 숨어 있는 지략 신명을 찾아서 제대로 공부시켜 주면 된다.

지금껏 외국에서 공부하고 경험하였던 모든 과정들이 그냥 생긴 일들이 아니라는 것을 일깨워주어야 한다. 그래서 다시 심리학과를 전공하라고 진로를 선택해 주었다.

심리상담사 자격증을 취득하여 한국을 무대로 삼지 말고 서양으로 무대를 잡아 심리 상담을 해주는 영성 멘토가 되어라.

조상신들에게 매여 고통받고 있는 사람들을 영성 멘토해 줄 수 있는 본연의 길을 갈 수 있게끔 만들어주면, 미운 오리 새끼에서 백조로 변신할 것이다.

실천 사항

　오늘 여자 두 명이 상담해 달라고 한다. 내 안의 신명으로 두 명의 여자가 고통을 받고 살아가는 것을 알면서 모른 척하며, 지나가는 식으로 조언해 주며 사람이 태어나면서 지킬 것이 있다고 해주었다.
　삶의 기준을 어디에 두고 갈지 몰라 삶의 나침판을 잃어버린 여인네들이 그 말의 뜻을 몰라 눈만 멀뚱거리고 있다.
　무당들과 얼마나 어울렸는지 수준 이하의 단어들만 쏟아낸다.
　인간은 태어나면서 지킬 것이 아주 많다. 우선 자연에 순응하며 살아야 하고, 태어나 숨 쉬고 있는 것에 감사해야 한다.
　어떤 부분을 실천하고 살아야 잘 살았다고 말할 수 있을지 생각해 보자.
　인간은 제각기 다른 기운을 가지고 태어난다.
　그중에 첫째는 나라와 민족을 생각하는 마음을 가져야 한다. 부모나 조상을 위하는 마음이 있어야 한다는 것이다.
　두 여자는 조상신들이나 본인의 신명이 그 많은 돈을 벌어준 것을 모르고 흥청망청, 속칭 돈지랄하다 망한 여자들이다.
　조상 신명들은 자손들에게 원력을 가지고 온다. 그리고 그 원력으로 돈을 벌게 해주고 자손이나 제자들에게 공부시켜 달라고 한다.
　한 여자는 원력을 크게 가지고 온 강신구였는데, 강신무 신을 무시하고 인간세계에서 주체 못 할 정도로 벌어들이는 돈을 본인의 재복으로 받아들였다.
　처녀 때부터 슨만 대면 성공하여 돈을 주체 못 하였고, 결혼해서도 벌어들이는 돈을 감당 못 하였다고 한다.

  그렇게 항시 돈을 잘 벌 줄 알았는데, 어느 해부터는 처음에는 장사가 잘되다가 1년쯤 지나면 자본금과 벌어놓은 돈을 몽땅 손해 보고, 지금은 간신히 그냥저냥 살아가고 있단다.

  그렇다. 신명들은 자손들에게 원력을 가지고 온다. 그리고 그 원력으로 돈을 벌게 하고 나는 공부를 시켜달라는 것인데, 자손은 돈을 잘 벌고 있다는 교만에 결국은 큰 원력을 가지고 온 신들에게 재물을 고스란히 반납하게 된다.

  신들은 내가 벌어준 것이니 가져간다는 것이고, 인간은 망했다고 표현하는 것이다.

  인간세계에 오면 각자의 기운대로 실천해야 하는 것이 있다. 그런데 인간들은 그 부분을 잘 알지 못하여 나의 신명들이 원하는 것을 해주지 못해 고스란히 반납하게 된다.

  인간들 각자의 기운대로 조상님들이나 신명들에게 꼭 해야 할 것을 실천하여 자신의 신명들에게 발등 찍히는 일을 안 당하였으면 한다. 하늘에서도 조상님들에게 잘해주기 바란다.

  나 역시 부모님이 계셨으니 이 세상에 태어난 것이고, 나의 부모님도 할아버지, 할머니가 존재하셨기에 태어나셨다.

  역사를 거슬러 올라가면 조상님들이 계셨기에 이만큼의 경제도 만들어진 것이 아닌가.

  하늘에서 말하기를 조상님들을 홀대하지 말아라 한다.

  여인네들은 신명들이 원한 것을 알면서도 거부하였기에 혼쭐난 것이다.

  이 글을 읽는 분들은 하늘, 조상신들, 신명들에게 해야 할 실천 사항은 무엇인지 질문을 던져보아라!
그리고 연구해 보아라.
알지 되는 자, 마음의 평안을 얻으리라!

명절증후군

　명절 며칠 전부터 상담 손님들 보면 평소보다 더 많은 조상들을 안고 들어온다. 왜 왔냐고 물으면, 특별한 이유 없이 사주 보러 왔다며 웃는다.

　그냥 답답해서 들어왔다고 하는데, 내면을 들여다보면 조상을 안고 들어오는 손님들이 많다. 손님들에게 일일이 설명해 주기도 뭣하여 중간중간 상담하면서 조상들을 정리한다.

　조상 정리 들어갈 때 손님들에게 충분히 설명해 준다. 명절 밑이라 조상들이 자손들에게 미리 와 있어서 이유도 없이 답답한 것이니 쓸데없이 돌아다니지 말라고.

　잘못 걸리면 조상 천도재 지내라고 함정 파는 데 넘어간다. 명절 밑이나 제사 때에는 꼭 조상들이 인간 정신 속으로 들어와 하고 싶었던 것들을 인간을 통해서 하게끔 생각을 유도하여 원하는 것을 취하려고 한다.

　삼척에 있는 제자 남편도 명절 전날 월급 두 달치를 노름해서 다 잃었다고 광분을 토한다. 너는 보살이라고 하면서 남편 조상 신명도 조사해 보지 않았느냐 호되게 꾸짖었다.

　"이년아! 그러면서 네 절에 오는 신도들에게 조상 천도재 운운하냐. 이 도둑년아. 세상에서 제일 나쁜 년 아니냐. 네 조상 정리도 못 하는 게 남의 조상 정리해 준다며 암자를 차려! 도둑도, 도둑도 제일 큰 도둑년아!"

　남편 형이 노름하다 죽어서 명절만 다가오면, 동생 뇌를 쥐락펴락하고 있잖는가?

두 달치 월급을 노름방에 가서 다 잃고 일주일 만에 귀가하였다고, 울분을 참지 못하는 것을 야단쳐 가면서 공부를 가르쳐주었다.

명절 밑에는 조상들이 잔치라고 지상계로 다들 내려와 인연이 있는 친인척에게 가서 원하는 것들을 하고자 한다. 형이 살아생전 노름 좋아하다 죽었기에 동생 뇌로 들어와 하고픈 놀음 실컷 하고 돌아간 것이라고 일러주었다.

남편을 앉혀놓고 공부를 가르쳤다. 원리에 대해 설명해 주며 다음 명절에는 아무리 하고픈 마음이 들어와도 절대로 노름하러 나가지 않으면 형님은 정리된 것이니 그리 알고 꼭 그렇게 처방전대로 행하라고 했다. 남편은 다음 명절부터 노름하러 가지 않는다고 한다.

명절 밑이 공부하는 제자들에게 조상 공부시키기 좋은 기회다. 지금부터 평소에 안 하던 언행을 잘 연구하여 조상신 공부시켜 해원시켜 주기 바란다.

명절증후군은 며느리들 차례음식 만들고 손님들 맞이하는데 소모되는 에너지도 포함되지만, 제자들은 이번 명절은 숨어 있는 조상신들 잘 찾아내 공부시켜 보내기 바란다.

잡신 정리해 준 결과

4년 동안 사주카페를 운영하고 있다.

처음 상담하러 온 젊은 여자 손님에게 "너는 하늘의 매를 맞고 상담을 시작해야겠다" 하고 바로 죽비를 사용했다.

여자는 죽비로 맞고 어리둥절해하더니 "맞기는 맞았는데 아프지 않고 왜 이렇게 시원하지요?"라고 한다.

"이 바보야, 어디를 헤집고 돌아다녔기에 에너지 장이 이렇게 어둡냐!" 하고 호통을 쳤다.

여자는 눈물을 흘리기 시작하더니 갑자기 "감사합니다" 하며 넙죽 인사한다. 지금까지 어느 누구도 자신에게 욕을 하거나 야단 치는 사람이 없었다고 한다.

인간이라면 응당 지금의 상황이 기분 나빠야 하는데, 왜 이렇게 시원하고 기분이 좋은지 모르겠다고 한다. 매 맞고, 욕 먹고 기분이 좋아지는 것은 어떠한 현상인지 모르겠다며 울면서 웃으면서 혼자 떠든다.

사주카페를 개업한 이래 처음으로 하늘의 매를 사용하였다. 그러고는 여자에게 이제 조금은 숨을 쉬고 살아갈 것이라고 일러주었다.

현재 심리학과 박사 과정을 밟으려고 하는데, 진로가 걱정된단다.

"세상 공부는 이제 그만하고 4차원 세계에 눈을 돌려 공부해!"

무당 사주이고, 고급 신명들을 제대로 활용하여야 하니, 현재 다니고 있는 성당은 나가지 말고 자신을 알아가는 데 주력하라고 조언해 주었다.

상공희의소에 이력서를 냈는데 내일 발표라며 취직이 되겠냐고 조심히 문제를 내놓는다.

"탁한 에너지가 많이 쌓여 있음 취직도 되지 않아. 그래서 너 앉자마자 하늘의 매를 맞은 거야. 걱정하지 마. 취직은 내 내공으로 하게끔 할 것이니."

한 시간 동안 여자의 주변 에너지 장 공부를 시켜서 보냈다.

손님을 보내놓고 허참, 취직하기 힘든 아이를 무슨 취직이 된다고 자신만만하게 큰 소리를 쳤는지… 의기소침해하며 걱정으로 잠을 청했다.

다음 날 상담받고 갔던 여자 손님이 어머니를 모시고 왔다면서 카페에 들어섰다. 밝은 표정을 지으며 어머니 볼일 보시라고 하고는 본인은 약속이 있다면서 일어섰다.

어머니 曰, 아이가 어젯밤 이야기하기를 상담을 받았는데, 야단도 많이 맞았고, 매도 맞았고, 평소 어머니 하시던 말씀 그대로 하는데 어머니 말씀은 잔소리로 들렸지만 그분이 하시는 말씀은 가슴에 쏙 들어오더란다. 그리고 취직이 된다고 하더란다. 그렇게 대화하느라 새벽까지 잠을 못 잤다고 투덜댔지만, 밝은 표정으로 딸과의 대화를 자랑삼아 나열한다.

그러면서 딸이 처음으로 제대로 된 직장에 취직해서 감사하다는 인사를 하러 왔다고 한다.

"내 자식이 취직되었어요" 하는데 혼자서 휴~ 한숨을 내쉬었다. 혹시나 하고 걱정했는데, 결과를 알려주어서 오히려 내가 더 감사했다.

상담해 주면서 알게 되는 거지만, 에너지 장이 너무 탁하면 하는 일도 잘 안 돌아가고, 주변에 해결해야 할 문제들이 끊임없이 들어온다. 그리고 취직도 난관에 부딪친다.

  생각이 많은 자들에게는 탁한 에너지 장이 감돌고 있다.

  생각만 하지 말고, 움직이기 바란다.

가정의 숲

자녀가 성인이 되면 짝을 만나 가정을 이룬다.

남자, 여자를 나무에 비유해 보자. 한 나무, 한 나무 두 나무가 서로 어우러져 한 가정이 만들어진다. 두 나무는 한 그루가 되어 정자와 난자가 만나 또 다른 분신을 잉태한다. 잉태된 나무 한 그루는 제자리를 지키며 많은 줄기와 잎사귀들을 달며 성장한다.

주변에는 태산 같은 바위도 있고, 시냇물도 흐를 것이다. 작은 돌과 흙, 모래와 꽃들이 어우러져 가정이라는 큰 숲을 이룬다.

우리는 어떤 숲을 만들어야 할지 고민해야 한다.

황량한 숲을 만들 것인가?

누가 보아도 아름다운 숲을 만들 것인가?

아니면 모두 공유할 수 있는 공원의 숲을 만들 것인가?

나머지는 각자 알아서 만들어야 할 숲이다.

약초 농사지으면서

한 남자가 명리학을 배우고 싶은데, 자기 사주에 이 길로 갈 수 있는지 상담하고 싶어서 왔다며 진지한 표정으로 묻는다.

그러고는 선생님은 약초 농사는 왜 짓느냐고 물어본다. 내가 산속에서 약초 농사짓는 이유는 책임져야 하는 환경에서 벗어나고 싶었기 때문이다.

영성 상담은 책임이 따르는 과정이 많다. 그래서 가벼운 환경을 만들어 일단은 쉬고 싶었고, 선원에서 나오는 수입으로 살아가는 것이 항시 불안하였다.

어느 날부터인가 천도재나 천제를 지내야 한다는 상담이 싫어졌다. 선원에 손님이 상담하러 오면 천신제자가 될 만한 재목들만 상담해 주는데, 당신의 길은 이 길밖에 없다, 영성공부 지도하는 데 많은 돈이 들어간다는 말이 지겨워졌다.

두 번째는 제자들 조상신 분리 작업에 들어가면 내 몸이 너무 아프게 통증을 겪으니 더더욱 피하게 되었다. 농사만 짓고 간간이 제자들 영성공부 지도해 주었더니 고통은 안 겪어도 되었다. 농사지으며 약초 농사에서 나오는 약재로 아픈 사람들 한약 주문을 받으면 선원 운영하는 데 별 어려움은 없었다.

자연과 일체되어 약초들과 어울리다 깨달음을 얻는다. 수행자는 자연과 하나 되어 물리가 터져야 한다는 고귀한 음성을 주었다.

사실 하루 정도는 맘 편안히 쉴 수 있는데 이틀을 쉬면 자책감에 빠진다. '무엇이 잘못되어 있는 거야. 그러니 나에게 쉬는 시간을 연

장해 주지.'

나는 게으름을 싫어한다. 무엇이라도 해야 한다. 성장기에 노는 법을 배우지 못해 노는 법도 모른다. 오로지 공부와 일밖에 모르는 대뇌의 세포 조직은 육체가 편히 쉬는 시간을 안 준다.

하늘과 통해 특이능력을 부여받은 천신제자는 육신을 편하게 굴리면 편안함에 안주하여 자신을 견제하는 데 게을러짐을 알기에 항시 부지런히 움직였다. 나는 영성공부가 천성적으로 맞는 것 같다.

수행하면서 주화입마(走火入魔)를 입지 않으려고 자연 속에서 약초 농사를 지었다. 자연에는 사람을 부지런하게 만드는 에너지가 무한히 존재한다. 수행하면서 자연과 인간계를 병행하면 균형 잡힌 공부를 하게 된다.

수행자는 부지런히 육신을 움직여야 한다. 잡초 뽑을 때는 생각도 정화시켜 주고, 조상신들의 별 볼일 없는 인자 정리해 주는 데 탁월하다.

밭에서 호미와 괭이로 흙 만지는 것도 즐겁다. 풀 뽑으며 마음 정리하고, 약초들의 기운을 받아 약도계와 교신하고 정리한다. 육신의 고통은 어디에서 오며, 이 고통은 내가 짊어질 짐인가, 아니면 타인에 의해 어쩔 수 없이 짊어진 짐들인가? 생각하곤 한다.

약초를 관리하면서 사람의 어느 부분 생각이 정리되면 지나간 정보는 세포에서 떨어져 나가고 그 자리에 새로운 정보들이 앉는다. 떨어져 나간 세포 자리에는 어떤 새로운 정보를 입력할 것인가?

약초를 말리던서 수많은 생각들이 주마등처럼 스쳐 밀물과 썰물처럼 조화롭게 만들어가는 공부를 내려준다.

초봄에 제일 먼저 나오는 풀은 뽑기가 수월하다. 잡기만 해도 수월하게 뽑히는 여린 풀들을 보면서 제일 먼저 수행했던 시간을 떠올린다.

　영성공부에 갓 입문했을 때 너는 잡신이 너무 많다고 하루에도 수십 번 지적을 받아 제일 먼저 잡신 정리 공부를 내려달라고 하늘에 청했다. 또, 가벼운 습부터 오래된 습까지 고쳐 나아갔다.

　잡초는 계절이 바뀌어감에 따라 점점 더 억센 풀로 자리매김한다. 늦가을에는 바닥을 쫙 깔아대는 풀들이 나를 조롱한다. 그렇게 1년 동안 초봄에 제일 먼저 나오는 풀들 작업을 하면서 늦가을까지 풀들과 싸워가며 마음 수행을 했다.

　대자연 속에서 농사를 수행의 근본에 두었더니, 만물의 이치를 자명하게 내려받았고, 대자연의 물리가 저절로 터져 나갔다. 대자연의 만물의 이치는 자명하게 내려받아야 한다. 물리는 한 번에 터지지 않고 의식의 문을 열어놓는 만큼 터졌다.

　12년 동안 약초 농사지으면서 우여곡절이 많았지만, 자연신과 교류할 때마다 영적 내공을 쌓는 이치와 원리를 알고 공부해야 보다 쉽게 자연의 물리가 터진다는 것을 알게 되었다.

　자연의 물리가 터지려면 영적 내공 쌓는 원리를 알아야 한다.

　명리학을 배우려면 조상신부터 공부시켜 주어야 한다. 조상신에게 정신이 빙의 되어 있으면 명리학 공부를 제대로 할 수 없다.

　상담자를 보내면서 당신의 교만이 지금껏 살아오는데 큰 장애였는데, 앞으로도 물질적 고통을 더 겪어야 사람이 될 것 같다고 하였다.

결혼하려면?

청춘 남녀가 눈이 맞아 결혼하려고 뜻을 같이한다.

결혼식을 올리려면 제일 먼저 무엇부터 해야 할까? 양가 상견례 치르고, 결혼날짜 정하고, 그다음 주례자를 결정한다. 사회 볼 사람을 섭외하고 축가 불러줄 친구들 찾고, 청첩장 만들고, 신혼부부 들어갈 주거 공간 만들어놓고… 기타 등등.

여기에서 잠시 생각해 보자.

기독교인들은 주로 목사에게 주례사를 부탁한다. 불교 집안은 스님을 청하는 경우도 있고. 암튼 나와 연계된 분야 쪽으로 찾아서 주례를 부탁한다.

순서에 의해 결혼식에 사용할 전반적인 준비를 하게 된다. 그런데 신랑 신부나 부모님들이 한 가지 잊고 있는 것이 있다.

주례자는 대단히 중요한 부분을 차지하는데 대체로 지인이나 사회적 명사에게 의뢰한다.

내가 결혼식을 올릴 때 이 부분을 알았다면 예식장에서 권하는 주례자를 사지 않았을 것이다. 어린 나이에 너무 무지해서 예식장에서 추천하는 목사를 주례자로 샀다.

목사는 나의 영적 수준에 한창 못 미치는 사람이었다. 차라리 둘이 정화수 떠놓고 식을 올리는 게 나았을 것이다.

신랑 신부에게 주례자는 엄청난 구원자이다. 예비 신랑 신부의 앞날은 주례자의 축하 축원이 30%는 차지한다. 주례자는 신랑 신부의 앞날을 30% 보호하는 축원기도의 힘이 커야 됨이다.

신랑 신부에게 결혼 축원 주례를 통해서 앞날을 밝혀주는 하늘의 힘을 가지고 있는 자이어야 한다.

앞으로는 주례자 없이 사회자의 재량하에 신랑 신부 입장과 결혼 행사를 진행하는 것이 늘어날 추세이다.

요즘은 주례자다운 주례자가 없는 듯한데 이것이 현실에 반영되었으면 한다.

젊은 신랑 신부가 주례자 없이 결혼식 진행한다고 하면 그들의 신명세계는 차원계가 높은 곳에서 왔다고 봐야 한다.

성공의 기준은 어디에 두어야 하나?

사주 감정해 달라고 하면 내 것도 모르는데 남의 것을 어떻게 해주냐며 모른 척, 영성공부만 지도하였다.
몇 년 동안 선원의 문을 닫아놓고 사주카페 간판을 걸어놓았더니, 자연적으로 사주 감정 의뢰가 들어와 변화한 환경에 맞게 적절히 풀어주고 있다.
저는 언제쯤 돈을 벌 수 있겠어요?
결혼은 할 수 있겠어요?
건강이 궁금허요.
하는 사업이 잘될지 봐주세요.
사업장을 이동하려는데 봐주세요.
참 많은 궁금증들을 가지고 오는데, 답답함을 많이 느낀다.
얼마나 잘못 살았기에 나의 운명이 이렇게 흘러가고 있는지 점검해 달라는 사람을 지금껏 한 명도 못 만났다.
영적으로 영성 상담하는 자에게는 영적 멘토를 부탁해야 한다.
그러한데 수준이 낮아서 그런 건지 아님 몰라서 그런 건지, 자신의 살아온 삶의 굴레를 점검해 달라는 이들이 없다.
본인이 가지고 있는 삶의 성공 기준을 어디에 두고 나에게 막무가내로 삶의 떼를 핀다.
성공의 기준을 돈에 둔 자는 나는 왜 지금껏 돈을 모으지 못하고 사느냐고 한다. 내 인생은 실패했다고 원망한다든지, 죽고 싶다는 등 그러한 삶의 먼지와 같은 일들을 어리광부리거나 투정을 반복한다.

그래서 지적해 주었다. 삶의 굴레에 대해 어리광부리고, 때론 원망하고 비난하며 살라고 3차원의 혹한 세계에 온 것이 아닌 것을 알았더라면 투정을 덜 부릴까?

나도 때론 혹한의 3차원계에서의 삶이 쉽지 않다는 것을 때때로 공부 받고 있다.

그럴 때마다 여기서 정지냐, 일보 후퇴해야 하나?

앞으로 전진하기 위한 시험인가?

때론 착각 인자들이 찾아 들어와 앞으로 나가야 하는 자, 정지하고 있어야 할지, 혼돈의 시기도 받는다.

나는 사람들이 성공의 기준을 물질에 두지 않기를 바란다.

3차원계에서 공부가 끝나 각자 고향으로 돌아갈 때 가지고 갈 수 있는 정신세계에 무게를 더 두었으면 한다.

성공의 기준을 재물에 두거나 행복에 둔다면 그 삶은 항상 불만이 앞설 것이고 삶의 질은 떨어질 것이다.

이제라도 성공 기준을 어디에 둘지 연구하였으면 한다.

나의 기준을 말하라고 한다면 정신 성장에 있다고 말할 것이다.

영성 지능 개발을 제대로 하여 삶의 질을 물질에 두는 집착에서 벗어나자.

영적 지능 향상

지인이 주역이나 명리학을 배우는 것이 어떠냐고 권유해서 상담하러 왔다고 한다.

수준 낮은 차원계로 되돌아가 주역을 수강해서 무엇 할 거냐고 물었다.

나도 상담하러 오는 손님에게 명리학 또는 천문학을 배우라고 하는데 그 직업으로 진출하라고 권유하는 것이 아니다. 다만 사주를 알고 올바로 대처하기 위해 권한다.

현재 사람들 지적 수준이 어디에 와 있는지도 모르고 몇 백 년 전부터 써먹었던 주역을 재탕해서 우려먹는데 배워서 무엇 할 것이며 학문도 유행이 있고, 신통한 능력을 가지고 오는 조상들이나 사신들, 공신들도 유행을 타고 3차원계에 거래하러 나온다.

지금은 디지털 시대이니 시대에 맞게 글도 써야 하고, 말법 시대인 만큼 새로운 생각들을 만들어 영적 지능을 향상시켜야 하는 21세기이다.

영적 지능을 향상시키려면 시대에 맞는 공부를 찾아서 영적 내공을 쌓아야 한다

옛것을 무시하는 것이 아니라 디지털 시대에 맞는 공부를 하라는 것이고, 디지털 시대에 맞는 공부를 하다가 옛것을 참고해야 하는 시기가 오면 명리학이나 주역 책도 한 번쯤은 봐야 끊어지지 않고 연결해 가며 공부할 수 있다.

디지털 시대라고 디지털 공부만 해서는 안 된다. 태초부터 내려오

는 기본을 알아야 멘토를 해줄 때 생뚱맞은 상담은 안 할 것이다.

　인간의 멘토가 아니라 영성 멘토를 한다면 다 알아야 한다. 그렇지 않으면 영성 멘토를 할 수 없다.

　인간적인 멘토는 대학이나 학원에서 배워 할 수 있지만, 영적 멘토는 30년의 경험이 있어야 진정한 영성 멘토를 할 수 있음이다.

　기본적인 것은 전생에서 다 공부하였으니, 디지털 시대에 맞는 공부들을 하여야 함이고, 영적 질량을 향상시켜야 3차원 세계에 온 보람이 있다.

꿈이 있어야?

부모는 자녀를 성장시키는 과정에서 곧잘 자녀들에게 이렇게 묻는다. "너는 이다음에 커서 무엇이 될 거냐"고! 이러한 질문을 할 때마다 자녀들의 말은 다르게 나온다.

나는 커서 대통령이 될 거예요.
그러다 또다시 바뀐다.
이다음에 커서 소방관이 될 거예요.
택시 운전사가 될 거예요.
그러다가 연예인이 될 거예요.
의사가 될 거예요.
판사가 될 거예요.

부모는 자녀가 "대통령이 될 거예요" 하면 흐뭇해한다. 대통령이 되든 안 되든 우선 될성부른 나무 떡잎부터 안다고 '저 녀석 크면 큰 인물이 될 거야' 하며 흡족해하다가 어느 날 소방관이 된다고 하면 인상을 찡그린다. 그러면서 "소방관은 하지 마"라고 아예 싹을 잘라 버린다.

자녀들은 부모가 물어보니 그냥 생각나는 대로 말했을 뿐이다. 그러다가 자녀들에게 사고가 생기면 그제야 조금 진지한 궁극적인 깊이로 들어간다.

나는 어른이 되면 무엇이 될까?
희미하게 하고 싶은 인물을 설정해 놓는다.
부모는 7세 미만 시기에 자녀들의 인성을 잘 다듬어주어야 한다.

왜냐하면 그 시기는 좋은 에너지가 충만하여 시기적절하게 설명해 주며 인성을 다듬어주면, 사회의 훌륭한 일원으로 발전적인 지성으로 나아간다. 자녀의 좋은 인성은 인성을 갖춘 부모 밑에서 만들어진다고 해도 과언이 아니다.

지금 시대는 인성을 갖춘 부모를 만나기 어렵다. 부모의 수준대로 너는 이다음에 커서 무엇이 되어야 한다고 정해 놓으면 아이의 창의적인 뇌 회로는 퇴보한다. 부모가 이미 정해 주었기에 뇌세포는 분열해야 하는 이유를 상실해 버린다.

꿈을 꾸는 아이로 키워야 하는데, 마음껏 꿈꿀 수 있는 환경을 만들어놓기는커녕 인위적인 환경을 조성해 창조적 인자의 방을 부재중으로 설정해 놓는다.

이상과 꿈의 인자의 방을 만들어주어 청소년기를 마음껏 자유로이 누비게 된다면, 에너지가 저장되어 필요할 때 창조적 인자의 방은 언제나 초록불이 켜져 있다.

'꿈과 이상이 없는 자는 죽은 자와 같다'라는 것은 세포들이 죽었다는 것을 의미한다. '젊은이들이여! 꿈과 이상을 가져라' 하는 것은 열정을 얼마나 표출시키느냐에 따라서 염력이 생기는 것을 말한다. 염력은 내가 얼마만큼의 열정을 가지고 희망을 펼치느냐에 따라서 에너지 분배가 다르다.

희망, 열정, 온도에 따라서 에너지 분배는 다르다. 각자 꿈을 꾸는 자가 되자. 그리고 이왕이면 천직을 찾아서 천직 속에서 희망을 이루는 자가 되는 꿈을 갖자.

꿈과 열정을 실천하는 자만이 삶의 에너지를 발산할 수 있다!

모순된 사회

오늘도 사람들과 대화를 즐긴다. 50더 중반인 남자 둘이 인사차 찾아왔다. 한 사람은 처음 보는 사람인데 옆으로 비껴 앉아 무언가를 찾으려는 듯 열심히 눈망울을 이곳저곳으로 옮긴다.

첫눈에 평범한 사람은 아닌 것 같은데 점점 대화 속으로 빠져 들어온다. 그 정도의 지적 수준이면 구구절절 말할 필요도 없고, 한 분야에 말 한마디만 던지면 스펀지처럼 빨아당기는 지적 공간도 있기에.

아날로그 시대의 모순된 삶을 디지털 시대가 바로잡아야 하는데 그네들이 아직은 힘이 없어 우리 같은 자들이 모순된 삶을 바로잡아주고 가야 디지털 세대들이 지구촌을 이끌어나갈 수 있는 힘을 준다고 말해 주었다.

그런데 수긍하는 것 같더니 뜬금없이 화제를 돌린다. 정치나 경제적인 대화를 하면 옳은 말하는 사람은 욕을 먹고, 우유부단한 사람들은 인기가 좋다고. 예전의 나라면 그 속에 끼어들어 맞아요! 대화가 안 돼요 하며 같이 맞장구쳤을 것이다.

영성공부 지드한 경력이 있어서 적절한 단어로 수정해 준다.

"지적 수준이 있는 사람이 상대방의 크드를 못 맞추고 대화가 안 된다고 하면 스스로 수준을 내려야 하는 거 아닐까요?

그 정도 지적 수준이 있는 사람이 남 탓하기 전에 상대방의 수준을 점검하여 코드를 맞춰 대화를 이끌어주었다면 내 편으로 만들어 좋은 협력자를 만들었을 텐데요."

여러 나라 돌아다니며 많은 정보를 입수하였으면 겸손한 에너지를 품어야 하는데, 겉의 에너지는 겸손이요 속에서 뿜어 나오는 에너지는 교만의 연속이다.

남자는 아차 한다. 본의 아니게 자신의 경솔함을 드러낸 것이다. 겉으로는 교육을 외치지만 내면에서는 독불장군 에너지가 스멀스멀 뿜어 나온다.

인간은 그렇게 자신의 모순을 알지도 못하면서 상대방을 평가한다. 아날로그 시대에 태어난 베이비붐 세대는 모순된 삶을 살아왔기 때문에 분별력을 가질 여유가 없었다.

6·25전쟁 이후 잿더미 속에서 오로지 살아남아야 한다는 본능으로 경제를 일으키고 나라를 지켜왔다. 모든 삶이 빡빡한데 분별력을 키울 시간적 여유가 있었을까?

남 탓하고 원망하기 전에 교육 사업을 하여 제대로 된 분별력을 키워서 모순된 사회구조를 바로잡아야 하지 않을까. 지적 수준이 있는 사람들이 교육 사업을 하여 사람을 다시 만들어야 한다.

그래서 "저는 홍익인간을 만들고자 교육 사업을 하고 있습니다"라고 했더니 그제야 기운이 섞어짐을 타진한다.

본인도 교육 사업을 하고 있지만 분야가 다르다면서 처음의 거드름이 겸손한 마음으로 서서히 바뀌어가고 있다.

그렇다. 지금까지 제자들 영성공부시킨 것은 분별력을 키우기 위해서였고, 모순된 사회의 질서를 잡기 위해, 홍익인간을 배출하기 위해 혼신의 힘을 다해 왔다.

홍익인간 이화세계.

대중목욕탕

인간은 저마다 지구촌에 마음의 때를 씻으러 왔다.

그런데 인간 대부분이 대중목욕탕 사용하는 방법들을 몰라서 좋은 시설들을 제대로 활용하지 못하고 있다.

저장되어 있는 수많은 인자의 마음의 방이 내 마음의 방인 줄 알고 들여다볼 생각조차 못한다.

세포에 저장되어 있는 묵은 때는 그냥 두면 벗겨지지 않는다. 본인 혼자서 밀어내든지, 벗겨낼 수 있는 부분은 각자의 개념에 따라 사용 방법에 따라 다르다.

표면에 붙어 있는 세포는 손쉽게 혼자서 해내지만 손이 닿지 않는 부분은 누군가의 힘을 빌려야 한다. 또한 병약자들, 손을 제대로 사용 못 하는 자들은 전신을 맡기는 수밖에 없다.

수행의 때를 벗기는 방법 중 스스로 할 수 있는 것은 할 수 있지만 손이 안 닿는 부분은 누군가의 도움을 받아야 한다.

세포 속에 박혀 있는 오래 저장된 마음의 때를 벗기는 작업을 지구촌에 와서 배우고 돌아가야 한다.

세포는 지적 세포로 재생하고자 영적 성장을 원한다.

4차원 세계 활용법

상담하러 오시는 손님들에게 4차원 세계 활용하는 방법들을 전수, 지도해 주면서 손님들에게 고마움을 표한다.

4차원 세계 활용 방법을 지도한 다음 손님들에게 각자 돌아가 해 보라고 권하여 주었다.

어느 분들은 다시 찾아와서 시키는 대로 했는데, 이러이러한 결과를 얻었어요 감사합니다, 인사하며 경험한 이야기를 즐겁게 풀어놓는다.

오늘도 백화점에 가서 접붙이기 축원 지도받은 손님이 와서 감사하다고 인사한다.

손님에게는 별거 아닌 것 같은 신기한 경험이지만 나는 그 처방전을 찾아내기 위한 수행에 반평생을 바쳤다.

생명 담보 잡아 수행하기를 반평생, 지금도 가끔씩 내려주는 정보를 받아온다. 그러면서 이 툴의 세계를 이루기 위해 반걸음 뗄 준비를 한다.

처음에는 이 툴의 세계가 무언지 몰랐다. 막연히 행성의 성주를 해야 하나 보다 했는데, 더한 차례가 있다는 것을 알려주어, 나는 그곳을 향해 통신소를 설치하기 시작했다.

무한세계, 유한세계 접붙이는 공식만 알면 인간세계에서의 삶의 질은 높아질 것이다.

4차원 세계 활용하는 방법은 내공을 갖추지 않으면 하고 싶어도 순간 막아버린다.

자격을 갖추어야 하는데, 조상들을 공부시키지 않으면 희망사항으로 접어야 한다. 영적 수준을 상위 자아로 올려놓아야 한다.

영적 확장을 상위 자아로 올려놓으면 4차원 세계 활용은 누구에게나 위임할 수 있다.

제자들 손에 들려오는 물건들

제자들이 선원 문을 열고 들어오면, 나는 제자들 얼굴을 먼저 보는 것이 아니라 손을 먼저 본다.

천신교관들이 이번에는 어떠한 공부를 해달라고 청하는지 제자들 손에 먹을 것이든, 아님 선원에 필요한 물건들을 사들고 들어선다.

오는 제자들의 손을 보면서 또한 마음을 본다.

인간의 욕심으로 가지고 들어오는 것인지, 아님 천신교관들이 마음을 일어나게 하여 물건을 손에 들려 보낸 것인지 그것부터 찰나에 점검한다.

욕심으로 가지고 온 제자에게는 칭찬으로 가면을 쓰고 공부를 내려주고, 진심으로 공부시켜 주십사 천신교관들이 쥐어 보낸 것은 여건에 따라서 일파만파 연쇄적으로 공부를 내려준다.

영민한 제자는 본인들의 일어나는 마음을 잘 간과하여 묻고 또 묻고 하여 선원에 물건을 가져온다.

나는 손에 들려 있는 물건의 종류대로 공부를 내려주는데, 제자들은 그 이유를 막연히 아는 것 같이 언행하지만, 사람이 알려고 하는 순간 회로를 정지시켜 버린다.

영성공부는 지도하는 자가 천신제자의 본마음을 헤아려가며 공부를 내려준다.

이 말을 이제야 하는 것은 제자들이 선원을 방문할 때 인간의 마음으로 손에 물건들을 가지고 오지 않기를 바라기 때문이다.

아무 이유 없이 제자들의 물건을 받는 것은 재미없다.

본인 신명들이 때론 너 자신을 알아라 하고 바늘꽂이를 들여보내는 공부도 있다.

나도 공부할 때 이불 꿰매는 대바늘을 구입하라는 명을 받아 대바늘을 구입하였더니, 감사하게도 바늘방석을 이제야 치워주신다고 하였다. 그 후부터는 마음이 한결 편해졌다.

지금 공부하는 제자들은 각종 물품 공부를 어떻게 해야 하는지 방법을 몰라 손에 들고 오는 물건들을 생각 없이 소홀히 다룬다.

나는 지금껏 제자들이 신명들의 대리로 촉감으로 공부하러 오는 날 손에 들려 보내는 물품들을 개인의 마음으로 받아본 적이 없다.

제목 없이 선물을 받는 것은 나의 수행에 굉장히 큰 걸림돌이라는 것을 알기에 제자들이 인간의 마음으로 보내는 물건들은 나도 거기에 응하는 수준의 물품을 보낸다.

지금껏 제자들이 가지고 오는 재물들은 공부로 다 갚아주었고, 신명들이 들여보낸 물품 또한 신명들 공부들을 시켜주었다.

신들의 재물들은 공짜가 없다는 것을 다시금 제자들이 알아주었으면 한다.

어머니가 무당

30대 초반 여성이 남자 친구와의 궁합과 함께 본인의 파란만장한 삶의 원인을 규명해 달라며 또렷한 음성으로 답을 구한다.

20대 초반에 결혼하고 이혼했는데 두 명의 자녀가 있다고 한다.

성장하면서 상처를 너무 많이 받아 주변 인물들 대하는 것이 매우 힘들고, 아버지가 어머니를 너무 힘들게 하여 나는 어머니를 마음고생 시키지 말자 하고 착한 모드를 설정해 놓고 살자니 상처는 더욱더 깊어지고… 기타 등등.

또한 지금 아동미술 심리학 전공을 마치고 그 분야에 직업을 갖고 싶은데 제 기량을 펼칠 수 있겠습니까?

여성이 본인의 문제를 절실히 풀어주기를 원하기에 한마디로 잘라 말해 주었다.

본인은 무당 사주인데 편안히 살자고 한다면 그건 삶에 대한 배신이야 하고 던져주었더니, 실은 제 어머니가 무당입니다. 그리고 지금도 무당을 하고 계십니다 한다.

이렇게 상담을 청하게 된 것은 어머니가 조상 풀이도 해주고 액운도 풀어주신다고 했는데 지금껏 제대로 된 인생을 살아보지 못했다며 이유가 무엇인지 확실히 알려달라고 청한다.

순간 나의 자녀들이 스쳐 지나갔다.

내가 저 여인의 어머니와 같지 않으리란 보장은 없을 것이다. 그리고 감사했다. 나의 자녀들에게 신뢰받고 있음을.

여인에게 설명해 주었다.

어머니는 조상신에게 이미 빙의 되어 수준 낮은 삶을 살아가고, 딸은 어머니보다 수준 높은 신들이 보좌하고 있기에 어머니의 신명 수준으로 딸의 신명 가레를 해줄 수 있는 능력이 안 되었다.

어머니가 이 부분을 알고 있으면 자식에게 조상풀이니 액땜풀이니 같은 것을 해주지 않았을 것이다.

어머니를 원망하지 말고 신굿 하는 방법을 일러줄 터이니 축원굿을 하라고 자세히 일러주었더니, 그렇게 하면 제 어머니에게 해가 가지 않겠습니까?라고 어리석은 질문을 던진다.

옆에 있던 남자 친구가 같이 축원굿을 제대로 하면 어머니도 좋아질 것이니 편안한 마음으로 해보라고.

옆에 있던 남자 친구의 말이 더 걸작이다.

내가 도와줄게! 해보자! 그렇게 해서 우리의 삶이 윤택해진다면 해 볼 만하지 않나?

동시에 나는 남자 친구도 그 기운이 있어서 이러한 여성을 만났으니, 떡 본 김에 제사 지낸다고 둘이서 같이 축원굿 하라고 하였다.

끝나고 마음이 편하다고 느껴지면 제대로 한 것이니 걱정하지 말라고 일러주었더니, 여자가 "네! 해보고 다시 오겠습니다" 한다.

환히 웃으면서 인사하고 가는 모습을 보면서 내 말을 들어준 연인들에게 고맙다고 인사해 주었다.

내가 아무리 저네들의 신 가림을 해줄 수 있다고 큰 소리 친다 한들 접수를 안 해주면 무슨 소용이 있겠는가?

그래서 더더욱 고마움을 가진다.

또한 나의 자녀들이 저런 방황을 안 해 또 감사함을 가진다.

상담 원하는 첫 순간 갑자기 울컥 올라오는 서러움이 여자의 어머니인 것을 알았을 때, 측은지심이 일었다.

나도 제대로 공부했더라면 자식에게 무시당하지 않았을 텐데… 참으로 서럽소 하는 하소연을 잠깐 들어주고, 딸의 어머니는 굿하는 춤사위를 살짝 나에게 보여주었다.

굿하기가 죽기보다 싫은데 마지못해 합니다….

어머니의 영을 딸 옆에 붙여놓고 모녀지간을 동시에 정리해 주었다.

돌아가면 집안 정리가 되어 집안과 마음이 편안해질 것이다.

여성은 영매자여서 영성 멘토하는 방법을 보여주면서 "앞으로 이렇게 상담해 주지 않으면 도태되니, 오늘 공부시켜 준 것을 잘 기억해 놓았다가 상담자가 되면 그때 잘 응용해서 사용하기 바란다"고 일러주었다.

연인들이 복이 많다.

천제를 지낸 날이어서 선물을 주어 보냈다.

제자들을 가르치면서

요즈음 남자 한 명이 계속 간 보기 하러 온다. 몇 개월째 속내를 감추고 겉모습만 지저분하게 만들어놓고 웃음을 자아낸다.

수년 동안 영성으로 공부를 가르치면서 인간이 할 수 없는 일들이 하루에도 수만 가지 바뀌어왔다.

나에게 오는 천신제자들은 굿도 해보았고, 절에서 천도재를 지냈던 자들, 기독교인들, 천주교인들, 기수련 하는 자들, 여호와 증인, 중산드, 통일교 기타 등등 정신세계를 경험하고 온 자들이 태반이다.

그렇게 이지가지, 저지가지, 수만 가지를 경험하고 오지 않으면 내가 가르치고자 하는 영성공부를 내려받을 수 없다.

영성으로 공부하는 천신제자에게 무한한 하늘의 소리를 전해 주고 또 터득하게도 한다.

제자들 영성공부를 시키기 위해서는 말문을 트기 위한 작업부터 하는데 그것은 제자들 내면에 어떠한 기운이 있는지 알아내는 신성한 시간이다. 그 시간만큼은 나도 긴장한다.

내면에 어떠한 기운이 숨어 있는지 긴장하면서 풀어내는 시간이고, 천어가 들어 있는지 확인하는 것이다. 천어가 없는 자도 있기 때문에 아무나 영성공부를 시키는 것도 아니고, 내면세계 구조에 의해 천어가 안 터지는 경우도 있다.

다음은 천서를 쓰게 하는 것이다. 배운 것도 아닌데 자신도 모르게 저절로 나오기에 처음에는 놀라기도 하고 당황하기도 한다.

하루 이틀 지나면 아무것도 아니구나 하고 생각하지만 천신제자는 그 무엇을 공부하는 것보다 어려움이 많이 겪게 된다.

사실 천신제자는 여러 가지 많은 시험을 거쳐야 한다.

인간으로서 참기 힘든 일도 있을 것이며, 정말 이건 아니다 할 정도로 어려운 과정들이 많은데 그 과정을 이수하기란 사실 너무 힘들다.

내가 걸어온 길을 돌이켜 생각해도 그렇다.

하지만 어느 정도 공부한 뒤에는 너무 쉬운 공부로 변한다.

자신이 노력하지 않아도 내면에서 알려준다.

결국 자신을 찾게 되는 공부이며 자신을 찾은 뒤 시작하는 공부이다. 자신을 찾지 못했는데 공부한다는 사람이 있는데 매우 잘못된 것이다.

하늘의 소리는 쉽게 알려주지 않는다.

또한 알려주다가도 막히는 경우가 허다하다.

왜냐하면 자신이 내면에 소홀히 했기 때문이다.

그러나 자신이 소홀히 했는지 안 했는지조차도 모르게 한다.

그리고 제자에게 어려움을 주게 된다.

이때를 잘 넘겨야 올바른 제자가 되는데, 그렇지 않으면 지금까지 해온 것을 제대로 하지 못하기에 후회하는 일이 생기게 된다.

제자들은 우주의 기운을 받아 운용하기에 세상에 있는 기운을 받으러 산으로 바다로 기도를 떠난다.

제자는 기도가 생명이다.

기도를 등한시하면 제자의 길로 가기 어렵다.

기도는 대화이다.

자신과의 대화를 끊임없이 주거니 받거니 하라는 것이고, 자신과의 대화가 이루어지면 우주와도 소통이 가능해진다.

천신제자는 자만을 가지거나 교만을 가져서는 안 된다. 다만 교만의 공부가 필요하면 교만도 들어오게 하여 철저히 자신을 죽이는 과정을 이수시킨다.

하늘은 그것까지도 조종한다.

어느 정도 지나면 자신의 몸속에 교관이 들어와 공부를 가르치게 되는데 이때가 되면 자신도 모르게 상당한 경지에 오르게 되며 참으로 영성공부의 재미가 슬슬 붙기 시작한다.

정말 세상에 없는 희한한 공부구나! 하고 자신도 놀라는 공부이다. 다만 이러한 경지까지 올라오기가 힘들다.

이러한 수준의 공부가 되어 있다면, 하늘에서는 놓지 않고 관리 대상자 명단에 올려놓는다.

천신제자가 천신공부를 하지 않는다면 여러 가지 고통을 주는데 우선 물질로 고통을 주고, 다음은 건강으로 고통을 주며, 가족이 잘 되는 일이 없으며, 가족끼리 서로 우애가 없어지며, 그 외에 여러 가지 고통을 준다.

이때 잘 모르는 사람들은 무당을 찾아가게 되는데, 시간이 흐르면 결국 소용이 없다는 것을 알게 한다.

뒤늦게 재물 빼앗김을 당하고, 건강이 상하게 되고, 여러 가지 우환을 겪은 다음에 알게 한다.

이게 천신제자들의 숙명이다.

이제라도 늦지 않았다.

자기가 평범한 사람이 아니라는 것을 알았을 때는 자신의 길이 어떤 길인지 바로 알아야 한다.

　신과 영의 세계를 안다면 쉽게 풀어간다.

　나는 아직까지 천신제자를 배출하지 않았다.

　지나간 제자들 중에 천신제자감은 있었지만, 근기들이 부족하고 시험 단계에 올려놓고 시험을 치르면 거의 탈락되었다.

　그래서 고하였다. 아무리 천신제자감이지만 자질이 받쳐주지 않으면 영성공부 지도하는 과정에서 마치겠다고.

　수많은 과정들이 있는데 한 과목도 정확히 이수하지 못하고 하고픈 과목만 이수하겠다고 하는 제자는 무조건 이수해 주지 않겠다고 하늘에 선언한다. 이제는 천신제자 배출은 아무나 받아서 지도해 주지 않는다는 것을, 지금의 제자들은 앞가림만 할 수 있게끔 겉만 터주는 단계에서 끝내려고 한다.

　공부 단계에서 조금만 천신제자감이 보이면 열정을 다해 공부를 지도해 주었는데 지금은 나도 선택한다.

　약간의 기운이 있다 해서 선택하지 않는다.

산소 파묘하는 방법

　산소를 파묘해야 하는데 방법을 알려달라고 상담을 청해 왔다.
　조상의 묘를 파묘한다면 지상에서의 집은 무로 돌아가는 것이고, 파묘해 주면서 조상은 하늘에 주거할 수 있는 허락을 받아야 한다.
　하늘과 의논하였다. 앞으로는 제사의 개념이 없어질 텐데, 처음으로 깃대 뽑게 해주시면 안 되겠냐 하고 의논하였더니 방법을 제시해 주어서 상담자에게 설명해 주었다.
　파묘에 대해 상담은 여러 번 하였지만, 이러한 방법을 내려주신 것은 처음이었다.
　앞으로 파묘하는 자가 오면 이러한 방법으로 하면 된다고 확정해 준다. 확정이라면 나의 영역이 넓어졌다는 의미를 부여받는 것이다.
　쉽고 명확한 방법을 내려주시니, 앞으로 조상 묘지를 파묘하고자 상담하는 자손들은 행운이다.
　부작용도 없고 자손들도 손쉽게 할 수 있고….
　조상들도 공부할 수 있게 동기 부여도 받을 수 있다.

왜 영성공부를 하는지 알아야 한다

　신명시대에는 산천으로 돌아다니거나 바위에 빌면 기원하는 제목을 한 가지라도 들어주었다. 기(氣)수련을 열심히 하면 집중력으로 원하는 것을 얻기도 하였다.
　그런데 후천시대에 접어든 지금은 선천시대의 모순을 찾아내어 바로잡는 시기이다.
　인간이 산천을 돌아다니며, 뇌물을 바쳐가며 원하는 것을 얻어내었던 선천시대.
　2002년 4월부터 후천시대로 접어든다고 다시 공부하라는 천신교 관들의 명을 받고, 신명들과 어울려 하던 모든 행위를 접고 영성으로 공부를 시작하였다.
　영성이 무엇인지 몰라 방황하기를 십여 년, 그러다가 영적으로 지도해 주신 선생님을 만나 영성공부에 매진하였다.
　3년 동안 공부를 내려받으면서 개인생활은 모두 접게 하여 접었고, 허락받은 자녀 두 명 교육시키는 시간만 허락을 받았다. 자녀에게 할애하는 시간 외에 모든 것은 하늘에 맡겼다.
　경제활동도 중지시켜서 생활은 엉망이었지만, 3년 약속 지키고자 이를 악물고 하늘에서 하지 말라는 것은 하지 않았다. 그만큼 영성공부에 전력투구하였다.
　왜냐하면 영성으로 공부하기 전에 조상신과 신명으로 일을 하면서 부족함을 절실히 깨달았기 때문이다. 아픈 환자들이 와서 상담할 때도 부족함을 느껴 창피함을 갖게 되었고, 집안일들 해결해 달라고 상담을 청해 올 때도 실력 부족으로 좌불안석이었다.

부끄러운 실력으로 선원 문을 열어놓고 손님 받기가 얼마나 힘들었는지, 지금도 그때를 돌이켜보면 고개가 절로 숙여진다.

부족한 능력으로 상담해 왔던 과거를 돌이키면서 이를 물었다.

기필코 영성세계에서 1인자가 될 것이다.

지금은 공부하느라 생활고로 쩌들었지만, 약속한 3년이 지나면 부끄러운 과거는 청산하고, 새로이 법을 내리는 천신제자로 당당히 서리라.

하늘에서 근기를 테스트할 때 꼭 경제적 난관을 주었다. 나 혼자 벌어서 생활하였는데 모든 경제활동을 중지시켜 힘들었다.

지금도 그때로 다시 돌아가서 똑같이 공부하라고 하면 고개를 설레설레 흔들 것이다. 3년이 마치 30년 것 같았다.

근기 테스트 3년을 마치고, 선원을 오픈하였다.

선원을 개원하자마자 공부할 제자들이 들어왔다. 처음 공부하러 온 제자를 통해서 많은 손님들과 제자들이 모여들었다.

선원 개원한 지 2년 만에 은행과 개인 빚들을 모두 청산하였고, 통장에 잔고가 쌓여갔다. 통장의 잔고를 보면서 3년의 영성공부가 나를 성장시켜 주었음을 알게 되었다. 그리고 제자들에게도 많은 혜택을 주었다.

영성공부를 하지 않고 조상신들과 기본 신들로 선원을 운영했다면… 생각조차 하기 싫다. 진심으로 천신교관들이 고맙다.

앞으로 변해 가는 시대의 흐름을 정확히 제시해 주었고, 나는 그에 따라 영성으로 공부 받았다.

앞으로는 정보화시대, 영성시대, 말법시대, 정법시대, 정 도령 시대, 영성 멘토 시대로 흘러갈 것이다.

책에 있는 내용으로, 또는 강사들에게서 들은 지식, 목사나 스님들이나 기공수련, 신부들에게 전해 들은 지식만으로는 앞으로 오는 영성 시대를 맞이할 수 없다.

영성 멘토를 하고자 한다면 영성으로 지적 수준을 올려야 한다. 각자의 내적 수준을 영적으로 수행하여 지적 수준을 올려야 영성 멘토사를 할 수 있는 자격을 받는다.

후천시대는 선천시대의 모순을 바로잡아야 하는 의무가 따른다.

선천시대에 일했던 신들과 조상들을 공부시켜 제대로 차원계로 보내주어야 나의 수행을 할 수 있음이다.

태어날 때 조상들과 나의 신들과 같이 태어나는데, 다 이유가 있어서 육신을 가지고 오는 것이다.

지금의 자손들은 왜 육신을 공부시켜야 하는지 이유를 모른다.

육신 속에 도통한 신들도 있고, 약명신도 있고, 말문신명, 동자, 설녀, 선녀, 장군신들… 많은 신들이 육신 안에 갇혀 인간에게 닦아달라고 원력을 준다.

인간은 원력을 받아 육신들과 같이 공부하여야 함이고, 또한 전생의 모든 기억의 키도 영체에 입력되어 있기에 영성으로 공부하여 바로잡아야 한다.

앞으로는 숨어 있는 신명들을 찾아내지 못하면 성공할 수 없다.

영성공부하는 방법

그동안 제자들의 영성공부를 지도하면서 답답함을 느꼈다.

영성공부는 이렇다 하고 정의를 내릴 수 없고, 답은 이거다 하고 줄 수도 없다. 왜냐하면 제자들마다 신명 수준이 다르며, 같은 급수라도 자질이 다르며, 조상 줄이 저마다 다르며, 질량의 그릇들이 다르며, 전생에 닦아온 공부도 다른데, 답이 이거다 하고 제자들에게 명백하게 내놓을 수 없다.

마음이 조급하다. 하루빨리 영성제자를 배출하여 내 앞에 세워두고 싶다. 제자들아, 하늘을 보라! 항상 같은 하늘을 보여주는가? 시시각각 변하는 하늘을, 하늘은 정지됨 없이 언제나 움직이고 있다.

영성공부도 그렇다. 언제나 생각이 움직여야 함이다.

그렇지만 제자들은 고정관념에서 벗어나지 못하고, 이해가 안 가는데 어떻게 "네" 합니까? 반문을 던지기도 한다.

나에게 인간을 가르치는 자격증은 없다. 다만 하늘에서 신명들 공부 지도하는 자격증은 부여받았기에 조상신들이나 제자들 각자의 신명들을 공부시켜 줄 수는 있다.

제자들이 파킴치가 되는 과정을 이수하지 않고 바로 나에게서 답을 얻으려는 것은 자신을 죽이는 것과 같다. 나에게서 커닝하여 속도를 올리겠다는 것인데 "차라리 힌트를 몇 가지 주세요" 하는 질문이 더 효과적이지 않을까?

만약 커닝해서 속도를 내주었다 치자!

그런 다음에 어찌하란 말인가?

커닝해서 차원계를 올려주어도 마음의 넓이가 일체되지 않았기 때문에 생각의 무게가 차원계의 무게를 감당하지 못하고 낮은 차원계로 뚝 떨어진다.

영성공부는 조상들이 살아왔던 저급함, 시기심, 권력욕, 재물욕, 이기심, 아집, 집착, 오랫동안 신병으로 앓아왔던 병들, 스스로 도를 깨우치고자 했던 조상들, 학문에 욕심을 두었던 조상들, 나라를 위해 가신 조상, 우환·애환으로 돌아가신 조상들, 기타 등등 수천수만 가지의 삶의 굴레 속에서 돌아가신 조상들의 표적들을 분리하는 것이다.

그러한데 제자들은 표적 주는 것이 공부인지 모르고 왜 나에게 이러한 표적을 주느냐며 원망한다.

표적은 영의 무게이다. 눈으로 볼 수 있다면 조상신들은 자손들에게 표적을 주지 않는다. 자손은 영체를 볼 수 없다. 그래서 조상들이 표적을 주어 대화하고자 하는 과정이 영성공부이다.

표적을 어떻게 푸느냐에 따라 영의 무게가 달라진다.

고차원 세계에서 활동하고 싶다면 영들의 문제를 해원시켜 주어야 한다. 그래서 영성으로 공부 시 내 생각은 안 받아준다는 것이 바로 그러한 것이다.

이제 영성공부하는 방법을 알려주었으니 제자들 스스로 단계별로 깨우치기 바란다.

영성공부는 파김치가 되어야 알 수 있다

영성공부 초창기에는 하늘공부가 무엇인지 모르고 알려고 하면 할수록 뇌 세포들이 무거움을 가졌어도 왜 머리가 무거운지, 왜 뇌 속이 왜 항시 하얘 있는지 알 수도 없고, 알려고 할 때마다 방해하는 요소들이 항시 따라다녔다.

가르침을 주시는 선생님께 물어보아도 왜 내게 묻냐 하시며 핀잔받기 일쑤였다.

그래도 궁금하니 또 물어보았다.

질문을 던질 때마다 핀잔과 망신을 주었다.

할 수 없이 공부하는 3년 내내 선생님께 질문도 하지 못하고, 스스로 자문자답하며 나의 세계로 들어갔다.

궁금증과 알고 싶은 것이 많으면 많을수록 뇌는 멍해졌고 지쳐갔다. 그리고 어느 순간 깨달았다. 한 과목 가르침을 줄 때마다 파김치로 만들어놓는다는 것을….

나를 죽이지 않으면 알 수 없는 공부라는 것을 알게 되었다.

그다음부터 인간인 나는 없었다. 지금껏 내가 알고 있는 모든 지식과 상식은 보따리에 묶어 깊숙한 장롱 속에 감추어두고 지금껏 내가 하던 직업의식과 수행도 멈추었다.

일상적으로 하던 좌선과 명상도 멈추었다.

참선이나 명상도 신명이 없으면 할 수 없다.

외우는 것, 대모하는 것 모두 정지하였다.

하늘공부는 내가 전혀 알 수 없는 방법으로 공부를 알려주기에 우선 외워서는 안 된다는 것과 메모조차도 안 된다고 하였다. 그래서 사람의 머리로는 하늘공부를 할 수 없음을 파김치로 만들어놓고 알게 해주었다.

사실 영성공부하면서 중도에 그만두고 싶은 마음이 한두 번 들어온 것이 아니었다. 영성공부가 어려워서가 아니라, 나의 근본을 찾아내기 위해 철저히 자신을 죽여야 하는 과정이 너무나 힘들었기 때문이다.

숱한 굴욕감을 주어도 나의 신명들을 교육시켰고, 도반들과 선생이 주는 수많은 치사함과 더러움에 신명들을 교육시켜야 할 때마다 다 때려치우고 집으로 돌아갈 생각을 하였다.

낮은 시험 단계에 있을 때 뼈를 깎는 고통이 따랐다. 이러한 과정까지 거쳐야 하나 하는 의구심과 참을 수 없는 무관심, 참을 수 없는 외로움, 끝없는 근기를 요하는 측은지심 과정들, 교관이 살짝 힌트를 준다. 이러한 과정을 이수하지 않으면 자격증을 부여받지 못한다고. 힌트를 받았을 때 환희와 깊은 자괴감이 동시에 들어왔다. 자괴감이 들어올 때마다 솔직히 도망가고 싶었다.

나를 이기고 간다는 것이 이렇게 어려운 줄 알았다면 아마도 용감하게 이 공부를 선택하지 않았을 것이다.

미련하게 영성공부가, 하늘공부가 어떤 것인지도 모르고, 불나방처럼 빛 보고 간 선택에 고통의 수반이 따랐다.

내려받는 공부를 하다 지쳤을 때, 하늘은 한 가지씩 공부를 내려준다.

솔직히 지금은 다시 그 시절로 되돌아가서 공부하라고 한다면 매우 즐겁게 할 것 같다.

근기가 어느 정도의 합격선에 도달했는지 그다음부터는 하늘공부가 순풍에 돛 단 듯 유유히 거저먹었을 정도였다.

하늘공부는 조금 알았다고 아는 것으로 인정해 주지 않는다. 초·국·정 365를 다 알지 못하면 하나도 아는 것으로 쳐주지 않는다. 그래서 '모릅니다'를 배웠다.

지금도 나는 모릅니다, 알려주시면 알려주시는 대로 하겠습니다 한다.

결국 하늘은 오만한 제자에게 치욕감을 겪게 하여 겸손함을 가르쳐주시는 것 같다.

하늘 아래 사는 인간들은 하늘에 예를 갖추어야 함을 알려주시고자, 가나다… 중에서 'ㄱ'이 제일 앞에 있다고 한다.

하늘에 겸손하면 'ㄴ'은 하늘에 대접을 받는 자이다.

하늘공부를 하는 자는 파김치가 되어 하늘에 예를 갖추는 자가 되었으면 한다.

영성공부 중 제일 어려운 과정

순수한 마음으로 사람을 품기가 가장 어렵다.

영적이 아니면 하늘의 마음으로 인간을 품을 수 없음을, 품는 온도에 따라 다르다는 것을, 일정 온도로 사람을 하늘의 마음으로 품는다는 것은 일정 거리를 둠이다.

그러한데 3차원 세계에서 품는 마음의 온도는 인간의 감정이 이입되기에 인간을 품는다는 것은 신과 통하는 과정보다, 영과 통하는 과정보다 어렵다는 것을 시간이 지날수록 반성하게 된다.

지금껏 수행 중 제일 어려운 공부 과정은 품는 온도를 유지하는 것이었다. 일정한 온도를 유지하는 게 가장 어려운 수행 단계이다.

적어도 나에게는 제일 어려운 관문이다.

영성공부하고 나면

항상 기도하고 하늘에 묻고 답하는 것이 깨달음의 지름길이다.

깨달음의 길로 가고자 의도해서 여기까지 온 것은 아니지만, 어찌하다 보니 깨달음의 길로 하늘의 안내를 받아서 온 것이다. 저절로 깨닫는 것도 하늘의 도움이 있어야 한다는 것을 알게 되었고, 언제 깨달음을 주었는지도 모르게 깨닫는 것이 하늘이 원하는 깨달음이라는 것도 알게 되었다.

깨닫고 나면 굉장한 능력이 주어지는 줄 알았다. 그러나 한 부분의 깨달음을 준 것이지 전체가 아님을 지적받았고, 또 다른 차원계의 깨달음이 기다리고 있기에 항상 긴장을 풀지 못하게 하고 하늘의 소리 듣기에 긴장하라고 한다.

막연히 잘되겠지 하는 기복적인 마음으로 영성공부를 시작했다. 그러나 시간이 흐르면서 그런 마음은 사라졌다. 하늘에서 해가 뜨고, 비가 내리고 천둥번개가 내리치고, 구름이 흘러가는 것처럼 나의 언행들을 묵묵히 쳐다볼 뿐이다.

공부한 것과 공부하지 않은 것의 차이는 자신의 내면을 다스릴 수 있느냐 없느냐의 차이이다. 자신의 내면을 다스릴 수 있다면 많은 것을 참을 수 있다. 그때가 되면 모든 것이 편해진다. 그렇지 않다면 아직도 자신의 마음을 다스리지 못하는 것이다.

자신의 마음을 다스리는 것이야말로 어려운 고비를 넘기는 근기를 생성하는 것이며, 영적 내공을 취하는 작업이다.

숙명 개척

상담을 의뢰해 올 때마다 느끼는 것은 사람들이 자신의 숙명을 거부하여 삶의 질을 떨어트리고 있다는 것이다.

선천시대에는 숙명이다, 운명이다, 필연이다 하면서 그 길로 갈 수밖에 없다고 못 박기를 했다. 나 역시 숙명이라고 이 길밖에 없겠구나 하면서 세상 밖으로 나왔다.

세상 밖으로 나와 나 홀로 프로그램 속에서 신문을 만들기 시작했다. 나의 신문을 만들기 위해 허공과 산천을 알지도 못하면서 앞서간 선배들의 조언을 토대로 가보았다. 조언을 듣고 따라간 길에서 무상함을 느꼈으며 마음의 무거움은 태산을 든 것처럼 무거웠다.

그 어느 것으로도 태산을 해결할 수 없음을 느꼈고, 선배들의 조언을 다 버리고 스스로 답을 찾기로 결정했다.

개인적인 삶의 역사 신문을 만들기 시작했다. 일반 신문을 읽으면서 알게 된 것이 아니라 어느 날 선생님이 운영하는 선원을 방문하였더니, 무엇을 하며 지내느냐?는 질문에 신문을 연구한다고 했더니, 빙그레 웃으시면서 그 경지까지 갔냐면서 힌트를 주셨다.

네가 걸어가는 발자취가 신문이니라!

아~하! 그래서 내 삶의 발자취를 골고루 남겨야 한다는 생각이 들었구나. 내려주시는 답을 받고, 그때부터 세상 밖에서 세상 속으로 들어왔다.

신문의 지면을 잘 살펴보면 1페이지부터 10페이지까지 있는 신문도 있고, 10페이지 넘는 신문도 있다.

사건·사고, 정치경제와 연예, 생활문제, 범죄, 광고, 기타 등등의 내용들이 지면에 인쇄되어 세상 속으로 배달 나가고, 구매되기도 한다.

사람들은 오늘 하루의 일들과 어제의 소식을 듣고자 신문을 훑어 읽어 내려가면서 사람들과 이야기를 나누고자 한다.

1면에는 꼭 정치, 경제 광고가 중요한 소식을 장식한다.

2면부터는 사람들이 궁금해하는 문화, 예술, 사회적인 부분들, 스포츠 등의 여러 정보를 사이즈 크기를 조절하며 요약해 놓는다.

1면은 숙명이라고 말할 수 있다. 고정적으로 그 부분의 기사만 기재해야 한다고 신문사마다 결정해 놓는다.

우리 인간의 삶 또한 그러하다. 숙명이라고 치부하는 부분이 있고, 숙명에 따르는 신적으로 보는 운명론이라든지, 필연이라는 등… 그리고 결론적 부분까지 신문은 총망라한다.

인간의 삶은 신문과 같다. 인생의 끊임없는 걸음걸이를 1면에 장식해야 하는지, 3면에 장식해야 하는지, 그건 각자의 지식에 의해 선택된다.

숙명도 중요하지만 숙명을 인지하고 숙명에 대해 설정의 방을 만들어놓고, 그것을 보완하고 시정하기 위해서 새로운 개척의 방을 만들어놓아 숙명을 바로 알고 갈 수 있도록 해놓았으면 한다.

숙명은 본인의 선택에 있는 것이지 선택받았다고 해서 꼭 그 길로 가야 하는 것은 아니다.

단, 하늘에 점당한 자는 하늘과 상의해 가면서 살아가야 한다.

제 3 장

측은지심

해맘

우주의 원리

인간은 때때로 세상살이는 우주의 원리로 살아가는 것이라고 한다. 우주의 원리란 무엇일까? 의문을 가져본 적이 있는가? 과연 우주의 원리가 무엇인지!

태초에 여자와 남자가 있었다고 성경에 씌어 있다. 아담과 이브. 그들은 절대 먹지 말라는 것을 먹고 말았다. 그리고 창조주에게 인간세계로 쫓겨 내려왔다고.

지극히 간단히 말로 하자.

추상적으로 아담과 이브라고 표현한 것이라고, 뱀을 혐오스럽게 받아들이지 않았으면 한다.

뱀의 혀는 계속 날름날름한다. 그리고 끊임없이 먹이를 찾아 혀를 놀린다.

뱀 꿈이 태몽인 자녀들은 머리가 비상하고, 명석하고, 지혜롭다고 해석해 준다. 왜냐하면 혀를 계속 날름날름한다는 것은 뇌가 그만큼 한시도 쉬지 않는다는 것이다.

그러므로 의식이 깨어 있는 자는 그만큼 뇌 회로가 계속 돌아가고, 돌아가는 만큼 우주의 원리를 먹는 자가 된다.

뇌가 한시도 쉬지 않으려면 의식이 깨어 있어야 한다.

깨어 있어라! 생각하라! 우주의 원리가 돌아간다! 그리고 지혜의 바퀴가 돌 것이고 바퀴 도는 것이 끊어지지 않으면 우주의 원리를 깨닫는 것이다. 깨달음도 지혜가 부족하면 한계에 부딪친다.

우주의 원리는 지혜이다.

세상살이는 지혜를 겸비하지 않으면 살아가기 매우 빡빡하다. 또한 지혜가 부족한 자는 슬기로움도 떨어져 스스로 답답함을 느낄 것이고, 행복지수도 어디에 두어야 하는지 기준을 찾지 못한다.

정자와 난자가 만나야 애기 씨가 만들어지듯이, 지혜도 수많은 난제에 부딪침이 없으면 만들어지지 않는다.

남녀가 손만 잡고 있다면 천지창조는 없다.

정자, 난자가 따로 논다면 정자일 뿐이고, 난자일 뿐이다. 정자와 난자가 교접이 생겨야 애기 씨가 탄생되듯이 사람도 삶들 속에 주어지는 수많은 난제를 풀지 않고 피하기만 한다면, 인생 퇴보자가 되고 더 이상 성장하지 않는다.

사람은 숨을 쉬고 있음으로 살아 있다는 증명이 된다. 다만 의식을 잠재우고 살아간다면 그 사람은 양기만 살아서 입만 동동거릴 뿐 연륜 속의 지혜는 생성되지 않는다.

나는 지금껏 제자들에게 우주의 지혜를 주고자 수많은 난관과 부딪침으로 공부를 주었다. 부딪침 속에 마음의 양식을 저축할 수 있고, 대처하는 방안도 만들어낼 수 있는 긍정적인 마인드도 성장한다.

영성공부를 시키는 가장 중요한 포인트는 우주의 원리를 터득하라는 것이다. 그런데 제자들은 우주의 원리를 터득하려 하기는커녕 커닝을 함으로써 쉽게 가려고 했기에 수많은 제자들이 단계별로 올라갈 때마다 탈락의 고배를 마시게 되었다. 그 안타까움은 이루 말할 수 없지만 그래도 탈락하면 나도 냉정함에서 벗어나지 못한다.

영성공부하는 제자들에게 하고픈 말은 수많은 탁류에 던져놓아도 어떻게든 나오라는 것이다. 하늘은 절대로 내가 이수하지 못할 수행법은 주지 않는다. 조금만 의식의 문을 열어 생각해 보면 다 할 수 있는 수행들인데, 생각하는 것조차 귀찮아 해서 탈락한다.

　영성공부는 약간의 지혜를 겸비해서 하늘에 청해서 가면 끝까지 갈 수 있는데, 우주의 원리를 터득케 하는 것이 영성공부인지 모르는 것이다.

　영성공부는 난 이건 싫어요, 이 과목은 좋아요 하면 우주의 섭리를 터득할 수 없음이고, 우주의 원리를 알 수 없음이고, 우주의 원리가 지혜라는 것을 모르는 것이다.

　지금 우리가 주거하고 있는 이 공간이 바로 우주이다.

　태초의 역사부터 거슬러 올라가보자.

　수천 년, 수만 년 동안 수많은 사람들이 거친 역사를 살아오면서 얼마나 많은 난관을 통과했을 것이며, 얼마나 많은 난관에서 실패하였겠는가.

　난관을 통과하면서 나오는 이루 셀 수 없는 부딪침 속의 수많은 지혜의 씨앗을 우주공간에 숨겨놓았다. 숨겨놓은 우주의 원리를 찾을 수 있는 방법에는 종교도 있을 것이고, 기수련도 있을 것이고, 모태신앙도 있을 것이다. 기타 등등 여러 방법이 있겠지만, 그중에 제일 **빠른** 것을 찾아서 공부한다면 영성공부가 제일 **빠르다**.

　나 역시 영성공부를 안 했더라면 알 수 없었을 테지만, 이제는 왜 영성으로 공부를 해야 우주의 원리를 알 수 있는지 말한다.

　숨 쉬고 있는 것을 살아 있음으로 나타내지만, 가만히 숨만 쉬고 있는 것은 호수의 썩은 물로 해석한다.

　호수의 물이 아니라 흐르는 강물로도 숨을 쉬어야 함이고, 졸졸 흐르는 시냇물처럼 숨도 쉬어야 함이요, 바다의 너울파도처럼 숨도 쉬어야 함이요, 태풍과도 같이 숨도 쉬어야 함이요, 만나는 해일을 피해서 쉬는 숨도 쉬어야 함이다.

결국 천지만물 변화무쌍한 움직임에 따라 숨을 쉬어야 하늘에서 살아 있는 자라고 간주한다.

그럼 하늘은 어떠한 인간을 좋아하겠는가?

그리고 어떠한 자들을 키우겠는가?

우주의 원리를 많이 알 수 있는 자는 부딪침을 두려워하지 않고, 피하지 않는 자에게 주는 영광의 상처라고 했다.

영광의 상처는 훈장을 주며 아물게 한다.

기운을 읽어 내리는 방법

상담하는 손님마다 방법을 다르게 하는데 어느 한 부분은 모두 똑같이 해준다.

부드러운 상담을 할 때는 상담 받는 자들에게 친절하게 대해 주는데 나 스스로 대견하다고 칭찬한다.

작년까지만 해도 손님들 기운을 읽어 내려가면서 질책을 많이 하였다. 손님들마다 질량의 밀도가 다르기에 질량대로 기운을 읽어 내려주었다. 기운이 탁하면 탁하다고 감정을 부드럽게 전하지 않고, 서럽게 하기도 하고 때론 큰 소리로 야단을 치기도 했다.

그런데 이제부터는 상담 방법을 달리하자고 상의가 들어온다. 이유는 품는 온도를 사용하자는 것이다.

나도 사용하지 않는 친절함을 30년 만에 사용하려니 어색하지만 금방 적응해 갔다.

기운을 읽어 내려가는 방법은 여러 가지가 있다. 조상의 기운 줄을 먼저 내려주는 것도 있고, 전생의 기운 줄을 찾아서 병을 고쳐주는 공부도 가르쳐준다.

때론 사상체질을 가지고 기운을 읽어주는 경우도 있고, 신명 줄이 먼저 내려서 신명들을 대변해 주기도 한다.

기운을 읽어 내린다는 것은 종합적으로 공부하지 않으면 안 된다는 것을 의미한다.

관상학으로 하는 사람, 주역 한 가지로 사주를 본다는 사람, 신통으로 신점을 보는 자.

단과로 기운을 읽어 내리면 많은 실수가 따르고 상담을 받는 자도 답답함을 느낀다.

처음부터 친절함으로 기운을 읽어 내려주었다면 아마 웅천선원에 가족들이 많았을 것이다.

이제 방향을 전환하자 하니 나도 희망하는 상황이었는데 상담하는 방법이 일대 전환될 것 같다.

기운을 읽어 내리려면 영으로 통하지 않으면 할 수 없음을 말하고 싶다. 그런데 신과 통한 것을 영으로 통했다고 착각들을 한다.

신통은 내가 신에게 끌려다니지만, 상의 영과 통하면 물리가 터진다. 영의 수준도 다르기에 질량의 밀도를 높여 상위 영과 통하여 정신세계를 자유자재하게 만들기 바란다.

질량의 밀도가 높아야 상대의 기운을 자유자재하게 읽어 내릴 수 있음을 말한다.

인성교육

삼일절 천제를 진행하면서 영성공부하는 사람들의 인성을 보고 잠시 충격을 받았다.

천제 때는 신들이 잠시 내 몸에 들어와 하고픈 말을 하고 가는데, 그 시간만큼은 철저한 나만의 시간이고 내공을 쌓는 시간이다. 내공을 쌓는다는 것은 인간의 내공이 아니라 영적 내공을 말한다.

과거에는 지식 수준도 낮고, 지적 밀도가 낮아 내공이 부족하였는데, 윤회를 거듭하면서 영적 내공들을 축적해 놓았다.

우리가 인간적으로 천제를 지내는 것이 아니라 하늘 문을 열고 대우주와 코드를 맞추어 지내는 우주 천제이다.

제자들은 천명은 잊어버리고 멍 때리고 있으니, 주는 천지기운도 못 받고, 받더라도 받는지조차 모른 채 그냥 졸음만 온다면서 천신들의 하고픈 말들을 듣지 못하니 내공 쌓을 좋은 기회를 잃고 만다.

한 여제자가 자기 생각도 중요하다며 선생님 말을 다 어떻게 따릅니까?라고 질문을 던진다. 그 말도 틀린 것은 아니지만, 영성공부하는 시간만큼은 인간의 생각은 접수하지 않는다고 누누이 설명해 주었다.

영성공부는 조상신들과 분리하는 것이다. 조상신들과 분리되려면 내 생각은 이렇다고 말하면 안 된다. 지적하는 자가 공부를 내려주면 "네"만 하라고 하는 것은 조상신들 가르치고 있기에, 인간은 조상신 대변만 해주면 된다.

"네."

조상신들에게 접신이 되어 나는 조상신을 분리해 주려고 열정을 다해 지도한다. 그런데 제자들은 내 생각도 있는데 왜 "네"라고 대답만 해야 하느냐고 묻는다.

영성공부는 기본이 "네"이다.

그네들의 인성이 잘 갖추어 있고, 조상신들에게 빙의 되어 있지 않았으면 힘들게 살지도 않았거니와 나를 찾아오지도 않았을 거다. 여건들이 안 좋아 찾아와서 상의하고 대답을 주면 그대로 하지 않고 본인 생각은 이러이러하다고 한다.

유치원생들조차 내 생각도 중요하잖아요라고 말하지 않는다. 요즈음 유치원생들은 인격체가 발달하여 설명하면 "네! 알았습니다"라고 대답한다.

사람 되라고 3년 과정으로 기본 인성교육을 시킨다. 인성교육을 받고 나서 그다음 제 생각은 이러합니다라고 하면 1% 정도 받아준다. 왜냐하면 영적 내공 밀도가 약하게 쌓여 있는데 인간의 생각을 받아주겠는가? 내면 질량 그릇의 밀도가 흐려져 영적 지적 질량을 높여달라고 온 것 아닌가?

그런데 내 생각도 중요해요라고 두 살짜리 발언을 하니, 웃음만 나올 뿐이다.

영성공부하는 천신제자들에게 다시금 고한다.

처음부터 다시 인성 공부시켜 달라고 하늘에 고하라.

하늘에서 부여받은 능력 수행

제자들이 영성공부를 시작하면서 한쪽에 쌓아놓은 숨겨둔 마음들이 있다. 수행해서 얻는 능력을 이용해서 이득을 취하려는 마음들을 숨겨놓고 혼자서 끙끙 앓는 제자를 바라보면 참으로 한심하다는 생각이 든다.

능력은 하루아침에 얻어지는 것이 아니다.

먼저 내가 죽어야 하는데 자신을 죽이지 않고 수행하니 어떻게 하늘의 마음을 얻겠는가?

신과 통하고 싶으면 신들의 마음을 얻어야 신통을 얻을 수 있고, 영통하고 싶으면 상위 자아 영의 마음을 사야 영통이 가능하다. 신들의 마음과 통하려고 노력도 하지 않고 영의 세계에 입문하고자 한다면 찰나찰나 변하는 영의 세계를 따라갈 수 없다.

하고자 하는 진실된 마음은 부족한데 잔뜩 마음의 욕심만 있어 수행해도 신과 통할 수 없거니와 하늘과도 통할 수 없다.

설사 신과 통해서 신통을 부린다고 가정하자. 신통을 부리려면 대가를 치러야 한다. 병자를 고치려 할 때 들어오는 무수한 탁한 에너지를 흡수하여 어디에 어떻게 버릴 것인가?

기본 체력이 받쳐주어야 수행할 수 있고, 왜 수행하고 싶은지 이유도 확실해야 한다. 능력이 부러워서, 호기심으로, 아니면 남들에게 잘 보이고자 하는 능력 수행이라면 지금이라도 그만두어야 한다. 얻었다 하더라도 쓸 수 없는 능력이기 때문이다.

수행한다면 왜 수행하는지 이유를 정확하게 찾아야 하고, 수행하겠다고 결심했으면 일정 단계에 올라설 때까지 절대 포기하지 말아야 한다.

명심하라. 하늘의 능력을 받으면 그만한 대가가 따르고, 주어진 대가를 이길 수 있어야 한다. 능력 수행은 그만한 대가가 따르기 때문에 함부로 권하지 않으며 함부로 해서도 안 된다.

제일 좋은 수행법은 자신을 갈고 닦으며 반성하는 수행법이다.

하늘에 '인간이 하늘을 알지 못한 죄가 가장 크다는 것을 이제 알았습니다' 하는 반성 수련법을 권한다.

하늘의 능력을 부여받는 것도 어렵지만 받은 능력을 지키는 것도 힘들다는 것을 알아야 한다.

수행보다 사람이 우선

선계에 있을 때 동문수학한 절친 도반이 있었다. 그때도 나는 수행이 목적이었고, 선한 근본이 마음 깊은 자락을 깔고 있었기에 수행에 방해되는 것을 용서치 않는 기개 높은 정신수행 심지가 굳게 박혀 있었다.

당시 절친 도반이 나의 수행에 방해되는 행위들을 하여 못 참고 화를 많이 내 마음을 크게 다치게 했는데 수행 도반으로 인간세상에서 다시 만났다.

수행과 도반을 저울에 놓고 한참 고민하다 결심했다. 선계에서는 아옹다옹했지만 인간세계에 내려와 다시 만났으니 이참에 묶은 감정을 풀어야 한다는 결론을 내리고 일단 수행을 접었다. 그리고 천천히 가기로 했다. 선계에서는 매우 친했지만 수행에서 항시 뒤처져 시기했던 그의 마음을 이번 생에서 정리해야 한다.

잘난 도반도 있겠지만 수행이 떨어져 시기하는 도반도 있다. 그런 마음으로 인간계에 왔으니 수행을 접는 수밖에…. 그리고 인간세계에 와서 도반을 깨닫게 해야 한다는 것을 알았기에 깨달음을 얻기 위한 프로그램을 만들었다.

20여 년 전 어느 노스님이 수행하다 겪은 수행담을 들려준 기억이 불현듯 스쳤다. 한참 수행에 열중하는데 다 죽어가는 사람이 찾아와 제발 살려달라고 애걸하더란다. 수행 중에는 모든 것이 금기로 되어 있어 깊은 고민에 빠졌다. 죽어가는 사람의 청을 거절하고 수행을 일취월장하느냐 아니면 수행을 포기하고 병든 이의 청을 들어주어야 하나 갈림길에서 '그래! 수행은 잠시 미루고 사람을 살리고 보자' 하고 수행을 접고 병든 자를 고쳐주었다는 것이다.

그렇다면 나도 미친 척하고 가보자고 결정했다. 천신들은 양손에 똑같은 무게의 문제를 주면서 수행 중에 어느 것을 선택하는지 지켜본다. 측은지심을 택할 것인가? 수행의 일취월장을 택할 것인가? 두 가지 중 어느 것을 택한들 천신들은 말없이 지켜보고 있을 뿐이다. 왜냐하면 두 가지 선택이 다 맞기 때문이다.

노스님이 수행의 길을 이야기할 때 나에게도 그러한 경우가 온다면 그렇게 해야겠다는 생각을 담아두고 있었기에 실천했을 뿐이다. 그런데 시간이 길어지니 수행하는 길이도 길어진다는 단점이 있다는 것을 깨닫게 되었다. 생각하기 나름이겠지만 보람에 우선순위를 둔다면 나의 선택이 옳은 것이고, 나의 이기주의적인 관점에서 본다면 막대한 손실을 안게 된 것이다.

선계에서 만든 업장 이승에서 풀어내니 이 또한 즐겁지 않은가?

어이, 도반! 선계에서 나에게 맺힌 한풀이 수행 능력은 이번 참에 놓으시게. 하하하….

그리고 이번 생에 잘 마무리하다 가시게.

눈엣가시

고교 1년 때부터 관계를 맺은 친구가 얼마 전에 절망에 빠져 허우적대는 심정으로 나를 찾아왔다.

신용금고에 다니는 친구로 직책이 조금 높았는데 "관행상 있었던 일들 때문에 감사에 걸려 출근도 못 하고 재판에 끌려다닌다"고. ○○ 친구가 하도 가보라고 권해서 얼굴도 볼 겸 겸사겸사해서 왔다고 한다.

이 친구를 상담 자리에 앉히면 나도 주체 못 할 것 같아 차 마시는 자리로 옮겨 식사하면서 상담하게 되었다. 딱 보니, 직장에서 눈엣가시를 당해 생긴 일들이라 이 문제를 어떻게 풀어주어야 할지 고민해 보았다.

눈엣가시라는 것은 일명 괘씸죄인데, 괘씸죄 푸는 것이 쉽지 않다. 아마 제일 풀기 어려운 것이 괘씸죄일 것이다.

법정에서도 다 이겨놓은 송사를 재판장의 괘씸죄에 걸려 번복되는 일들이 있을 만큼 괘씸죄 푸는 것은 참으로 어렵다.

34년을 알아온 친구를 어떻게 해야 하나 신명세계에 타진해 본다. 풀어달라고 애원했더니 단박에 나에게 눈엣가시를 집어넣는다.

허참, 상담하러 온 친구에게나 눈엣가시를 집어넣지 왜 나에게 주는지….

세 시간을 눈엣가시로 고생해 가며 상담하고, 이제 끝났으니 그만 가보라고 한 뒤 나는 즉시 병원으로 직행해서 치료받고 약 처방전을 받아왔다.

그래 저 친구의 일이 풀리려니 나에게 눈엣가시를 주어 해결하는구나….

오늘 그 친구가 다시 찾아와서 하는 말이 판사가 일 같지 않은 일을 가지고 기소하려고 한다며 사건을 다시 조사하라고 기각시켰다고 기분 좋아서 신 나게 이야기 보따리를 풀어낸다.

반전에 반전이라며 너무 좋아서 친구들을 소집해 술 한 잔 마시는 중에, 나에게 가보라고 소개해 준 ○○에게 소식을 전해 받았다고, 친구들도 좋아서 전화로 고맙다고 대신 인사한다. 괘씸죄 풀기가 어려운데, 그날 친구가 상담하면서 하늘에 용서를 빌었기 때문에 잘 해결된 것 같다.

때론 하늘에 무릎 꿇고 용서를 비는 시간도 가져야 한다는 것을 알아주었으면 한다.

이제 그 친구도 새롭게 태어나 주변을 돌아보며 살겠다고 반성했고, 자신을 찾아가는 수행을 하겠다고 하늘에 약속하였다. 나는 또다시 한 인간을 교화시켜 주었으니 이보다 더 좋은 일이 어디 있겠는가?

생각에도 기형이 있다

　영성공부하던 도반과 전화통화하면서 안타까움이 들어온다. 영성공부를 가르쳐준 선생님의 신명들이 들어와서 대화를 나누다 너희들 주인인 선생님에게 돌아가라고 지적받았다고 한다.
　그렇게 말하면 돌아가는 잡신도 있고 안 가려고 하는 잡신도 있는데 그렇다고 주저앉을 수는 없다. 그러한 말을 들으면서 미소가 번진다.
　제자들 공부시키면서 잡신 보내는 방법을 터득시켜서 스스로 해결하게 수행들을 시켜주었는데 영성공부 시작한 지 15년 세월이 흘러서 이제야 잡신 보내는 공부를 하고, 잡신들의 장난을 알아채고 이제야 혼을 내고 보낸다든지, 때론 천도해 준다든지 하는 것을 이제야 터득했다고 들어 달랜다.
　맑은 호숫물이 세월이 지나면 썩어버리고, 썩은 호수에는 기형의 물고기가 탄생하기 마련이다. 기형의 물고기는 자기가 기형인 줄 모르고, 먹이를 먹어가면서 유유히 호수에서 살아간다.
　사람도 마찬가지다. 썩은 호수에서 기형 물고기가 살아가듯이 사람도 본인이 가지고 있는 생각들이나 주어진 문제가 혹 기형의 문제가 아닌가? 하고 심각하게 생각해 보아야 한다.
　육체가 병든 자에게서 건강한 생각이 나오지 않듯이 병든 자에게는 잡신들이 더 많이 들끓어 부정적인 세포를 더 많이 만들어내 병든 자의 의식을 흐리게 만들어놓고 인간의 에너지를 빼앗아간다.
　항상 똑같은 환경 속에서는 알 수 없음이다.

때론 여행을 통해서, 멘토를 만나서, 사람과 사람들 속에서, 명상이나 참선을 통해서, 현실에서 가끔은 간과하는 시간들을 만들어 항시 깨어 있는 자가 되자.

• **자기 관리**

　영성공부를 지도해 준 선생님이 계셨다. 인성은 그다지 좋지 않았지만, 탁월하게 영성공부를 가르쳐주었기에 꾹 눌러 참고, 온 목적만 달성하자 다짐했다.
　인간으로서 견디기 힘들 때는 내 교관들이 정보를 준다.
　'조금만 참으시오. 이곳에서 중요한 것을 받아가야 하는데, 저 선생은 중요한 것을 돈 아니면 내놓지 않소. 내놓을 때까지 인내하고 참고 기다리면 우리가 꼭 찾아줄 것이오.'
　교관이 그렇게까지 부탁하는데 부족한 인간이 못 견디고 나가겠다는 것도 체면이 안 서는 것 같아 교관들과 합의를 봤다.
　어느 날 신명들이 돈을 벌게 해주었다. 공부하면서 진 빚도 다 청산해 주었다. 그러고는 1,270만 원을 선생에게 가져다주면 줄 것이니 받아오라고 교관이 정중히 청해 온다.
　선생님께 1,270만 원을 드렸더니, "이 돈을 어떻게 가져왔냐?"고 묻는다.
　신명들이 벌어서 가져다주었고, 그 돈을 선생님에게 가져다드리면 주는 것이 있을 테니 받아오라고 합니다.
　선생님이 고향을 묻는다. 그곳에 가서 그것을 가지고 오면 된다고 하기에, 그 길로 고향 본산으로 찾아갔다. 웃음이 나왔다. 그곳에 가서 두 눈으로 확인하고 그 물건을 선원에 가져다 두었다.
　그 이후 손님이 많아졌다. 공부도 무엇인지 알게 되었다. 선원에서 가져와야 할 중요 공부는 챙길 만큼 챙겨놓았고, 그동안 선생으로서 영성공부를 받으러 오는 제자들에게 하는 행위를 보고는 서서히 인연의 고리를 정리하기 시작했다.

다시는 저자와 인연을 안 맺으리라. 그러면서 "앞으로 내게 저러한 공부는 시키지 마시오!"라고 교관들에게 정중하게 청했다. 선생의 행위 속에서 큰 공부를 너무 큰 공부를 어떻게 교관에게 청해야 하는지 배웠다. 필요 없는 공부는 미리미리 교관에게 청해 놓고 가야 함을.

내 것도 내 것, 네 것도 내 것이라는 두식하고도 무자비한 횡포에 질려 인연을 끊으며 다짐했다. 선생님이 찾기 전에는 내 스스로 저자를 보는 일이 없을 거라고. 그런데 몇 년 만에 선생으로부터 연락이 왔다. '나 좀 도와달라'고.

공부 받던 시절에도 항시 나에게 '네가 나를 도와주어야지' 하던 분이었는데, 그래도 혹시나 하고 가보았더니 역시나 도움의 손길을 청한다. 이제 이걸로 인연을 끝내자 잊고 있었는데, 어느 날 또 연락이 왔다. 건강이 안 좋다 하니 속는 셈치고 또다시 발을 디뎠다. 몇 년 만에 봤는데 참, 참이다.

처음에 나를 보더니 이 죄인을 찾아주어 고맙다고 무릎을 꿇었다. "너에게 잘못한 것이 너무나 많은데 이 죄인을 찾아주어서 고맙다"고. 나는 그런 행동도 믿지 않았다.

달면 삼키고 쓰면 뱉는 간교한 신들 에너지가 많아 공부 시절 거리를 두어가며 받아갈 것만 챙겼다. 무릎 꿇은 저 행위 뒤에서 무슨 뚱딴지 짓을 하려고 연극을 하나? 하도 많이 속다 보니, 저 사람이 거짓 연기를 하나 안 하나, 살펴보기로 했다.

일주일 동안은 아주 대오각성한 듯이 반성의 언행을 보이기에 이번에는 진짜인가 보다, 그렇다면 다시 한 번 기회를 주어야겠다고, 옛 도반에게 SOS를 청했다.

선생 건강이 심히 병약하니, 건강이 정상으로 돌아올 수 있게 그 부분만 해결해 주면 나머지는 내가 알아서 할게.

그러면서 여러 날을 관찰해 보자. 정말 대오각성이 되었는지. 아니면 다시는 뒤돌아보지 말자.

건강이 차츰차츰 좋아지면서 결국 본래 모습을 서서히 나타내는 선생을 보곤, '아! 이제 시간 낭비하지 말자. 저 거짓 연기에 다시는 속지 말자'고 다짐했다.

난 지금도 사람들을 속이거나 나의 이익을 챙기고자 기만하지 않는다. 내가 누구를 기만하면, 나 또한 누구에게 기만당한다는 원리를 알기에 언제나 진심으로 대한다. 진심으로 상담하고 대해 주면 시간이 지나면 그네들에게 여러 가지 변화가 나타난다.

영성공부를 지도해 준 선생을 보면서 반성해 본다. 하늘에서 부여해 준 능력을 남발하지 말자. 그리고 영광은 하늘에 돌리자고 다짐한다.

내가 할 수 있는 일은 상담해 주고 접수증을 받는 것뿐이다. 나머지는 하늘에서 신명들과 합의하에 이루어지는 행위이기에 부여받은 능력을 잘난 체하지도 해보지도 않았다.

영성공부를 지도해 준 선생은 이제 폐인에 가깝다. 인성을 갖추지 못한 자는 지도자가 되어서는 안 된다.

그 선생은 인신을 제대로 다루지 못했고, 자신 관리를 제대로 못하여 결국 악신들에게 영혼을 빼앗기고, 너덜너덜하고 구질구질한 신명세계를 구축하고 갈 것이다.

이번 기회에 큰 공부를 받았다. 아무것도 모르고 오는 천신제자들에게 너가 영성공부를 어렵게 받았다고 똑같이 지도해 주면 안 된다. 왜냐하면 제자들 수준이 다르고 근기가 다 다르기 때문이다.

단전호흡도 호흡관 크기가 다 다르기 때문에 똑같이 호흡지도해 주면 주화입마를 받게 되고, 영성공부도 내적 수준들이 다 다르기 때문에 지도자의 성향으로 지도해 주면 안 된다. 그 선생은 본인의 성향대로 영성공부를 지도해 주었기에 공부 받으러 오는 자들은 거의 헤매다 탈락하였다.

그 선생에게 공부를 받으려면 10년 정도 정신세계 경력이 있어야 했다. 배짱과 담력 또한 받쳐주어야 했다.

그런데 가정주부나 사회생활을 하는 자들에게 영성공부를 시킨다면서 본인의 취향대로 지도하니 부작용이 많았다.

지도자는 집착과 한이 많아서는 안 된다. 지도자가 한이나 집착이 있는 상태에서 지도하면 공부 받는 자들을 공격한다. 사회에서 못난 자들이 지도자가 되면 안 되는 것은 아무것도 모르고 오는 자들에게 본인의 한풀이를 하는 경우가 많기 때문이다.

아무것도 모르는 제자들이 그것도 공부인 줄 알고 다 섭취하면, 문제는 걷잡을 수 없게 된다. 그 폐단은 정신세계로 가고자 하는 후배들이 고스란히 다 받게 된다. 지적 수준들이 내려가면서 떨어지는 원인이 되기도 한다.

학교 교사들도 집에서 안 좋은 일을 가지고 학교로 출근하면 수업 중에 학생들에게 화를 풀어낸다. 똑똑한 학생들은 저 선생님이 집에서 부부싸움하고 와서는 우리에게 화풀이한다는 것을 눈치챈다.

그렇게 되면 그 교사는 이미 교사로서의 자질을 상실한 것이다. 그래서 지도자들은 결격사유가 없어야만 이성적으로 지도할 수 있다는 것이다.

그분은 아무것도 모르고 천신제자들이 살려달라고 오면 잘사는 사람이나 본인에게 떡고물이 떨어지는 제자에게는 잘해 주고, 무식하고 없는 제자에게는 혹독하게 해서 결국은 선원에서 내보냈다.

하늘을 대신해 영성으로 지도받을 때 존경심이 우러나오다가도 인간으로서 하는 행위는 지탄받을 만한 행위들이 너무 많아 실망을 금치 못했다.

그분이 하시는 것을 보고 다짐한다. 앞으로 아무것도 모르고 오는 천신제자들에게 내적 수준에 맞는 지도를 해야겠다고.

천신교관에게 청한다. 수준에 맞는 공부를 지도해 주시오.

감사하다. 선생님을 통해서 자기 자신 관리하는 방법을 배워서.

정신세계는 끊임없는 영적 성장을 원한다. 다 안다고 착각을 주는 시험지를 받았을 때 경계하지 않으면, 우리는 언제 정신병자가 될지 모른다.

제자들아, 자신의 신명을 관리해 주는 교관을 청하라.

혼불 살리는 방법

사람에게는 누구나 영체가 있다. 혼신이라고 표현한다.

약초 농원에 항시 본인의 혼신을 죽이고 있는 두 사람이 있다.

남자는 간간이 공부를 시키기에 혼불이 죽었다 다시 조금씩 살려서 가는데, 여자는 하루에도 매시간 혼을 죽이는 남 탓만 한다.

탓을 많이 하는 것은 저급 차원계의 잡신들이 인간의 뇌를 조종하기에 본인도 남 탓하는지조차 모르고 습관적으로 하는 것이다.

기도하는 자, 수행하는 자, 종교 지도자, 사업자 특히 교육계와 의료계에 종사하는 자들은 절대로 남 탓해서는 안 된다.

옛 선인들 말 중에 "남의 탓으로 돌리지 말고, 내 탓이오"라는 말이 있는데 그네들은 속에 숨어 있는 진짜 의미를 모르는 것 같다.

내 탓으로 돌리면 정신적으로 성장할 수 있지만, 남의 탓이나 원망, 비관으로 돌리면 나의 혼불이 죽는다는 것을 모르는 것 같다.

혼신이 죽게 되면 어마어마한 사건들이 터진다는 것을 알았으면 한다. 혼신이 죽을 때마다 차원계가 바뀐다는 사실을, 3차원인 인간계에 혼신을 진화시키려 수많은 함정의 판을 짜놓았다.

그 함정의 일차 관문이 남의 탓으로 돌리는 원망이다. 그리고 기복적인 것이다.

내 자신을 빛내려고 왔는데, 종교 지도자들의 말장난에 놀아나고, 기수련 단체의 집단 빙의에 놀아나고, 신(神) 통한 자들의 술법에 놀아나고, 나보다 힘 있고, 권력 있는 자들에게 놀아나고 있으니 나 자신을 어떻게 빛낼 수 있겠는가?

지나간 시간을 돌이켜보니 내 자신을 누군가에게 비굴하게 의탁하고 있었던 시절에, 그래도 이곳이 편하게 갈 수 있지 않을까 하는 생각을 품는 즉시 날벼락이 떨어졌다.

내가 누군데 스스로 성장하려 하지 않고, 잠시 거쳤다 지나갈 장소에 의탁하고자 하는가! 하는 소리에, 바로 단체장소와 결별했다.

이후부터는 천신교관과 소통해 가면서 문리를 터득해 나갈 수 있는 수행에 들어갔다. 나의 공부가 질량이 높아질 때마다 천신교관들이 수시로 바뀌어나감을 그때 알았고, 약초 농사는 왜 짓게 하였는지도 알게 되었다. 당시 나는 약초에 대해서 완전 무지였다.

책을 읽어서 아는 기초적인 수준이었는데, 농사는 천·지가 하나가 안 되면 한 해 농사를 망치고, 몇 년의 세월을 까먹는다는 것을 농사를 짓게 되면서 문리를 터득하여 알게 되었다. 天·人·地가 원만히 대행해야 한다는 것을. 그랬을 때 나의 혼신은 점점 더 커진다.

혼불을 점점 더 크게 살리는 방법은 나의 잘못은 내 탓으로 돌려야 하며, 남의 잘못도 감쌀 줄 알아야 하며, 언제나 천명을 잊지 말아야 하며, 하늘의 입장이라면 어떨까? 하는 하늘의 입장에서 생각하는 습관을 키워야 한다. 하늘이 나에게 원하는 것은 무엇이고, 나하고 일치되는 거라면 그냥 가는 것이다.

이념이 섰다면 중간에 마음이 바뀌면 안 되고, 혼불을 세우려면 하늘이 원하는 것을 하여야 한다. 왜냐하면 우리는 인간계에서 하던 그대로 그 차원계로 가기 때문에 인간세계에서 차원계의 질량을 높이지 않으면 안 된다.

신명들도 수행자들에게 도움을 청하고자 온다. 왜냐하면 차원계에서는 변화하거나 성장할 수 있는 방법이 없다. 3차원 세계인 인간세계에 내려와 인간의 체를 통해서 공부하지 않으면 차원계 이동이 안 된다.

질량이 높은 신명들은 수행자들의 수준대로 찾아간다. 그리고 차원계를 이동시켜 주십사 정중히 청한다.

영성 지도자는 영을 재판한다. 나에게 오는 조상신들은 재판을 받는다. 그리고 차원계 이동을 시켜준다.

재판 없이는 차원계 이동을 할 수 없음이다.

보살도의 깨어짐 정신

창천의 불교시대 보살들. 그네들은 항시 깨어 있으라고 하였다.
제자들 공부를 내려주면서 보살도의 깨어 있음의 정신을 잊지 않으려 인위적으로도 의식을 억지로 소화시키고, 무의식 속에서도 깨어 있으려고 반강제적으로 주문을 걸기도 했다.
깨어 있으라.
그럼 통할 것이다.
어떤 종류의 깨어 있음이냐에 따라서 통함도 다를 것이다.
통하려고 애쓰려 하지 말라.
애쓰면 애쓸수록 통함의 문은 더디 열릴 것이다.
보살의 깨어 있음은 편안함을 준다.
보살의 깨어 있음은 언제나 판을 바꿀 수 있는 내공이 있다.

대자연의 움직임

인간이 숨을 멈추면 자연도 숨을 멈춤이다.
생각이 정지되면 자연도 움직임을 멈춘다.
행하지 않으면 자연도 정지한다.
가끔씩 나는 수산시장에 구경하러 간다.
그곳에서 항시 움직이고 있는 무언가를 보면서 이차원 세계의 움직임을 가지고 올 때가 있다.
한동안 2차원계의 움직임에 몰입해 뇌에 저장시켜 놓고 잊어버린다. 그 행사를 1년에 몇 번 한다.
살아 있어라.
깨어 있어라.
항시 움직여야 한다,
내가 움직이지 않으면 대자연 우주도 음직이지 않는다.
고로 항시 깨어 있어라 하는 것이다.

천부경 열쇠

천부경의 원리로 제자들에게 공부를 내려준다.
큰 선물을 내려받는다.
십여 년 전 하늘에서 천부경의 뼈대를 제대로 해석 받는 영광을 얻었다. 메모장이라도 있었으면 자세히 해석문을 받아 적었을 텐데 아쉽게도 내 손에는 연필 한 자루 없어 온 세포로 천부경 해석문을 입력하고, 집에 와서 생각나는 대로 적어놓았다.
그래, 아쉽지만 해석 받은 것만 해도 어디냐 하고 잠시 행복감을 만끽했다.
최초의 천부경은 복잡하지 않았다고 한다.
영적 진화 성장을 거듭하면서 점점 복잡 미묘!
미로처럼 만들어놓아 막히게 해놓았다고 한다.
무릎을 쳤다.
나도 그 미로에 갇혀 있었고, 갇힌 미로에서 미끄럼틀 타고 내려오듯 도킹했다.
풀었다.
열쇠를 쥐었다.
혼돈을 줄 것 같아 해석은 내놓지 않는다.
오는 자에게만 선택해서 부분적으로 내려줄 것이다.

말·말·말

사람들은 수없이 많은 말들을 뱉어낸다. 흘러가도 되는 말이 있고, 상처되는 말도, 서슴없이 하는 말들, 기타 등등.

그 많은 말들 중에 책임지는 말들이 있고, 전혀 책임을 지지 않는 무수한 말들도 있다.

나도 지키지 못할 공약을 무수히 내뱉었고, 또한 뱉은 말들을 지키려고 두진장 노력도 했다. 영성공부를 시작한 이래 책임지지 않는 말들은 거의 삼가고 살아왔다.

교관들이 힌트를 준다. 영성공부 시작하면 말 한 마디 한 마디 신중하게 해야 한다고, 영성공부는 하늘을 대변하는 영성 지도자를 배출시키는 것이라고.

대단하다! 하늘의 대변자!

책임지지 못하는 말들을 남발하면 구성원들을 초토화시키기에 인간이나 신명세계에서나 책임지지 않는 말들은 최대한 삼가면서 영성공부 기초를 끝냈다.

영성공부 기초 시기에 제자가 빈말을 지껄이면, 나의 신명 구성원 형성에 문제가 생긴다는 교관의 충고에 충실히 이행했다.

'신명 구성원들은 말한 대로 형성된다.'

이행할 수 있는 말들만 하고자 훈련해 왔고, 때론 지켜지지 않는 말들을 하면 수정과 보안을 반복하면서 시정해 나갔다.

지금도 지켜지지 않는 약속이 있으면 지키고자 신명세계에 청한다. 그 부분만큼은 꼭 지켜야 하는 약속이라고.

이러한 글을 쓰게 된 동기가 있다. 마니산에 있는 성전에서 돌로 만든 단군석상을 제발 가져가라는 노인네의 간곡한 부탁에, 남자 제자와 같이 단군석상을 옮기려고 이곳저곳 견적을 받아보고, 기술자들과 이동할 차들을 준비해 현장에서 석상을 옮기려는 중에 어느 여자의 절규와 같은 외마디에 작업이 중단되었다.

나는 노인네 부부에게 "당신네들이 제발 석상을 가져가 달라고 해서 인부와 화물차를 준비했다. 그러니 순조롭게 작업할 수 있도록 당신들이 해결해 주시오"라고 했다.

그런데 노부부의 말이 참으로 기기묘묘하다. 동네 사람이어서 석상 옮기는 것을 도와주지 못한다고.

우리가 처음부터 석상을 가져간다고 한 것도 아니고, 옮길 수 있는지 당신네들이 견적을 내달라고 했을 때, 우리는 옮기지 못한다고 분명히 못 박았다.

그렇게 이야기함에도 불구하고 당신네들이 제발 가져가 달라고 부탁하는 바람에 이러한 일을 벌인 건데, 노부부가 중재해서 진행을 도와주어야 하지 않는가?라고 했다.

노부부가 "자기네가 언제 제발 가져가 달라고 했냐"는 반박에 아무 말도 안 하고, 이동 수단으로 사용하기로 한 차량들 운반비와 기사들 수고비를 다 지불하고 보냈다.

노인네 부부의 아들이 신부란다. 아들을 신부로 둔 부모의 행위가 참으로 어이없는데, 여기에서 한번 정리하고자 한다.

어느 종교인들이나 세상을 열심히 살아온 사람들이나 전문직에 종사하는 사람들이나 다 같이 인생사 깨달은 마음으로, 좋은 말들을 책임 없이 내뱉는다는 것을 또다시 실감하게 해준다.

영성으로 깨달은 자들은 말이 곧 법이기에 말을 함부로 하지도 않 거니와 행동도 인간적인 범위에서 가급적 삼간다. 또다시 경각심을 일깨워주어서 감사를 나눈다.

노인네들은 책임지지 않는다는 것을 알면서도 또 속고 말았다. 노인네 신명들이 그렇다는 것이다. 그래서 조상신을 모시고 점사를 보거나 굿을 한다면 결국 우리네 인간이 속임을 당하는 것이고, 조상에 실려 일하는 자손들도 결국은 피해자이고 망신살이 뻗친다.

조상들도 성장하지 못하고 인간세계에 '왜' 나왔는지 근본도 해결하지 못하고, 조상신이나 그 조상신을 모시고 일하는 자손들도 결국은 자폭을 당하는 경우다.

사람들은 나서는 것을 좋아하며, 남의 일에 참견하기를 좋아한다. 해결하지 못하던 참견하지도 말아야 하며, 다만 힘들어할 때 응원하는 것은 좋다.

신부 아들을 두었다면서 깨달은 행세를 한다면 자신들의 신명세계를 기만하는 것이다.

깨달음은 책임이 따른다. 깨달은 이들은 말을 조심해야 하고, 깨달았다고 하는 자들은 뱉은 말에 꼭 책임지는 자가 되기 바란다.

기도 제목

　기도는 나와의 철저한, 나만의 신명 구성원들과의 대화이며, 약속을 이행하고자 하는 소중한 시간들이다.
　기도하는 방식도 설정을 잘해야 한다. 너무 큰 제목을 내세워 기도하면 안 되고, 터무니없는 기도를 해서도 안 된다.
　기도한다는 자체가 협상이라고 할 수 있고, 믿음 속에서 저쪽 세계에 심금을 울리도록 하는 기도도 있다.
　나는 때론 하늘에 '내 마음을 사 가시오'라고 간절한 마음을 실어 기도한다.
　당장 이루어지는 기도가 있고, 1년이 흘러야 이루어지는 기도가 있으며, 10년 세월이 지나야 되는 기도도 있다. 그리고 제목을 붙여 놓고 이루어질 때까지 하는 기도도 있다.
　제대로 기도한다면 인간을 변하게 해주고 신명 구성원들도 변화시킬 수 있다. 신명세계가 변하면 인간도 변한다. 사람이 살아가는 데 기도는 필수이다. 변화하고 싶다면 욕심 없는 기도를 해보라. 그리고 하늘의 판단력을 전수받아 보라! 그러나 아무에게나 전수하지 않는다. 12천신들의 회의를 통과한 사람이 선택된다.
　기도는 어떠한 기운을 통해서 하는 것이니 만큼 원리를 안다면 기도 효과는 얼마든지 얻을 수 있다.

측은지심

대자대비한 마음을 가진 자만이 영가를 해원시킬 수 있다.
대자대비한 다음이 하늘의 마음을 닮은 측은지심을 사용하지 않는다면 영가를 윤회받게끔 해서 다시 인간세계에 올 수 있도록 가르쳐야 한다.
인간으로서 삶에 대한 집착, 물질에 대한 집착, 어린 자녀를 두고 먼저 가야 하는 자녀에 대한 집착, 명예에 대한 끈을 놓지 못하고 간 집착들….
그러한 집착들을 잘 가르쳐 인간세계에 다시 올 수 있도록 하는 대자대비한 측은지심이 아니면 영가를 천도시킬 수 없다. 영성공부한 자들은 이해할 것이다.
측은지심으로 육신에 표식을 주는 조상 영들을 공부하는 곳으로 보내라고 했던 말들이 생각날 것이다.
영가들은 최고의 경지인 대자대비한 측은지심을 발동하여 본래 자리로 보내 공부하라고 해야 한다. 왜냐하면 영가를 받아주는 곳이 하늘이기 때문이다. 때론 다른 방법들도 사용하지만.

스스로 해결하는 방법

처음 상담할 때 영성공부는 기복공부가 아니라 스스로 문제를 해결할 수 있도록 가르쳐준다고 세세히 설명해 주었다.

누구에게 의지하지 않고 하늘과 나 자신과 소통할 수 있는 공부를 안내한다고 했다.

신명들에게 농락당하지 말고, 또한 조상신들이나 무주구천을 떠도는 소속 없는 신들이나 전생에 살아왔던 저축된 수없는 영체들을 찾아내게끔 도와주어 본래 자리로 돌려보내는 공부가 영성공부라고 강조하였는데 부족했나 보다.

제자들에게 스스로 해결할 수 있는 공부를 내려주었는데 왜 나에게 기복을 바라는가?

스스로 문제들을 찾아내 해결할 수 있게끔 가르쳐주었는데, 이제 와서 기복으로 돌아간다는 것은 스스로 강등되는 것이다.

영성공부의 기초는 조상을 내 정신과 분리시켜 본래 자리로 돌려보내는 것이다. 그다음은 나의 전생 정보가 입력되어 있는 세포 조직을 찾아내어 해원시켜 준다든지, 공부시켜 주든지, 차원계로 돌려보내 공부를 더 하게 보내든지, 기타 등등 여러 가지 방법들을 알려주었다.

제자들은 조상 천도재를 지내면 다 된다고 믿는 것 같은데, 그 생각이 조상이 주는 파장이다.

천도재는 후손의 의무이지 천도재를 지냈다고 일들이 다 잘된다면 나도 능력 탁월하신 분을 찾아가서 천도재만 지내고 말지, 이 험하고 외로운 고행의 수행 길을 걸어가겠는가?

신들이 인간을 주도하는 선천시대에는 그 말이 인간들에게 먹혔다. 선천시대는 천도재를 지내거나 산천을 돌아다니며 기도하면 신들이 약간의 기복을 주었다.

그런데 21세기에 들어서면서 인간의 지적 수준이 올라가고, 최고 학력자들이 신들의 세계를 부정하면서 신들의 영역이 자꾸 좁아져 신들의 명이 인간에게 먹히지 않게 되었다. 인간이 지옥이 어디에 있냐고 부정을 거듭해 오면서 결국은 지옥까지 문을 닫아버려 폐쇄되었다.

인문시대인 후천시대는 신명들의 세력은 줄어들고 그 대신 신명들이 사람에게 도움을 청하는 수준까지 오게 되었다.

나는 제자들 공부시킬 때 함부로 허리 숙이지 말라고 교육시켜 왔다. 만물의 영장인 사람이 어디 함부로 허리를 숙여 사도들의 신들에게 절을 한단 말인가.

만물의 영장답게 사람 교육을 시켜왔는데 영성공부를 기복으로 착각한 것에 대해 납득되지 않는다. 영성공부는 스스로 영적으로 진화하는 것이다. 왜냐하면 영적 내공을 쌓는 것은 본인의 사명이기 때문이다.

지존 에너지의 밀도를 높여 스스로 빛나야 한다.

신명들이 3차원인 지구촌의 한국 땅에 사명감이 있어서 육신의 옷을 입고 인간과 같이 동행하는데 이제는 쉴 수 있게 해주어야 진정 영성공부를 한 자라고 칭할 수 있다.

천하를 다 주어도, 천금을 준다 해도 얻을 수 없는 것이 영적 내공이다.

영성공부를 제대로 내려받은 천신제자라면 묻고 싶다. 천신제자들은 어떠한 자세로 하늘에 임했고 내려받은 공부들을 제대로 갖춰놓았는지.

귀하디 귀한 공부를 받아갔는데 왜 자손들이나 주변 친구들과 솔직하게 소통하려는 노력은 안 하고, 그저 하늘에 입 쩍 벌리고 있으면 감 하나 떨구어주겠지 하는 안이한 생각으로 세월만 죽이고 있는 천신제자들을 바라보면 깊은 한숨만 나온다.

나는 지금도 내 자녀들에게 공도사상으로 공부시킨다. 하늘에서 볼 때 누구나 다 똑같은 자식이기에 나는 제자와 자녀들을 구분하지 않는다. 그러다 내 자녀들에게 항변이 들어온다. 우리는 엄마의 자식이지 제자가 아니라고. 그렇게 항변해도 똑같이 공부를 지도해 주었다.

귀하디 귀한 영성공부를 주변 사람들과 나누지 못하니 칼이 녹슬고 소용돌이치다 제자리에서 함몰하고 말지.

천하를 다 얻어도 영성공부는 살 수 있는 것이 아니다. 왜냐하면 영적 내공은 물질계로 채우는 것이 아니기 때문이다.

착각 속에 빠져 기복으로 공부하는 제자들아, 정신 바짝 차리고 가기를 바란다.

스스로 해결할 수 있게끔 공부를 받았으면 스스로 하늘에 청해 가며 해결하고 가라.

천도재는 본디 없는 것이다. 천도재라는 말이 먼저 나왔기에 편하게 사용한 것이다. 그리고 천도재는 자식 된 도리와 의무로 하는 것이지 천도재를 지냈다고 앞으로의 일들이 잘 풀릴 것이라는 기복적인 유치한 생각은 접기 바란다.

사람이 해야 할 일과 신명계에서 하는 일들이 엄격히 구분되어 있다. 사람이 노력해야 신명계에서 봐주지, 노력도 안 하고 안일하고 구태의연한 마음으로는 하늘의 마음을 얻지 못한다.

그래서 하늘은 말한다.

"하늘은 스스로 돕는 자를 도와준다."

같은 부류 진단하는 방법

포천에 5일장이 있다. 송우리에도 5일장이 선다.

5일장이 서는 것을 아는 사람은 5일장을 기다렸다가 장이 서는 날 장마당으로 향한다.

나는 어렸을 때 재래시장에서 장을 봤다. 그래서 어렸을 때 추억을 찾으려고 어떤 날은 장날을 기다렸다가 송우리 장이나 포천 장을 구경하러 간다.

한 부스씩 매장을 지나가면서 어렸을 적 추억에 잠긴다. 어려서 즐겨 먹었던 추억의 먹거리를 발견하면 나도 모르게 미소가 번지면서 이거 얼마예요? 값을 물어보면서 바로 입 안으로 쑥 넣는다.

혀에서 감도는 맛을 느끼면서 나의 혀가 간사해졌구나! 어려서는 이 먹거리가 세상에서 둘도 없이 맛있었는데, 지금은 혀끝에만 남아 있는 추억의 맛이 되었다.

오래된 물건들을 장마당에 널어놓고 세일 아닌 세일이라면서 발걸음 서게 만드는 아저씨도 있고, 어떤 물건은 어렸을 때 사용했던 물건이라 나도 모르게 발걸음이 멈추어져 시간 여행 속으로 미끄러져 간다.

장터는 옛것과 현재와의 시공간에 있는 것 같다.

재래시장과 마트는 상품 종류의 수준과 진열이 다르다. 재래시장의 상품 진열은 무질서 속에 질서가 있는데, 마트는 인위적인 질서가 있어서 양념류, 과일류, 양곡류, 과자류, 생선류, 각종 그릇이 크기대로 잘 정리 정돈되어 있다.

백화점에 가보자. 우선 마트와 규모가 달라 사람들의 기를 누른다. 백화점의 시설 규모에 따라 짓누름과 감탄 소리 또한 다르다.

또한 강북이냐 강남이냐 등 어느 지역에 있느냐에 따라서 사람들을 압도하는 기준이 다르다. 품격 있게 인테리어한 매장은 사람들의 질량대로 들어오는 에너지가 다를 것이다.

21세기에 들어서면서 사람들의 질량이 천차만별로 확연하게 구분되어 인테리어 또한 다양하게 바뀌어가고 있음을 알 것이다. 그런데 그런 것을 빨리 감지하지 못하는 상인들은 도태되거나 정체되는 반면, 앞서가는 자는 추구하는 의미가 변화하여 의식 세계도 명확히 구분된다.

신명계의 움직임을 읽어 내려갔다면 우주의 빠른 흐름을 읽었을 것이고, 또한 대처하는 방식도 바뀌었을 것이다. 사람의 질량들이 어떠한 방식으로 교체되는지 알고 싶으면 시장조사하면 세부적으로 알 수 있을 것이다. 우주의 흐름이 어떠한 방식으로 교체되는지 궁금하면 시장조사가 빠르다고 할 수 있다.

처음 영성공부를 시작할 때 무조건 시장으로 향했고, 마트에 가서 사람들의 행동거지를 연구했고, 백화점에 가서는 각 매장으로 들어가서 물건 사는 사람, 문의만 하고 나오는 사람, 만지고만 나오는 사람들, 살 물건이 있으면 거침없이 들어가서 물건 값을 흥정하면서 구입 후 만족감을 표하고 나오는 자들의 수다, 그 뒤에 어떤 신명들이 조정하여 물건들을 구입하게 했는지, 충동 구매하게 하였는지, 참신과 가신들을 연구했다.

재래시장에서 물건을 즐겁게 구매하는 질량들, 마트에 가서 물건 구입하는 질량들, 전문매장에 가서 까탈스럽게 문제를 짚어보면서 구입하든 안 하든 당당히 매장을 나오는 자들의 신명구조들의 질량의 밀도들을 연구했고, 고급 매장에 들어가는 밀도의 질량을 연구했다.

내가 아는 사람들은 산으로 기도를 들어갔지만, 나는 이미 인본사회는 사람이 우선인 것을 알고 있었기에 사람들의 행동거지들을 연구하기 시작했다.

그렇게 20년이란 세월이 흐르면서 왜 나에게 사람들 속에서 올바른 道 공부를 시켜왔는지 알게 되었다.

강북과 강남의 생활수준이 전반적으로 같아져 가고, 지방 도시에 가보면 서울이나 별 다름없이 눈부신 성장을 하고 있다. 경제, 문화, 생활수준을 보면서 사람이 신인 세상이라는 것을 알게 된다.

역사상 찬란한 꽃을 피우기 시작한 것은 지금이 최고인 것 같다. 높고 낮은 차원계의 신명들이 3차원인 인간세상에 다 내려왔다는 것을 알게 해준다.

눈치가 빠른 사람들은 이 정도 힌트를 주었으면 알 것이다. 같은 차원계의 사람들을 만나서 대화를 하고 여가도 즐기고, 공부도 같이 하면 즐거움이 배가된다는 것을.

마음의 긴장

몇 거월째 마음의 부담과 긴장 속에서 갈팡질팡하며, 침체 속에서 정신줄을 놓고 싶을 정도로 고독감과 외로움 속에서 갈등을 빚고 있었다.

고독감과 외로움을 같이 가지고 기도 아닌 기도를 다녀왔다.

여행 속의 기도는 잠시 마음을 홀가분하게 해주지만, 순간순간 타고 들어오는 고독 속의 외로움은 해결되지 않았다.

순간순간 타고 들어오는 군중 속의 고독감을 대타해 줄 건수도 찾지 못하고 마냥 바다와 산으로만 누비고 돌아다녔다.

갑자기 해신에게서 타전이 온다.

이순신 장군의 음성이 들어온다.

소신을 가지고 가는데 잔가지 가지고 웬 엄살을 부리시오?

뿌리와 나무 기둥이 주인이고, 잔가지와 잎사귀는 떨어지기 마련인데 괜히 잔가지 가지고 웬 걱정을 하시오.

소신을 가지고 가는데, 마음의 장애는 따르기 마련이오.

허허 웃으며 격려해 주고 간다.

내가 괜한 투정을 부렸구나 하고 다시금 제자리로 돌아왔다.

이번 기도는 뜻하지 않은 큰 수확을 얻었다.

인터넷 속 세상

내 안의 신성이 움직이며 지적한다.

인터넷 속의 홈페이지, 카페, 유튜브, 블로그라는 공간을 왜 만들어놓았는지 아냐고.

처음에는 몰랐다. 홈페이지는 상업성 광고에 사용하려고 만들었으며, 카페는 홈페이지 만들 능력이 안 되어 만든 것인 줄 알았다.

그런데 어느 날 나에게도 카페를 이용하여 수행일지를 기록하고, 일상적인 부분은 게시판을 만들어 사용하라는 명이 떨어졌다. 블로그 또한 그렇다.

갑자기 나에게 호통이 들어왔다.

호수가 될 것이냐, 강이 될 것이냐? 아님 바다로 나아갈 것이냐는 물음에 처음에는 이해가 안 돼 묵묵히 있었더니, 도깨비 방망이를 휘두르며 카페를 개설하라는 고함에, 뉴질랜드에 있는 아들을 찾아가 카페를 개설해 달라고 부탁했다.

아들이 한국에서 아는 분에게 부탁하지, 이것 때문에 노트북을 가지고 이 먼 데까지 오셨냐며 웃는다. 이참저참 온 거지.

내 안의 신성이 음성을 들려준다. 주는 것도 못 받아먹느냐고… 천신제자가 되었으면 내려준 공부들을 발표할 줄 알아야지, 멍청하게 입으로만 떠들면 되겠느냐고. 지적 수준들이 폭 넓게 퍼져 있어서 각자 자신의 공부를 발표하게끔 하늘 법을 이미 선포하였는데, 너는 어느 그늘 밑에서 나오지를 못하느냐는 고함에 반성하면서 무지한 제자의 용서를 구한다.

그때부터 내려주는 대로 카페에 옮겨놓았다. 처음에는 '영성의 방'이란 게시판을 간들어 그때그때 내려준 글들을 받아 적어 내려가기 시작했다. 농사짓는 것도 부지런히 사진 찍어서 기록으로 남겨놓았다. 약초를 다루는 능력이 약초도사 신명마다 다르다는 것을 알게 되었고, 효소에 대해서 더 연구하라고 하여 꾸준히 연구해 기록에 남겨두었다.

이제부턴 아집에서 벗어나 주변도 둘러보고 인터넷 속 세상도 들여다보아야 뒤떨어지지 않는다.

내가 얼마나 인터넷 세상 속에 많은 정보를 숨겨두었는데… 좁은 문만 가지고 있을 것이냐.

인터넷 세상을 알게 되면 대우주의 실체를 알게 된다.

제자들도 호수가 되지 말고 각자의 공부를 기재하여 새로운 정보를 받기 바란다.

수많은 문

　처음에 흡수시켜 주는 공부를 내려받을 때 그 이유를 몰라 십여 년 헤매다 어느 순간, 아차! 그거였구나 깨달았다.
　그다음부터는 개인적 생각을 접수하지 않는다는 말이 무슨 의미인지 알고는 공부가 일취월장이었다.
　차원계의 수많은 문들이 나에게 집중하고 있을 때 왜 차원계에서 나에게 문들을 보내주는가? 하고 의문을 가졌다.
　무엇이냐 알려 하지 말고 그냥 할 수 있는 것만 하고 있으라던 천신들의 말을 이제야 알게 해준다.
　영적 제자들 공부 지도시키면 전 차원계가 비상비상하며 왜 나에게 집중했는지? 이번에 제주도에 있는 제자들 공부시켜 주면서 알게 되었다. 차원계에서 삐뽀삐뽀 비상등 켜면서 왜 집중하는지.
　공부를 지도하다 주제에서 벗어나면 바로 삐뽀삐뽀 경고등이 울린다. 지금 조상신들이 내 입만 바라보고 있다. 조상신이 원하는 말만 튀어나오면 본래 자리로 돌아가려 준비 중인데 나에게 헛소리하지 말라고 경고한다.
　아! 이래서 나를 지도하신 선생님도 헛소리하지 말라고 했구나.
　그만큼 영적으로 일하며 공부하는 자들은 하늘에서 우주에서 집중 투자를 해준다.
　영성공부하는 자는 다양한 채널들을 가지고 있어야 하고 각 방송국에서 보내주는 메시지를 잘 접수해야 하고 어떤 법이 바뀌고, 어떤 법이 새로이 개정되었고, 또한 방송국마다 질량의 수준은 어떠한 지, 또한 밀도는 차 있는지 수시로 점검하고 점검받아야 하는데, 인간세계 3차원에서 3차원적인 범위 내에서 벗어나려 하지 않고 그 속에서 안주하려 든다.

차원계마다 질량이 다르고 밀도가 다른데 궁금해하지 않고, 조상 신명들이 공부하게 도와주어야 하는데 3차원 수준에서 벗어나지 않으려고 발버둥치며 신명계에 맡기지 않고 인간들 지식으로만 공부한다.

열심히 노력하는 천신제자가 되겠다고 소감들을 한다. 그러면서 영성공부는 어렵다고 한다. 어렵다는 것은 노력은 안 하고 기복으로 공부를 받아가겠다는 뜻이 포함되어 있고, 내 자신을 가르치는 방법을 모른다거나 혹은 내 마음대로 하겠다는 여러 갈래의 뜻이 내포되어 있다.

사실 영성공부는 쉽다. "네"와 "예"만 하고 따라가면 된다. 하라는 것만 하고 따라오기만 하면 세상 이처럼 쉬운 공부는 없다. 그런데 조상정신으로 해석하는지, 내 생각으로 해석하는지, 신명의 소감인지 구분 지으려고 아예 노력을 안 해서 공부가 어렵다고 항의한다.

영성공부가 무엇인지도 모르고 공부를 내려받던 새내기 시절이 생각난다. 영성공부 갓 시작한 시절, 흡수공부 내려받는 입문 단계에서 그랬던 것 같다.

무엇을 어떻게 흡수해야 하는지 몰라 몇 년을 방황했기 때문에 이해는 하지만, 흡수시켜 주는 처음 단계는 수많은 문을 얼마만큼 챙기느냐에 달려 있다.

정신세계 홍수 속의 구분

몇 달 동안 친하지 않은 유튜브에 들어가 놀았다.

그리고 놀랐다. 개인 방송국이다. 공부하던 시절 방송국이 수천, 수만 개 늘어날 것이라고 내려받았는데 그것이 유튜브였다.

처음에는 무엇인지 몰랐는데, 이렇게 확인하고 나니 내 자신을 더 신뢰하게 된다. 관심 있는 부분들을 유튜브에서 찾아서 들었다. 종교, 기수련, 무속계, 의학, 기타 등등.

영성공부를 내려받으면서 정신세계가 궁금해 각 3파의 종교와 기수련 단체, 그와 비슷한 여러 정신세계를 연구하기 시작했다.

종파마다 시대에 맞는 설법과 설교들, 외국에서 들어온 힐링, 기수련 단체에서 수준대로 내놓은 정신세계 홍보물들, 눈으로 사람들 얼굴을 연구하고 귀로는 기를 측정했고, 신명세계의 질량 지적 수준을 연구했고, 밀도들의 무게를 나누어보았다.

그중에서 내가 한 영적 공부를 대입해 보았더니, 단연코 으뜸 중의 으뜸이라는 것을 확인할 수 있었다.

나는 십수 년간 정신세계 여러 분야에 입문하여 정수만 가져왔다. 수업료도 많이 지불했다. 단체마다 가입비가 있었고, 한 단계 올라갈 때마다 액수가 커졌다.

그 세계에서 놀다 보니 단체와 조직에서 무엇을 원하고 무슨 암시가 있고, 무엇을 얻으려 하는지 자연적으로 간파되었다.

그러면서 과연 나에게 주어진 수행을 제대로 이어가고 있는지, 아님 이단과 사단 속 놀음에서 뱅뱅 돌며 수행하는 것은 아닌지 의심도 많이 허보았다.

이제야 확신이 선다. 수행도 고행도, 순차적으로 밟아가며 으뜸을 찾아가야 한다.

어느 것이든 최고가 아닌 것은 없다. 그러나 그중의 으뜸인 공부를 찾기는 어렵다는 것을 알게 된다. 나는 자신과의 신뢰를 쌓아오면서 각 정신세계 속에서 최고를 찾다 보니 그중의 으뜸인 공부가 무엇인지 알기 되었다.

이렇게 말을 해준다.

이제껏 각 종파에서 인간들의 질량을 높여주느라 설법 내지 설교들을 해왔다고… 덕분에 사람들의 질량들이 넓어지고 높아지고 밀도 있는 단어들도 고루 펴졌다고. 그래서 하늘은 천신제자들에게 수많은 높고 넓은 특이공력을 주어 사람들을 모이게 한 것이다.

그 속에 말, 법, 신명들도 섞여 있어 인간들을 모아놓고 많은 진리를 펼치게 한 것은 앞서 유행하듯이 각 종교, 기수련 단체, 기타 등등 차원계의 정보를 고루고루 갖추게 하여, 인간들의 질량들을 몇 년 만에 고루 맞추게 하였던 것이라고.

이제는 영성시대이므로 선천시대의 유물인 신들 우상은 끝났고, 사람이 신으로 온 후천시대에는 영적 진화를 해야 하는 공부를 내려받아야 한다고 한다.

영적 의식을 진화하라. 선생님을 두고 공부를 받았다면 스승을 찾아 법을 내려받아 상위 자아와 통하여 의식을 성장시켜라!

명상(1)

　나의 큰 힘을 되찾는 길.
　깊은 호흡과 함께 눈을 감았다. 눈앞에 나타나 나의 키를 뛰어넘는 커다란 벽 앞에서 순간 답답함과 두려움이 심장을 점령한 듯 숨조차 쉬기 힘들었다.
　그렇게 벽을 바라보며 호흡을 고르던 중, 나의 의식은 점점 크게 확장 성장하면서 수관 속으로 올라가는 물줄기처럼 은빛 찬란한 영으로 커져가고 있었다.
　벽은 점점 허물어져 내 무릎 아래 크기로 변하고 나는 점점 커지면서 의식은 하늘로 하늘로 향하였다.
　그러면서 나와 비슷한 크기의 많은 영혼들을 만나면서 서로 반가워하는 모습들이 펼쳐지고 있었다.
　그때 내 안에서 들려오는 소리가 있었다.
　네 안에 존재하는 힘과 의식, 영적 성장 진화의 과정의 주인이 될 때, 너의 의식은 또 다른 에너지로 변화할 것이며, 그것은 그러한 의식의 권리이며 너의 의식이 원하여 일어난 것이며 너의 책임이다.
　네 안의 주인공의 고결함과 열정에 대한 믿음을 가지고 있다면 너는 그런 믿음의 결과를 얻게 될 것이며, 너와 같은 선택을 한 다른 사람들을 만나게 되고 그것이 서로 진화한 영혼들이 만나 형성하는 집합의 실제 필드를 창조하는 것이지.
　그렇게 집합의 실제 필드가 확장되면 너희가 직면한 수많은 문제들을 해결하는 것이 훨씬 쉬워지지. 그것이 바로 작은 나가 아닌 큰 나의 힘을 되찾는 것이고 그것이 너의 책임이며 권리라는 것을 기억하라.

너의 능력과 힘은 네가 매 순간 만들어내는 선택과 네가 하는 생각과 네가 참여한 행동과 사건 안에 놓여 있다는 것을 알 것이다.

너의 고귀하고 신성한 에너지를 자유자재로 사용하되, 거기에 대한 책임을 지는 영적 지도자가 되기 바란다.

영적 명상으로 들어가게 되면 내 안의 나를 만난다.

그리고 부탁한다.

그렇게 해서 나는 영적인 힘을 서서히 갖추게 되었다.

그동안 나의 생각과 행동 에너지가 만들어낸 내 앞의 현실을 직면하면서 오늘도 작은 내가 아닌 큰 나의 의식으로 결과에 대한 책임을 겸허하게 받아들인다.

명상(2)

　30여 년 전만 해도 명상한다고 잘난 척하며 주변에 자랑을 하고 다닌 기억이 난다.
　그 시절에는 그렇게 하면 되는 줄 알고 고요한 곳에 혼자 앉아 호흡으로 준비 운동을 하고 명상 속으로 들어가겠다고 온 세포를 집중시켰다.
　명상 속으로 깊이 들어가면 들어오는 잡신을 어떻게 처리할지 몰라 계속 따라 들어갔다가 홀로 프로그램에 빙의 되어 명상 부작용으로 한참을 고생하였다.
　지금도 나처럼 명상을 통하여 심신을 고요히 가라앉혀 우주와 통신해 보겠다는 자들이 부지기수로 많다는 것을 공부하러 오는 제자들을 통해 알게 되었다.
　외국에서 들어온 수많은 명상법 또는 기수련 단체에서 가르쳐준 명상을 하는 자들 대부분이 잘못된 명상법으로 건강을 해치거나 빙의 되어 고생하고 있다. 지난 날 나 역시 잘못된 명상법을 배워 부작용으로 많은 세월 고생하였다.
　명상은 영성 지능 개발을 위한 것이라는 것을 알고 새로이 시작하였다. 나름대로 터득해 온 모든 수련법을 한순간에 버리기로 하였고, 버리는 방법도 종류에 따라서 다 다르다는 것을 알게 되었다. 버린다고 해서 그냥 버리는 것이 아니라는 것을. 하늘의 기운을 받으면서 버리는 방법도 배웠다.
　명상은 본인의 뜻과는 상관없이 정신세계의 어떠한 기운이 하늘의 기운을 모아서 사람들에게 어떠한 능력이나 기운을 응집시켜 놓아 판단력과 직관력을 높이는 데 사용하는 것이다. 그래서 명상은 사람들의 근기에 따라 방법이 다 다르다.

  명상은 자기의 기운을 스스로 바꾸는 행위이니 만큼 남들이 하니까 나도 해보자 하고 가볍게 해서는 안 된다. 오랫동안 잘못된 명상을 하지 되면 건강은 건강대로 상한다. 홀로 프로그램에 빙의 되어 고생만 하게 된다.

  명상은 정신세계를 다루는 만큼 물질을 위해 정신세계를 다루려 하지 마라.

  욕심을 가지고 명상한다면 자기 몸속에 있는 기운이 도움을 주지 않을뿐더러 본인의 마음과 관계없이 영적 세계는 멀어지게 되고 영성 지능 개발은 되지 않는다.

  명심해라! 명상은 내 생각의 관여 없이 하늘과 하늘이 통하여 영성 지능 개발하는 것이다.

종교 속의 영성

각 종교마다 영성이라는 영적 단어를 사용하며 영성공부를 시켜준다고 한다.

종교에서의 영성은 그 종교 테두리에서 벗어나지 못하게 한계치를 만들어 가르친다.

영성공부는 종합적으로 가르쳐야 한다. 종교 속 영성은 종교에 국한되어 가르치기 때문에 종합적인 영적 성장으로 이끌지 못한다고 말하고 싶다.

종합적으로 지도하는 것은 조화로운 기운을 온 세포에 입력하여 바른 깨달음의 길로 안내하기 위함이다.

아날로그 세대는 먹고사는 데 급급해 굳이 '왜!'라는 단어를 알려고 하지 않으며 한곳에 편중된 삶을 살아왔다. 그러나 지금의 베이비붐 세대나 디지털 세대들은 그래도 여유가 있지 아니한가?

내가 왜 3차원 세계에 태어났는지 의문을 품어야 하는데, 아날로그 세대가 답습한 모순된 사고를 그대로 껴안고 생활하니 정신은 진화하고자 갈망하나 생각하기 귀찮다는 이유 하나로 정신세계를 진화시키는 것을 게을리하고 있다.

종교 안의 영성도 그와 같다. 기도만 하면 다 된다고 단순한 모드만 가르치니, 종교 안의 영성은 진화하는 것이 아니라 정지한 것에 가깝다고 봐야 한다.

영성은 끊임없는 변화이다. 인간의 사고는 영의 세계에서 주는 타전을 받아서 생각으로 거듭 태어난다. 이치가 이러한데 종교에서의 영성은 허울뿐이다.

　다시금 생각허 보기 바란다.

　종교는 국한된 부분에서만 영성을 터득할 뿐이라고.

　지금은 종합예술 시대라고 표현하지 않는가?

　영성공부는 종합적으로 지도받아 조화로운 사람이 되는 것이지, 편협한 공부를 하는 것이 아니라는 것을 알아주었으면 한다.

모순된 판의 연속

인간은 태어나면서 모순된 삶을 살아가게끔 프로그램을 깔아놓고 인간세상으로 내려온다.

각자의 신들은 육이라는 옷을 입고 3차원 세계에서 모순된 삶을 즐기다 어느 날 알게 해준다. 신들이 모순을 바로잡으려고 3차원 세계로 수행하러 왔다는 것을. 많은 방법을 동원해 모순된 삶들을 바로 고쳐서 살아가라고 하는데, 인간은 아귀다툼 속에서 알려고 하지 않는다.

4차원 세계에서의 모순도 있고, 역사의 모순, 부모의 모순, 형제의 모순, 주변의 모순, 정치인들의 모순, 경제인들의 모순 등등 많은 모순 덩어리들을 각자 제 위치에서 찾아내어 바로잡아 놓아야 하는 책임이 우리에게 있다는 것을 보여주고 있는데, 인간은 모순을 찾아서 제자리에 바로잡아야 하는 이치를 깨닫지 못하고 비난과 원망만 일삼고 있다.

아날로그 세대가 모순된 삶을 살아온 것을 지적하는 것이 아니다. 모순을 찾아서 바로잡아 놓는 것이 우리의 할 일이다.

영성으로 공부시키는 것은 그러한 이치를 깨닫게 하려는 것이다. 그런데 제자들은 그 수준까지 알지 못하니 그저 불평불만만 늘어놓다 결국 탈락한다.

제자들이 하나둘 탈락할 때마다 안타까움이 밀려와도 손쓸 수 없는 나의 상황을 제자들은 이해하지 못한다.

신명들은 모순된 삶의 프로그램을 깔아놓고 3차원 세계로 내려온다. 그 모순을 찾아서 제대로 자리 잡아 주는 공부 방식은 여러 갈래가 있지만, 그중에 제일 정확하고 빠른 것은 영적으로 공부하는 것이며, 시행착오를 덜 겪으면서 완성으로 가는 길이다.

영성으로 공부하는 자들은 모순을 찾아서 신명들을 성장시켜 본래 자리로 보내주는 것을 게을리하지 말아야 한다.

뜻은 어디에 두어야 하나?

수행하는 자로서 다시 거론하고 싶어서 두서없이 적어본다.

과거부터 현재까지 정신세계에 관심을 가지고 기도하는 자들, 기복으로 가는 제자들, 때론 개인적 삶의 질을 높이기 위해 내면세계를 찾는 자들… 수많은 명분을 가지고 정신세계에 입문하여 나를 찾는 길을 나선다.

나 또한 그러한 과정을 거쳐 지금의 이 자리에 있고, 현재도 끊임없이 세상에 존재하지 않는 공부를 취하고자 정진하고 있다.

좋아서 이 길을 걸어온 것도 아니고, 사명을 가지고 선택한 것도 아니다. 인간이 육신의 고통 속에서 헤매고 있는 것을 보고 나도 모르게 측은한 마음이 들어 여기저기 아픈 곳에 손을 대주고 말이라도 따뜻하게 받아주었더니 아픈 병들이 낫고, 집안의 우환이 해결되는 것을 지켜보면서 경제고도 해결해 가며 묵묵히 걸어왔다.

그러던 어느 날, 생전에 산속에 움막을 짓고 수행하시고 농사도 짓고 공무원 생활도 하셨으며 한의사이기도 하셨던, 돌아가신 외할아버지의 음성이 들려왔다.

살아생전 내가 공부한 것을 너에게 전수해 주었으니 또 다른 선지식인을 찾아서 공부하라.

당시 나는 신통이나 영적이라는 것을 전혀 모르는 풋내기였는데 돌아가신 외할아버지의 따뜻한 감사의 말을 들은 것이 계기가 되어 운영하고 있던 선원을 손해 보면서 다른 사람에게 넘겨주고 선지식인을 찾아다니게 되었다.

몇 달은 수입이 없어도 생활하는 데 지장이 없었는데, 수입 없이 계속 공부에 매진하려니 경제적인 어려움은 말로 형언할 수 없었다. 그렇지만 놀라울 만치 잘 견디어나갔다.

아버지는 건설업을 하셨는데 나는 아버지에게 경영 수업을 받았다. 아는 분은 아시겠지만 건설이라는 사업이 흑자공사도 있고 적자공사도 있다. 현상유지 공사도 따라다닌다.

아버지에게 경영 수업을 받으면서 사실 원망도 많이 하였다. 어린 나이에 혹독한 것을 원하셨는데 당시 20세도 안 되는 여자가 공사현장에 가서 남자 기사들에게 이야기해 보았자 씨알도 먹히지 않았다.

건설현장을 돌아다니면서 성격도 많이 바뀌었다. 내성적이고 소심한 성격을 가진 내게 직원들 월급을 챙겨주어야 하는 의무가 있었고, 여기에서 살아남는 생존경쟁을 배우기로 마음먹으니 한결 마음이 편했다.

이 이야기를 하는 것은 돌아가신 아버지에게 감사를 표하기 위해서이다. 혹독한 경영 수업을 받았기 때문에 선지식인을 만나 공부하여도 경제적인 어려움을 뚫고 나갈 수 있는 지혜를 얻었다.

아버지가 어렵게 사업체를 운영하실 때는 아버지 원망도 많이 했다. 그렇게 어려운 난관을 뚫고 나왔기에 신용불량자가 된 적이 없다. 세월에 굴하지 않고 당당히 공부할 수 있도록 정신적 강함도 곁들여주셨음을 시간이 지날수록 새록새록 느끼며 감사하다는 생각뿐이다. 돌아가신 아버지에게 혹독한 경영 수업을 받지 않았더라면 선지식인을 만났더라도 공부를 중단하지 않았을까 싶다.

외할아버지의 간곡한 부탁에 선지식인을 만나 공부하려고 운영하던 선원을 정리하고 나니 수입원이 뚝 끊겼다. 경제적 원조를 청할

곳도 없었다. 두 남매 공부도 시켜야 하고, 지금 돌이켜보면 불가한 일들을 어떻게 해결하고 왔는지 정신적 지주였던 아버지에게 매 순간 감사함을 가지고 산다.

혹독한 경영 수업이 없었다면 나는 지금의 이 자리에 없었음을 이야기하고 싶고, 그 덕분에 수행을 게을리하지 않고 가정도 원만히 지켜갈 수 있었다.

그동안 많은 선지식인들을 만나보았다. 그런데 한결같이 본인들의 능력을 과시하며 뜻을 인간세계에 두는 것을 보았다.

인간세계에 거대한 건물들을 지어놓고 신들의 능력을 교묘히 팔아서 명예와 부를 축적하는 것을 보면서 나를 돌아본다.

하늘이시여! 저에게 뜻을 세우게 하시려면 크게 세우게 만드시고, 그 뜻은 하늘에 두고 묵묵히 하늘과 하나 되어 걸어가게 하십시오.

그러하다면 나의 마음을 사시고, 나의 마음을 사셨다면 하늘의 마음과 하늘의 칼을 가지고 홍익인간을 복사하는 힘을 재량할 수 있게 위임하십시오.

앞으로 제자들에게 물어볼 것이다.

뜻은 세웠는가?

무엇을 위해 세웠는가?

세웠다면 자신의 혼신을 불사를 준비는 되었는가?

작가가 꿈이었던 어느 삶

어제는 영가 조화제를 진행해 주었다. 돌아가신 영가의 일을 의뢰받으면 나도 모르게 긴장하게 된다.

이번에는 지금까지 해왔던 일보다 어깨를 짓누르는 긴장의 강도가 세게 들어왔다. 영가는 내게 많은 부분을 요구한다.

살아서 욕심이 많더니 돌아가는 시점에서도 욕심이 꽉 차 있다. 그래도 귀여운 욕심이어서 그런지 그런 요구들은 모두 들어주겠다고 약속하고 한 가지씩 작업에 들어갔다.

첫 번째가 여행이라고 한다. 여행을 좋아하는데 자식들이 나를 싫어해 함께 여행하지 않았다며 나보고 대한민국 고루고루 여행시켜 달란다.

두 번째는 여동생들 선물이란다.

세 번째는 큰딸 내외에게 사과해 달란다. 살아서 두 내외에게 부부 싸움을 많이 시켰으니 꼭 사과해 달라고.

네 번째는 호주에 있는 딸의 아들이 지체장애자인데 그 부분을 도와달란다.

다섯 번째는 큰아들이 걱정인데 내가 걱정하고 간다고 하면 이곳에 집착을 두고 가는 것이므로 큰아들 걱정은 안 한다고 해주시오! 하는데 눈물이 핑 돌았다.

생전에 똑똑한 분이어서 그런지 부분, 부분 요구 조건이 많다. 그러면서 자식들에게 이 말은 꼭 전해 달란다.

나도 청춘인 때가 있었다. 그때의 꿈은 작가였다. 그런데 부모가 중매쟁이 말만 듣고 나를 그 집으로 시집보내 인간 이하의 대접을 받으며 참고 살았는데 남편이란 자가 바람둥이인 것은 자존심상 못 참겠더라. 그러다 소박맞고 나왔다. 자존감이 통째로 무너져 내렸다.

    나는 부모님에게 사랑만 받았지 주는 법을 몰랐다. 그래서 어미로서 자식에게 사랑을 어떻게 주는지 몰랐고, 남편이 밉다 보니, 사실 너희들이 원수 같아서 어미로서 해야 할 의무를 다하지 못하여서 미안하다. 작가의 꿈도 이루지 못하니 그 원망으로 너희들을 무관심하게 대했다. 나의 무너진 상처와 꿈이 너희보다 중요했기 때문에 어미 구실 못한 것을 사과한다. 잘못했다.

    수많은 영가들 사자 정리를 해주었는데 이번 영가 사자 정리는 나도 반성하게 해준다.

    참으로 깔끔하게 자식들에게 잘못을 빌고, 모든 집착을 내려놓고 가시는 영가를 보면서 자녀들에게도 감사를 전한다.

    자녀분들이 아무 의심 없이 와서 영성공부를 몇 년씩하고 간 덕분에 신명계에서는 자식들이 어머니 간병공부를 제외시켜 주었다.

    네 자녀가 영성공부를 하고 간 덕분에 어머니도 고통 없이 돌아가셨고, 남아 있는 식구들은 장례식 날 화기애애하게 잔치를 벌여 기분 좋고 마음 편히 어머님을 보내드렸다.

    천신제자가 밝은 얼굴로 감사합니다 인사한다.

    나도 감사합니다.

성공하고 싶다면 남 원망부터 고치자

부모님 그늘 속에서 자라면서 많은 원망을 하며 자랐다.

자랑거리는 못 되지만, 부모님이 거주하시는 환경이 내가 감당하기에는 무척 큰 살림살이였기 때문이다.

부모님 모두 병치레를 자주 하시는 바람에 아버지의 사업장을 이어받은 나는 능력 밖의 일들을 처리하느라 아버지를 많이 원망하였다. 의료보험이 안 되는 시절에 간경화로 수술하시고, 수술 후 깨어나지 못해 중환자실에 20여 일 입원하셔야 했다.

수술비와 병원비를 혼자서 감당하느라 얼마나 버거웠는지. 왜 나에게 이렇게 큰 짐을 짊어지게 하는지 부모님을 많이 원망했다.

의사는 하루에 오전·오후 알부민 2병을 맞아야 한다고 했다.

지금도 안 잊는다. 그 당시 알부민 한 병에 8만 원이었다. 그것도 하루에 2병을 맞아야 하니, 20일 동안 하루도 빠지지 않고 알부민을 계속 투여했다.

경제적인 어려움에 눌려 당시에는 웃음을 잃기도 했다.

사업장을 이끌어야 했고, 장기간 입원비와 응급실과 치료비, 간병인들의 모든 경비를 충당해야 했다.

삶이 왜 그리 힘겹고 버거웠는지, 부모님은 큰살림을 나에게 이전시켜 놓고 모든 책임도 내가 짊어지게 만들어놓았다.

사는 것이 사는 것이 아니었다. 그렇게 많은 어려움을 헤쳐나갔다. 지금도 그때만 생각하면 어떻게 그 많은 일들을 감당해 냈는지 꿈만 같다.

어느 해 IMF가 터지면서 알게 되었다. 부모님 삶의 기준에 들어가 거침없이 수많은 경제난을 헤쳐나간 것이 나에게는 큰 고마움의 혜택이었다는 것을. IMF 경제난으로 대한민국 전역이 비상이었는데, 나는 그다지 힘들지 않게 지나왔다.

부모님의 사업장을 그냥 경영한 것이 아니었구나.

그 덕에 나는 어려운 상황을 지혜롭게 풀어갈 수 있었다.

그때부터 사고 개념이 달라졌다. 지나간 지치고 어려웠던 상황에서 내가 부모님의 문제를 해결해 드릴 수 있는 자식이었음을 감사하자. 앞으로 어떠한 어려운 일이 닥친다 해도 원망이나 남 탓은 하지 말자.

영성공부할 때도 나를 지도해 주신 선생님을 원망하였다. 왜 나를 믿어주지 않고 제자들의 말에 현혹되어 나와의 사이를 멀게 하실까?

그러다 또다시 문제들을 더듬어보았다. 앞으로 나는 누가 나에게 사람 사이를 이간질하는 말을 하면 반드시 삼자대면할 것이다.

그리고 수행자의 귀를 더럽히지 말라고 경고할 것이다.

지금도 영성공부를 지도하면서 그때의 교훈을 잊지 않고, 전달하는 사람의 말을 믿지 않는다. 의심스러우면 삼자대면 확인시켜 필요 없이 오해하지 않게 한다.

영성공부를 하면서 많은 도반들이 공부에 불신을 갖고 있었다.

수준 낮은 도반들은 영성이라는 자체를 이해하지 못했는데, 앞으로 영성공부 아니면 할 수 있는 공부가 없다는 확신을 주기 위해 피눈물을 흘리면서 하늘에 고하였다.

하늘이시여, 정녕 하늘이 있다면 나에게 사명을 준 영성공부가 많은 이들에게 필요한 것임을 보여주십시오.

그때 나는 영과 통하였다.

영과 통하였다는 것은 시작이며, 영을 안다는 것은 모르는 것이 없다는 것이다.

수행하면서 제일 먼저 고쳐야 하는 것을 찾아보니, 남을 원망하거나 탓하지 말아야 한다는 것이었다.

당시 같이 공부했던 도반들을 만나면, 내 이름을 대면서 그렇게 하는 것이 정석이었어. 많은 세월이 흘러서야 알게 되었다고, 미안하다고 사과를 한다. 그리고 도움을 청한다.

나는 지금도 그때의 초심을 잃지 않으려고 기도를 게을리하지 않는다.

영성공부 처음 시작하는 것과 같이 하루를 반성하고, 혹시라도 누구를 원망하지 않았는가, 또 혹시 어느 문제를 탓하지 않았는가?

원망과 남 탓을 한다는 것은 결국 내적 수준이 얕다는 것이다.

각 분야에서 성공하는 사람들의 말을 들어보면 삶의 짐이 아무리 무겁고 고단해도 투정을 안 한다는 것을, 내적 수준이 높은 자들은 원망과 탓을 하는 시간을 갖기보다는 실력을 갖추는 데 더 노력한다고 한다.

성공하려면 남 탓 하기 전에 자신을 돌아보고 반성할 것이 있으면 반성의 시간을 더 가져라.

상대방을 원망하거나 남 탓하는 것은 자신을 혹사시키는 것이다.

남을 원망하면 절대로 성공할 수 없다고 마음에 담아두어야 한다.

원망 이전에 자신을 돌아보는 것이 중요하다는 이유를 가져라.

자신이 왜 태어났고, 왜 살아가야 하는지 이유를 찾는다면 남을 원망하는 마음은 안 들어온다.

    인간이 자신을 잘 모를 때는 남을 원망하는 것이 당연하지만, 이유를 알고 나면 살아가는 데 많은 도움이 된다.

    남을 원망하는 것은 인정이나 긍정을 상실시키기 때문이다.

    자신이 누구인지 알려면 하늘에 물어보라.

    하늘에 물어보면 답을 준다.

    사람이 태어나 무엇을 하고 살아야 하는지 알려줄 것이다.

책 읽는 예절

　제자들에게 하늘에서 내려준 정보를 프린트해서 글을 읽으며 서로 이야기해 보라고 던져놓았다.
　제자들은 내용을 알려고만 하지 왜 글을 읽게 하는지 진의를 알려고 하지 않는다.
　답답함을 느낀다. 수박에 대해서 연구하고, 농부의 수고로움을 알고 수박을 맛본다면 수박 맛을 더 잘 느낄 것이다.
　깨달음 공부는 깨달으려고 하기에 깨달음을 얻을 수 없는 것이다.
　깨닫고 왔는데, 깨달으려고 하기에 이기 하늘은 문을 닫아버린다.
　이제 막 영성공부에 발걸음을 떼는 제자들이 무엇을 안다고 하늘을 평가하려는 건방진 마음을 펼치고 있다.
　가소롭다. 아는 지식과 상식을 쥐어 짜내고 있다.
　내가 어떻게 어떠한 과정을 거쳐서 물리적 깨달음이 터졌는지 모르면서 아는 척들을, 잘난 척들을 한다. 헛헛한 웃음이 나온다.
　모르면서 아는 척하는 신명들만 키우는 열악한 환경을 지켜보니 재미있다.
　알지 못하면 모릅니다, 알려주시면 듣겠습니다, 배워가겠습니다, 배움을 청하는 겸손이 매우 부족하다.
　영성공부는 모르면 모른다고, 알려주시면 알려주시는 대로 행하겠습니다, 하고 가면 신명 구조가 예쁜 구성원으로 짜임인데….
　물질은 비물질 세계에서 만들어진다. 그만큼 비물질 세계가 중요함을 강조한 것인데 쉽게 흘러가고 있다.

우주의 질서

나는 우주 질서를 어지럽히며 살고 있다는 것을 모르고 영성공부에 임했다.

하늘과 하나 되어 자연의 이치를 깨닫게 해주는 고난이도 과정을 거쳐 대자연 섭리를 받았다.

많은 시간이 흘러 공부를 펼쳐보아라 하는 명을 받아 제자들을 공부 지도하게 되었다.

천신제자 양성하던 중, 우주의 질서를 잡아주고 있는 천신제자가 되어 있다는 것을 알게 해주었다.

우주의 질서를 바로잡는 자가 되려면 우선 자격부터 부여받아야 한다. 내 자신부터 마음의 정화를 시킬 수 있어야 한다. 타인의 잘잘못도 품을 줄 알아야 한다.

인간에게는 기본적으로 잡신들의 방이 있는데, 잡신들의 방이 어디에 숨겨 있는지 모르기에 잡신들의 방을 찾아내기가 쉽지 않다.

잡신들은 세포 어느 곳에나 숨어 있다.

잡신은 반성을 통해서 찾아내는 것이 제일 부작용이 없다.

남을 원망하거나 세상살이가 힘들다고 투정 부리거나 나는 왜 이것밖에 하지 못하는가? 하는 자기 비하적인 생각들, 남을 시기하거나 원망하는 습관을 가진 자들은 잡신의 방이 세포 곳곳 도처에 숨겨 있다.

타인에게 배타적인 공격을 하는 수준 낮은 질량을 가진 자들은 더더욱 우주의 질서를 잡는 자격증을 받지 못한다. 우주의 질서를 잡아주는 자는 영적인 내공을 갖추지 않으면 어려운 고지에 올라가기 어렵다.

나는 지금까지 숱한 오해와 안 좋은 소리를 많이 들어왔다. 그때마다 변명할 수 없는 노릇이어서, 어느 날 모든 것을 다 흡수하는 공부에 들어가 보자, 그리고 나서 문제가 무엇인지 찾아보면 알 수 있지 않겠는가 하는 막연한 생각을 품게 되었고, 곧 실행해 나갔다.

초창기에 영성공부할 때 보이는 모든 것을 먹어라! 옳고 그름을 따지지 말라는 가르침이 있었다. 그런데 사실 무엇을 먹어야 하는지 몰랐다.

어느 날 그것이 흡수하는 공부다 하는 메시지를 받고는 모든 것을 흡수하는 수행에 들어가게 되었다. 어느 것 구분하지 않고 보이는 대로 흡수하였다.

나의 뇌로 판단이 들어올 때마다 심한 마음의 매를 치면서 오로지 먹는 흡수공부로만 매진하였다. 구분함 없이 흡수하는 수행을 하였더니, 어느 날 우주의 질서를 바로잡는 신명이 내려섰다.

이제는 제자들에게 우주의 질서를 잡아주는 공부를 시켜주고 있다.

저자와의 만남

　유튜브에서 명리학을 강의하는 강사를 쭉 지켜보다 강사의 내면을 들여다보았다.
　인간이 하는 강의인지, 신과 통해서 하는 강의인지 조사하였더니, 유불선을 취한 신명이 들어서 동서남북 종횡하며 인간을 통해 자연의 섭리를 설한다.
　나의 생각이 맞는지 책을 쓴 그 강사를 만나서 확인하고자 약속하고 여주에서 만났다.
　저자와 만나 이러저러 주저리주저리 떠들면서 서로의 수준을 파악하기에 분주하였다.
　결국 책을 편찬한 강사가 먼저 말을 꺼냈다. 여기 오시면서 저에 대한 기운을 읽지 않았느냐고.
　나는 그러한 것 안 한다고 했다. 만나서 대화하다 보면 다 알게 되는데 무엇하러 내공을 소진하냐고. 당신에 대해 궁금한 것이 없고 알려고 하지도 않는다고 했다.
　당신이 나에게 묻기를 청하면 상담은 받아줄 수 있지만 내가 먼저 이야기하는 것은 상대에 대한 예의가 아닌 것 같다고 설명하였다.
　나는 그 사람에게 잘난 척하러 간 것이 아니라 책을 출간한 것이 삼위일체가 되었는지 확인하러 갔을 뿐이다.
　언제부터인가 책과 사람이 일치하는지 확인하는 습관이 생겼다. 책은 책이고, 강의는 강의고, 사람은 사람인 분리된 자들을 많이 보다 보니 찾고 싶은 마음이 들었다.

나 또한 글을 올리면서 나는 글의 내용을 책임지고 있는지 경계하고 싶은 마음에 확인하는 못된 습을 키우게 된 것 같다.

하물며 나를 지도해 주신 선생님도 책은 책이고, 가르침은 가르침이고, 사람은 엉뚱한 방향에서 노는 것을 보고 다짐해 왔다.

나는 글을 쓰면 분리되는 짓거리는 하지 말자.

명리학도 때론 필요하다. 그런데 명리학이 전부라며 책을 출판하고 그 책을 읽고 오는 구독자들에게 편협한 공부를 지도한다.

10여 년 동안 명리학을 공부하고 있다는 사람을 상담해 주면서 시 사주를 펼쳐놓으면 풀이가 가능하냐고 질문을 던졌더니 어처구니없는 말을 한다.

자기를 알려고 명리학 공부를 했단다. 그 말 또한 맞다.

나를 알기 위해서 공부하였으면 남의 사주도 봐가면서 영역을 넓혀가는 것이 거시적인 의미로 낫지 않을까?

그 달을 하는 순간 그 여자의 주장신이 불쑥 튀어나오더니 뒤통수를 냅다 때리며 "이 병신아, 너 혼자 잘났다고 말하는 본새가 그 모양 그 꼴이다" 하며 화를 낸다.

여자에게 설명해 주었다. 이제 주장신이 공부시켜 줄 모양이니 잘하라고… 그리고 혼자 하지 말고 주장신과 함께 의논해 가며 하라고… 1년만 더하면 일취월장할 거라고.

명리학 공부를 하고자 했던 것은 주장신이 너에게 관심을 갖게 만들어서 시작한 것이니 내 주장신이 누군지 알아야 살아가는 것도, 공부하는 것도 쉽다.

유튜브에서 주역 강의, 명리학 강의, 심리학, 구성학 등 수많은 분야에서 강사들이 강의를 하고 있다.

강사들이 부작용을 안다면, 흥미 위주로 강의하는 것이 아니라 유튜브를 통해 정보를 받는 자들에게 혼돈을 안 주는 강의를 해주었으면 하는 바람이다.

나는 오늘도 자신을 관리하는 소중한 시간을 갖는다. 그리고 내적으로 성장하는 데 게으름 피우지 말고, 할 수 있는 것만 하면서 내공을 보강해야겠다.

세상에 그 어느 것도 필요치 않는 것은 없다. 참인지 거짓인지 구분할 줄 알라고 세상 경험시켜 주는 것이다.

이 모든 것이 다 수행 과정이라고 생각하면 힘들다고 떼를 쓸 필요도 없다.

저자와의 만남은 또 한 번의 확인이었다.

대중을 위해 함부로 말하면 안 된다는 큰 교훈을 얻었다.

단전호흡 부작용

지금도 많은 사람들이 기수련 단체에서 단전호흡을 수련한다. 또한 개인적으로 호흡 수련에 관한 책들을 읽고 내용대로 따라서 단전호흡을 하고, 개인적으로 수련법을 지도받는 등 여러 방법을 동원하여 단전호흡을 한다.

그네들에게 이야기하고 싶다. 사람마다 호흡관 크기가 다르다는 것을…. 단전호흡을 지도하는 자는 지도받는 자의 호흡관 크기를 알고, 호흡관 크기에 맞는 호흡법을 지도해야 무리가 없는데, 지도하는 자의 호흡관보다 지도받는 자의 호흡관이 넓거나 작으면 그 호흡법은 맞지 않아 시간이 지나면 주화입마(走火入魔)를 입는다.

기공에 입문한 지 얼마 안 되어 단전호흡을 하다 주화입마를 당했고, 막힌 호흡관을 뚫느라 몇 년을 애먹었다. 호흡관이 막혀 기 상승이 되었다.

영성공부를 시작하면서 처음부터 다시 기수련을 시작했다. 자연신과 하나가 되어 막혔던 호흡관부터 흐름을 타게 만들어 거친 호흡부터 잡기 시작했다. 막힌 호흡관이 조금씩 정상으로 돌아오고 기 역상으로 벌겋던 얼굴도 제 혈색을 찾아갔다. 그러고 나서 알게 되었다. 호흡을 지도하는 자는 지도받는 자의 호흡관의 크기에 맞게끔 지도해야 한다는 것을….

밥 먹는 호흡, 말하는 호흡, 잠자는 호흡, 자연적인 호흡이 가장 좋다고 강조한다.

• 하늘은 여러 방법으로 겸손을 가르친다

　겸손은 눈높이를 낮추는 것이고, 하늘을 알고 싶으면 가장 낮은 자세를 취하여야 한다.
　티베트에서는 오체투지가 수행의 가장 큰 덕목이다.
　무릎을 꿇을 때 고통을 줄이고자 무릎에 가죽을 대고, 가죽이 떨어져 가면 새로운 가죽을 덧대 오체투지를 마치는 광경을 보았다.
　그 모습에 나는 환희를 느꼈고, 티베트란 나라에서 태어나 그와 같은 행위를 했던 나의 전생이 떠올랐다. 그러면서 그렇게 수행한 덕을 이번 생에 보고 있다는 감사함을 잠시 가져보았다.
　오체투지를 하면서 숨어 있는 진실을 알고 하는 자들도 있고, 신앙에 의해 참석하는 자들 등등 여러 사연들이 있을 것이다.
　전생의 나에게 왜 저 수행을 했는지 물었다!
　하늘을 알려면 가장 낮은 자세라야 알 수 있는데, 단지 낮은 자세라고 해서 알 수 있는 것은 아니다. 처음에는 해야겠다는 마음으로 하다 보면 고통으로 더 이상 참을 수 없는 마음을 만들어 중도 포기하게끔 여러 고난의 장소를 만들어놓는다.
　그렇게 쉽게 하늘을 알 수 있게 해놓았을까? 하늘은 인간이 상상조차 할 수 없는 곳으로 끝없는 마음의 고통, 찢어지는 육체의 고통을 겪는 과정을 겪어야 영혼이 움직인다.
　순수한 영혼은 때가 낀 혼탁한 영혼에서는 움직여주지 않기 때문에 수많은 근기 시험에 던져놓고 기다린다. 순수한 영혼은 이기적이고 지독히 나만 아는 영체이다.

탁한 영혼은 순수한 영혼을 위해 수행을 게을리하지 말아야 하는데 그중 빠른 수행법 가운데 하나가 오체투지이다.

오체투지는 일 배 일 배가 철저한 수행이다. 일 배 속에 현실과의 타협도 있을 것이고, 일 배 속에는 던져진 자신과의 약속을 지키기 위한 약속, 또 누군가의 부탁을 받고 일 버하기도 할 것이고, 부모 형제와의 인연을 끊기 위한 일 배도 있을 것이다.

나는 그렇게 오체투지했다고 한다. 미래 생에 대해 희망을 가지고 일 배, 이 배, 삼 배했다고 한다.

자신을 위해서가 아니라 세상의 어둠을 밝히려는 마음으로 오체투지를 시켰다고 신명들이 말해 준다.

오체투지를 하며 자신을 알게 되면 하늘을 알 수 있다고 한다.

내가 하늘이고, 하늘이 나임을….

하늘이 나이고, 내가 하늘이다.

과거에는 그렇게 무식하게 수행을 시켰지만, 현대에는 인간의 행위 속에서 겸손을 가르치고 있다고 한다.

겸손은 내가 상대방의 수준에 맞추는 거라고 한다. 수준을 맞추는 공부는 해봐서 아는데, 주어진 환경 속에서 찾아서 하는 것이다.

요리하는 자는 요리 재료를 다듬으려던 머리를 숙여야 한다. 다듬고 손질하는 과정을 거쳐, 요리를 만들어 상에 차려놓으면, 음식을 먹는 자들은 고개를 숙이고 먹는다.

일할 때마다 거리 숙이는 겸손을 가르치는 것이다. 겸손한 마음으로 고개 숙여 재료를 손질해서 음식을 상에 올리면, 요리를 먹는 자들은 그개 숙이는 겸손한 자세와 마음으로 요리를 대하면서 즐겁게 식사하면, 요리의 재료들은 새롭게 태어난다.

수만 가지의 요리 재료들은 하나의 영이기 때문에 영은 인간에게서 새롭게 태어남을 추구한다.

히포크라테스도 그런 것을 알았는가 보다. 음식으로 고칠 수 없는 병은 약으로도 고칠 수 없다는 것을. 먹거리를 잘 선택하면 만병을 고칠 수 있는 것은 요리 재료들이 다 영이기 때문이다.

컴퓨터 작업을 하든, 글을 쓰든 하물며 약사가 약을 조제하여도 고개를 숙이고, 손님에게 약을 내줄 때도 고개를 숙여 건네고, 약을 받는 자도 고개를 숙여 약을 받는다.

그렇다. 하늘은 음양 모두에게 고개를 숙이게 만들어 겸손이라는 단어를 공부시켜 주고 있다.

우매한 인간은 어느 상황에 처하든 고개를 숙이게 만든 것의 의미를 모른 채 돈만 주거니 받거니 하고 끝낸다.

왜 무엇을 하든 고개를 숙이게 했을까?

21세기 하늘을 알게 하는 공부는 현실 속에 숨겨두고 찾아가는 자만이 만날 수 있게 해놓았다고 나에게 하늘을 대신하여 전해 달하고 신신당부하신다.

무식한 시대에는 무식한 방법을 동원하여 육신의 고통을 통해 깨닫게 하였고, 질량이 차 있는 지식인들의 시대에는 질량 있게 스스로 하늘을 찾을 수 있도록 바다에 보물단지를 숨겨놓았다.

가장 낮은 자세의 의미를 되새기면서 오늘 하루도 밝은 날이 되기를 바란다.

태어남 자체가 고(苦)인데

인간은 태어남 자체가 고(苦)이다.

그러한데 기쁨을 모르고 편안한 삶에 욕심을 낸다.

돈 걱정 안 하고 건강하고, 좋은 사람들과 만남을 즐기면서, 서로의 사상이나 개념을 화기애애한 분위기 속에서 얻으려고 가당치도 않은 욕심을 낸다.

나는 제자를 받아들일 때 원칙이 있다.

선하고 착하게 살아서 주위 사람들에게 민폐를 끼치는 자들은 제자로 받지 않으려 한다.

하늘이, 우주가 얼마나 냉혹한 곳인데, 착한 제자는 나에게서 따뜻한 말 한마디 들으려고 자신의 속내는 내놓지 않고 사이비성 기복으로 공부를 가져가려고 한다.

마음이 정말 선한 자들이 있다.

그러한 것은 분류가 되어 원칙에 넣지 않고, 인간 사회 속에서 독하고 악착같이 자신의 목적을 성취하려는 신념을 본다.

3차원 인간세계에 왜 태어났는지, 욕심을 내어 찾으려고 하는 제자들이 있는데. 턱없이 욕심을 낸다. 그래서 나는 지금까지 내 제자를 한 명도 배출하지 않았다.

대우주의 천신제자로 다 입적시켜 주어 스스로 자신들의 우주와 소통이 되어 이런 삶을 빛나게 살게끔 지적해 준다.

내 제자의 조건은 조금 까다롭다.

그 까다로운 선별 과정은 아무도 이수하지 못할 것이다.

그래서 천신제자로 입적시켜 주고 정신적 · 영적 성장에 대해서 선배로서 길잡이를 해주고, 지도해 주는 스승조차 믿지 말라고 다짐해 둔다.

그 이유는 앞서간 선배들의 부작용을 많이 지켜보았기에 천신제자들에게 나를 믿고 따르라고 하면 제자들에게 민폐를 끼칠 수 있을 것 같기 때문이다.

제자들은 하늘과 우주와 소통하여 왜 3차원계로 내려왔는지 연구하기 바란다. 지나간 삶들의 과정을 돌이켜볼 때 어떤 목적이 있어서 행복이나 기쁨보다 고(苦)를 더 겪게 하였는지, 네 안의 신성을 통해 찾으라고 제시해 준다.

천신제자는 조상신명과 전생의 영혼신들로 인해 많은 파장을 받는다. 지나간 역사를 보면 행복하고 복되고, 지적 성장도 더디고, 나 자신을 찾기 전에 신들에게 엎드려 살려주세요 기복 신앙으로 살아온 지적 밀도가 낮은 역사를 알 것이다. 그 역사들이 수많은 사람들에게 모두 다 통한다.

암울하고 무식해서 겪어내는 수많은 역사의 난관들이 사람들의 대뇌, 소뇌, 간뇌 등 모든 세포에 입력되어 있어 현재의 인간들은 태어남 자체가 고(苦)인 것을 알았으면 한다.

돈을 많이 벌어 행복하게 살아야겠다는 생각보다는 인간 사회에서 홍익인간의 이념을 갖추고자 고(苦) 끝에 서 있을 때 행복이란 단어와 즐거움의 단어를 수시로 삽입시켜 놓으면 큰 깨달음을 얻을 것이다.

나도 항시 고난 속에서 행복을 찾아 고(苦) 속에 삽입시킨다.

자신에게 어리석은 때를 쓰지 않았으면 한다. 과거의 힘들었던 기억을 꺼내서 떼를 쓰는 어리석은 인간이 되지 말자.

하늘은 인간에게 풀지 못할 숙제는 내주지 않는다.

내가 찾으려 노력을 안 했다거나 하늘과 자신과 주변을 원망했기에 풀 수 있는 시간을 놓친 것이다.

인간에게 삶의 고(苦)를 주는 것을 영을 성장시키기 위해 주는 시련이지만 문제를 풀고자 자연과 함께한다면 풀지 못할 난제는 없다.

다만 인간의 크기와 내공에 따라 빨리 풀 수 있고, 더디게 풀 수도 있고, 영원히 못 푸는 문제도 있을 수 있다.

지금 태어난 인간은 영적세계를 증폭시키려고 왔는데, 알려고도 안 하거니와 다른 방향에서 찾으려 노력하고 있음이 아쉽다.

그녀들이 나에게 와서 길을 일러달라고 하면 길 위의 나침판을 찾아줄 것이고, 자신의 세계와 소통시켜 주어 이번 삶을 잘 마무리하기를 바라는 마음이 많다.

행복하고 즐거운 삶을 가지고 싶다면 고(苦)의 끝을 알려고 연구해야 한다.

인간세계에 태어난 자체가 고(苦)라는 것을 알고 살아간다면 조금은 삶의 여유가 있지 않을까 한다.

제 4 장

천제와 만행

천도라는 것?

앞으로의 세상은 스스로 수행하여 닦지 않으면 본래의 나의 길을 찾아갈 수 없음이다.

'천도'라는 것은 말 그대로 하늘의 길을 여는 것이다.

스스로 깨달아서 천상에 가야 하는 시대에 도달했다.

태초에 지구가 생성되어 현재에 이르기까지 그렇게 진화되어 가고 있다.

사회에서는 인본시대라고 외쳐대고 있으며, 인문학에 관심도가 높아가고 있다.

그것은 이제 신명들의 시대에서 인간이 사람으로 되어가는 시점이고, 사람이 되어라 하는 것도 이와 같은 것이다.

인간아, 인간아, 언제 사람이 될래 하는 비아냥은 있어도, 사람아, 사람아, 언제 사람이 될래 하는 비아냥은 없다.

하늘에서는 사람이 되어라 하지, 인간이 되어라 하지 않는다.

인간이란 단어와 중생이란 단어는 같은 뜻이다. 인간으로 태어나 인간들 스스로 정신세계를 진화하여 영적으로 성장시켜 놓으면 그제야 지적 질량이 높아져 가는 것이다.

근기는 그제야 생기는 것이고, 근기가 쌓이면 내공이 터득되고, 내공이 쌓이면 내기가 발산된다.

근기가, 내공이, 내기가 형성되려면 영성으로 수행하지 않으면 어렵다고 본다.

천상의 문을 여는 데 내공을 필요로 하고 내기를 필요로 한다.

신통한 자들은 천상의 문을 열 수가 없음을 못 박는다. 신과 통해서 술법을 쓰는 자들은 이미 신들에게 조정받고 있다.

신과 통해서 신통술을 사용하는 자들은 근기가 없으며, 내공을 얻을 수 없음이고, 내기를 발산조차 할 수 없다. 내기를 발산하지 못하는데 어떻게 하늘의 문을 열 수 있겠음이요!

하늘에서는 끊임없이 영을 성장시켜 놓아야 질량이 높아진다고 한다.

인간이란 끊임없는 모순과 시행착오를 겪어가면서 시정과 수정을 반복하며 사람이 되어간다.

사람이 되기 위해 수행이란 과목을 만들어놓았고, 전생의 모든 영체들이 정리가 되고, 지적 지식 낮은 신명들을 공부시켜 주어 차원계로 배분해 주고 나면 순수한 원소만 남게 된다.

우리는 순수한 원소들도 이 지구상에서 공으로 만들어주어, 아무것도 남지 않는 공으로써 스스로 천상의 문을 열고 가야 하는 시대를 맞이했다.

천도.

영성으로 공부하는 자들에게 주어지는 마지막 기회이다. 스스로 수행하여 갈고 닦아 천상의 문을 여는 내공을 닦기 바란다.

천도는 내 스스로 길을 여는 것이다.

우주의 진화도 끝나가고 있기에 수행자는 천상의 문을 열 수 있는 키를 받아낼 수 있다.

수없는 조상들과 나의 신명들, 공부들을 제대로 시켜주기 바랄 뿐이고, 순수한 원소도 깨우쳐주어야 함이다.

하늘에서는 영성으로 깨달아가는 자들 선별한다고 전한다.

신과 통해서 신통술을 사용하는 제자들은 그 신들도 공부를 시켜 보내주어야 나를 이길 수 있는 힘을 가지고, 자신을 이겨야 내공을 가지게 된다고 함이다.

영성으로 수행하여 스스로 깨달아 천상계의 문을 여는 수행자가 되어라 하신다.

제사장 자격증

　제사장 자격증은 참으로 까다롭다.
　제사장이란 천문을 열 수가 있음이고, 중천세계로 보내는 사자를 주신다.
　또한 구천세계에 사자를 보내어 조상제를 청한 자손들의 조상들을 불러낼 수 있는 자격을 부여한다.
　또한 어떤 차원계이든 들어갈 수 있는 키를 준다.
　자손이 조상제를 청하면 조상을 불러내어 제도를 해주어야 하기 때문에 차원계 구석구석 찾아 연계된 조상들을 불러 내리려면 어떠한 차원계이든 들어갈 수 있는 키를 내려받아야 한다.
　조상을 제도해서 수많은 차원계로 보내려면 가장 어려운 마지막 단계를 밟아야 하는데, 그건 영적인 멘토를 해줄 수 있어야 한다.
　영성 멘토라 함은 산 자를 제대로 제도할 수 있는 제도권을 부여받아야 한다. 살아 있는 자를 제대로 제도를 못해 주면 죽은 자들도 제도를 못해 준다.
　영성으로 수없는 공부를 내려받으면서 죽을 고비를 참으로 많이 겪었다.
　자신의 신들을 이겨내지 못하거나 다스리지 못한다면 영성공부는 한 발자국도 나갈 수 없다. 다른 곳에서는 영성을 신과 통해서 하는 것이라고 잘못 알고 있는데, 영성은 신들의 대장이다. 신들보다 더 급수가 높은 것이 영이다.
　신과 통해서 하는 신통력은 그 신들이 떠나면 신통력은 없어진다.

많은 자들이 신통력을 가지고 하는 술법을 대단하다고 자부하는데, 착각에서 벗어나 자신들 관리를 잘했으면 한다.

그리고 자신들의 신명들을 잘 제도하여 각 차원계로 보내어 공부들을 더 할 수 있게끔 기회를 주기 바란다. 신명들은 신명들의 능력으로 진화시켜 달라고 왔지, 정지하러 온 것이 아니라는 것이다. 신명들 관리를 잘하자.

관리라는 것은 교만과 오만을 뼛속 깊이 빼내어 반성하도록 하는 것이다. 나는 지금껏 제자들의 공부를 지도해 주면서 탈락의 1순위로 교만한 자를 먼저 선별한다.

하부신들의 신통력으로 나에게 교만을 떨면, 언제 탈락시킬 것인지 하늘과 상의한다.

나는 가장 영적인 제자를 원한다. 가장 영적인 제자라 함은 가장 인간적인 제자이다.

신들과 통해서 얻은 신통력으로 나에게 교만을 떠는 자는 가차 없이 탈락시킨다.

천신들을 내려 공부시켜 준 것도 하늘과 상의하여 모두 거둔다.

그리고 하늘의 냉정함을 가르치고 싶다.

하늘과 놀고 싶다면 겸손하라. 그것이 가장 인간적이고, 그것이 가장 영적인 것이다. 하늘은 경솔함은 봐주지만, 교만은 봐주지 않는다는 것을 알았으면 한다.

천지 창조 제사장 자격증이란 하늘의 별 따기만큼 어렵다. 나를 지도해 주신 천신교관들에게 항시 눈물로 감사의 인사를 청한다.

지구는 좁다.

다음 생은 더 넓은 우주로 갈 것이다.

사람의 생각은 대단한 것이다.

은하계를 바꿀 수 있는 힘이 있다.

수행자는 내공을 갖추기 위해 지구에 온 것이다.

자신을 이기지 못하면 내공을 갖출 수 없다.

자신의 신들을 잘 제도하여 2차원계로 보내주어야 함이고, 3차원 세계에서 일어나는 모든 것들을 관조할 수 있는 관조의 내공이 터져야 함이다.

내공도 급수가 있다. 내공의 급수에 따라 내기가 발산이 된다.

영성공부의 기본은 아, 더, 매, 치, 유(아니꼽고, 더럽고, 메스껍고, 치사스럽고, 유치함). 이것을 흡수할 수 있어야 한다. 조상신 수준이 여기서부터 시작이기 때문이다.

영성으로 공부시키는 지도자는 이것부터 공부시킨다. 나 또한 제사장 자격증을 부여받기 위해 이 부분을 3년 공부하였다.

신과 통하여 신통력을 얻으려는 무식한 공부는 하지 마라. 신통력을 주었던 신들은 목적이 있어서 들어온 것이고, 원한 목적을 얻지 못하면 인간은 신들에게 에너지를 빼앗겨 정신병자가 된다.

나를 영성으로 지도해 주신 선생님도 악신과 타협하여 일을 해결해 주었다가 빙의 되어 정신병자가 되었다.

능력을 좋아하지 마라. 대신 참다운 사람이 되도록 하늘에 청하라. 진정한 수행자는 능력이 필요할 때 하늘과 타협해서 그때만 사용한다.

천지 제사장 자격증은 전생의 수행도 있어야 함이고, 살아 있는 자를 제도 못 하면 죽은 자도 제도를 못 한다고 커다란 말씀을 내려주신다.

여행 천제(1)

　4월 초부터 약초 농사짓느라 오랜만에 카페를 방문하였다. 작년 한 해 심신이 너무도 지쳐 있어 약초 관리를 등한시했더니 역시나 땅은 거짓이 없다.
　신경 안 쓴 만큼 약초들이 엉망이라 올 한 해는 약초 농사에 전념하여 카페의 존재도 잊을 정도였다.
　그동안 많은 일들이 있었지만 천천히 옮기기로 하고 제자들과 함께 4박 5일 동안 국내 일주를 하면서 한시도 긴장을 늦추지 않고 강행하였다.
　이번 여행 천제는 제자들 개개인의 참신 동행이어서 긴장을 늦출 수도 없어 안테나를 접지 못한다. 너무 많은 양의 에너지가 분출하여 심신은 지쳐가고 있지만 우주에서 원하는 천제인지라 정신만은 맑아진다.
　제자들 모습을 지켜보면서 제자들이 이번 천제에 어떤 의미들이 숨겨져 있는지 생각지 못하고 있음에 아쉬움도 있다. 알려고 해도 알 수 없는 심오한 경지라 제자들을 이해하지만 적어도 긴장은 하고 있어야 하는데…. 여행 속에 숨겨져 있는 진실을 찾으려고 하는 긴장감을 늦춤에 답답함을 감출 수 없다.
　출발은 순조로웠는데 한 남자 제자가 엉뚱한 방향으로 튀는 바람에 체력이 급격히 떨어져 짜증이 슬슬 나는 것을 자제하느라 어려웠다. 역지사지를 생각조차 못 하는 제자들의 행동에 화가 나고 이해도 가지만 우선 개인의 욕심은 접기로 했다.

한계령 정상에서 항시 하던 행사를 이번에는 정상을 넘어서 만물상 앞에서 진행하기로 했다. 남자 제자에게 신들을 접신시켜 놓고 깃발 꽂는 신명을 청해 주었다.

제자들에게 때로는 큰 소리도 내고 욕설도 하고 그랬다. 그런데 한 남자 제자에게 신명을 넣어주니 내가 하였던 큰 음성과 욕설과 야단침을 지자 스스로 교관의 가르침의 행위라 본다. 여러 제자들이 그 상황극을 보고 영성공부에 매진해 주었으면 하는 욕심을 내보며 제자들이 알아주었으면 한다.

신명들이 들어서면 나의 의지와는 상관없이 거침없이 큰 음성과 때로는 욕설이, 때로는 하늘의 매도 거침없이 나간다. 이것을 제자들도 경험해 주었음 한다.

영성공부는 신명들을 경험시켜 주지 않는다면 아무런 발전이 없다는 것을 제자들이 알았으면 한다.

여행 천제(2)

　도반들과 첫 인사부터 헤어짐의 시간까지 욕으로 시작해서 욕으로 끝나는 남자 제자를 8년간 지켜보면서 반반 고민한다.
　제자 본인 신명들이 자신에게 하는 욕들을 남에게 전달하는 것을 지켜볼 때 웃음도 나고 신명들도 측은하고 한숨도 나온다.
　그러더니 나에게 조상신명들의 요구 조건이 들어온다. 우리가 원하는 것을 해주면 욕을 안 하겠다고…. 평범한 사람들에게 이러한 신명들의 고충을 이야기해 주면 긍정을 안 하기에 나도 내심 어려운 고충들이 있다는 것을 알아주었으면 좋겠다. 어쨌든 남자 제자 신명들과 약속이 들어갔다. "원하는 것을 주면 나에게 줄 수 있는 것은 무엇이냐"고 거래를 튼다.
　이번에 여행 천제를 다녀온 남자 제자에게서 교관신명들이 약속한 대로 욕하는 신명을 거두어갔다. 그 덕분에 남자 제자의 욕하는 소리를 추억 삼아 한두 번씩 듣고 있다. 욕 신명은 갔지만 인간에게 습이 남아 있어 심심치 않게 한 번씩 하지만 나는 그것도 감지덕지했다.
　평범한 인간이 영성세계를 공부하고 가면 얼마나 좋을까 싶다. 자신들의 영성세계에서 원하는 것을 해주면 인간에게도 덕을 베풀어 주겠다는데, 왜 자신들의 마음을 알려고 하지 않는지 모르겠다.
　나는 왜 태어났는가? 무엇을 하러 인간세계에 왔는가?
　고심하게 되는데 그 부분은 인간이 하는 것이 아니라 신명들이 원하고자, 뜻하고자 인간세계에 온 것인데 자꾸만 인간이 무엇을 추구하여야 하는지 알고자 방황한다.

인간은 편안함과 행복을 추구한다지만 사실 편안함과 행복은 영의 세계에서 원하는 것이다. 인간 껍데기가 편안함과 행복을 추구한다. 인간은 그것이 모순된 생각인지 모른다. 그래서 마음의 편안함과 행복을 못 찾아 이상한 궤변자, 말의 언어 마술사들이 성행하는지도 모른다.

찾고 가는 자가 있지만, 못 찾고 가는 자들이 더 많다.

"역으로 되물어라."

본인들의 신성에 귀를 기울여 인간세계에 무엇 하러 내려왔으며 무엇을 추구하고자 왔고, 무엇을 가져가고자 인간에게 숱한 시행착오를 가져오는지? 묻는 자를 만나면 '나는 어디에서 왔으며 무엇 때문에 인간세계에 왔으며 무엇을 하고자 왔는지' 명쾌하게 알려줄 것이다.

외부에서 찾으려 하지 말고 내부에서 찾고자 열정적으로 임하면 알려줄 것이다.

남자 제자의 신명들은 인간을 통하여 하고자 하는 욕구를 이번 여행 천제에서 추했기에 화가 나서 인간에게 수없이 했던 욕들을 거두어 가져갔다.

확인하고 싶은 제자들은 와서 경험해 코라!

재생 여행

　현재 가지고 있는 정보의 방을 재생시켜 보고자 3박 4일 일정으로 동해바다로 출발하였다.
　제자들은 어떤 공부인지 모르고 즐겁게 따라나섰지만, 계획에 없던 여행이라 그런지 약간의 불만을 터트린다.
　20여 년을 계획 없이 영적 여행을 다녔는데 이번만큼은 안일하게 움직인다. 도착한 첫날부터 행성으로 인하여 울렁대더니, 여행 끝나는 시간까지 뇌의 울림으로 많은 어려움이 따랐다.
　새로 공부를 시작한 제자도 있고, 오래된 제자도 있는데, 너무 큰 공부들이라 제자들이 행성의 에너지를 받아내지 못해, 인솔자인 나의 몫으로 감당하기로 결정을 보았다.
　우주의 울렁거림, 행성들의 속도들을 감기기 시작하면서 제자들의 뇌를 정화시켜 주기에 바쁘다.
　정보들의 방, 세포 줄기로 이어주고 끊어주고, 끝없이 정보의 방들을 재생시켜 주기 바쁘다. 제자들은 이번 여행이 어떤 여행인지 모르고 따라나섰다. 횡재한 것이다.
　때론 뇌들을 재생시켜 주는 여행을 떠날 줄 알아야 하는데 방법들을 몰라서 그런지 뇌를 정화시켜 주고, 뇌를 재생시켜 주는 여행을 가는 제자들이 없다.
　이제 알았으면 1년에 한 번쯤은 권해 본다.

자연에서 주는 소리 귀

천제 날짜를 잡아놓고 한 번도 천제 제목을 첫날에 안 적이 없다.
천제를 진행하면 그때 천제 제목을 내려준다.
자연의 소리를 들을 수 있는 소리 귀를 연구하라! 천제 제목이다.
자연의 소리를 들을 수 있는 방법은 여러 가지가 있단다.
그중 대표적인 방법은 나의 마음이 죽어야 한다는 것이다. 나의 마음이 죽어야 자연의 소리를 들을 수 있다.
나의 마음은 사실 내 것이 아닌 정보가 더 많다는 것을 알았으면 한다. 나의 두 눈이 사물을 볼 때도 정확히 사물을 전달하는 것도 아니다.
인간이 사물을 보는 것도 있고, 영적인 에너지체가 사물을 보고 인간에게 어떠한 메시지를 주기도 하고, 인간은 그 메시지가 사실인 양 뇌에 입력시켜 놓기도 하고, 신들의 눈으로 바라보고 뇌에 정보를 전달해 주지만 근원적으로 눈은 사실을 정확히 주지 않는다.
자연신은 그렇게 그러한 것을 더 연결시켜 주려고 한다.
자연의 물리가 터진 자는 자연의 소리를 저절로 알게 된다.
나무와 나무들끼리의 부딪침의 소리를 자연은 표현한다.
사실 자연신은 요구하는 것이 없다.
자연신은 주기만 한다.
자연신은 아주 짧은 시간 정보만 주고 간다.
짧은 시간에 자연신이 주고 가는 소리를 듣고 싶다면 나를 죽여라.

인간은 자연신이 주는 많은 물리를 받고자 하지만 방법을 몰라 계속 착오를 하고 있다.

나는 이 시간에도 자연신과 대화한다.

자연신은 연구함을 좋아한다.

연구는 이어주는 것이라고 자연신이 말한다.

인간은 전생 삶부터 지금까지의 삶을 이어온 것이고 이어온 삶을 연구하여 가는 것이라고….

인간은 끊임없이 내적 존재 가치를 연구한다.

그 연구는 이어가는 것이라고 자연신은 정보를 준다.

자연은 인간의 일부이다.

자연의 소리를 듣는 소리 귀를 개발하여 자연신과 소통하는 자가 되자.

그럼 더 많은 정보를 이어받을 것이다.

동해바다

일 년에 두세 번 동해안을 다녀온다.

하늘의 큰 기운을 열기 위해 천신들이 다니는 강원도 주문진 길목에서 사람이 하늘의 큰 기운을 청합니다 하고 기운을 당겨온다.

큰 대신들과 같이 나란히 동행하려면 나도 거기에 맞는 장소에 가서 큰 기운을 청해 와야 한다.

홍익인간을 배출시켜야 하는 나의 사명감을 미리미리 준비하지 않으면 다인들을 이끄는 신들은 기다림 없이 가버린다.

지금을 보고 하는 기도가 아니라 5년 후, 10년 후를 내다보는 천지공사라 그만큼 나의 마음가짐도 중요하다.

동쪽에서 큰 기운을 열고, 서쪽에서 마무리한다.

만행

　숟가락과 젓가락 찾아주는 만행 떠날 준비를 한다.
　가끔 만행을 떠나면서 제자들의 근황과 자리 자리마다 기운들을 살펴봐 가면서 불필요한 영은 그 자리에서 제대로 공부 마치고 근본 자리로 돌아가라고 명을 해준다.
　또한 시간이 흘러 그 영들이 제대로 공부를 마치고 근본 자리로 돌아갔는지 확인차 만행하면서 점검한다.
　제자들은 내가 만행을 나간다고 하면 나가는가 보다 할 것이다. 왜 만행을 떠나는지 이유를 알려고도 들으려고도 하지 않으니 답답할 뿐이다.
　편안함 가운데 안주들만 원하니 속이 터진다.
　그러면서 나는 제자들과 여러 신들을 위해 다시 만행을 떠난다!

전생 여행

전생을 알고 싶으면 어떻게 해야 하나 연구해 보았다.

알려고 하면 더더욱 알 수 없게 위아래를 다 막아놓는다.

경지 높은 수행을 하면 전생을 알 수 있을까 하고 수행을 시도해 보았다. 그래도 전생은 알 수 없었다.

어느 날인가 홀연히 어느 생의 전생을 보여주었다. 전생을 보여주면서 질문을 던진다.

이 전생을 가지고 어떻게 해석할 것이냐.

난감한 순간이다.

내 전생록을 보여주면서 무엇을 어떻게 해석할 것이며, 정리한다면 정리 방법을 내어보라고.

전생록을 보여주면서 방법론을 제시해 보라고 하는데, 지나간 세월 속에서 타인들의 전생을 말하여 준 것에 반성하였다. 내 전생록을 알아도 해석과 카르마 정리를 할 줄 모르면 타인의 전생을 알 수 없음을 호되게 질책받았다.

그 후 나의 전생 정보를 받으며 에고를 정리하기 시작하였다. 카르마를 정리하고 보고서를 작성하여 결제받으러 가면 다시 하라고 보고서를 반려한다. 몇 번의 논문을 작성하고 결제받으러 오르락내리락하는 동안 깨달음을 주신다.

그 이후부터는 흥미를 끌기 위해 타인의 전생을 입 밖으로 내지 않았다. 카르마를 끄집어내면 책임과 의무가 따른다는 것을 설명받고 살얼음판을 거닐 듯 자중한다. 전생록을 끄집어내면 책임져야 한다는 것도 알려주신다.

연구해 본다. 스스로 전생 여행할 수 있는 방법을.

제자들에게 카르마를 찾게 하여 에고를 해결하는 방법을 스스로 찾아 들어가게 하여 정리하는 방법을 완성하였다.

개인별 성향이 달라 방법은 각기 다르지만, 그 방법이 제일 완벽하다는 것을 수십 년 연구함에 정리를 끝냈다.

국가 천제

한 달 전부터 국가 천제 지내라는 하늘의 명을 받고 제자들에게 이번 천제는 국가를 의해 지내라고 하였다.

천제 날은 11월 6일 일요일 오전 10시. 시국이 어려워지는 것을 하늘도 알았나 보다.

대통령 선거 때 문재인 찍지 말라고 큰 소리를 쳤다. 문재인이 대통령 되면 나라 망한다고.

명리학을 하거나 앞을 좀 내다보는 인간들 모두 문재인이 대통령 된다고 큰 소리 치기에 문재인이 당선되는 것은 확실한데 문재인이 대통령 되면 나라 망한다. 그러니 당신들이야말로 문재인 찍지 말라고 외쳐야 하지 않겠는가? 하고 목청 높여도 개인의 명예가 더 중요한지 다들 문재인 당선이 확실하다고 떠들어댔다.

우리나라 역사는 피의 역사다. 왕이 마음에 안 들면 역모를 꾀하고, 지도자가 마음에 안 들면 다시 파를 만들어낸다.

영성공부 시작할 때 정치에는 관심을 두지 말라고 해서 더 이상 언급하지 않겠지만, 이번 국가 천제가 선천시대에 조상들이 만들어놓은 굴레들을 어떻게 풀어낼지 그날 진행해 보아야 알겠지만, 지금의 시국과 관계있는 것 같다.

기운이 약한 제자들은 이번 천제에 참석 못 할 것이다. 이중 마음을 쓰거나 나은 기준들이 약하다거나 하늘과 의논하지 않고 인간과 의논하는 제자들은 이번 천제에 참석 못 하게 고하여 놓았다.

지금의 국가 정세

공부만 하던 시절, 정치에 대해서는 아는 척도 하지 말고 관여도 하지 마시오 해서 정치에 대해서는 모르쇠로 일관해 왔다.

미국의 엘 고어와 부시의 선거전에도 나는 부시가 당선된다고 전했다.

그 당시에는 엘 고어가 당선이라고 예측들을 했었다.

노무현 당선자도, 박근혜 당선자도 전해 주었고, 미국의 대통령도 트럼프가 당선된다고 하였지만 정치에는 관여하지 말라고 해서 주변 지인 몇 명에게만 예견해 주었다.

나라 천제를 지내지 않았는데 삐뽀 삐뽀 울리며 국가 천제 진행하라는 명이 떨어져 3회 연속 국가 천제를 지냈다. 제자들도 깜짝 놀란다.

국가 천제 진행하면서 대한민국 전체가 천제를 지냈으면 하는 욕심이 일어난 부분은 시간이 지나서 알게 된다.

10월이면 박근혜 대통령에게 큰일이 일어나는데 이 일을 어떻게 막을 것인가? 걱정하였는데 걱정대로 일이 벌어졌다.

그리고 박근혜가 쉽게 탄핵되는 일은 없을 것이고, 박근혜 주변을 탈탈 털어 돈들을 세상 속에 나오게 할 것이라고, 하늘에서는 이미 돈이 운영하는 시기에 접어드는 시기여서 그동안 경제를 움켜쥐고 있던 자들부터 턴다고 하였다.

롯데 그룹이 타킷이었다. 그다음이 삼성이었는데, 삼성을 쉽게 털 수는 없었다.

삼성을 털기 위해서는 희생양이 필요했고, 최순실 게이트도 멋진 작품이었다.

탄핵이야말로 전국을 뒤흔드는 대단히 큰 사건이어서 정부에선 한 편의 역사 드라마를 쓰기로 한 것 같다.

국가적으로 사드 배치가 제일 큰 문제였던 것은 대한민국 국민이라면 누구나 알 것이다. 텔레비전 뉴스에서 사드 데모를 보면서 미국과 한국 정상이 쇼 한번 하겠구나 했다.

세계 경제를 미국 주도하에 흔들 것이고, 미국이란 나라를 앞에 업고 뒤에 있는 배경은 누구인가?

우리는 넓게 생각해야 한다.

정치인들은 지금이라도 정신을 차리기 바란다.

정치인들은 거대한 권력을 가진 힘의 집단인 미국과 국익을 위해 지혜롭게 일들을 해결해 나갔으면 한다.

일본도 트럼프가 대통령 되는 것은 반대라고 외치다가 트럼프가 대통령으로 당선되니, 바로 미국 대통령 트럼프와 화해의 악수를 나누고 있지 않은가. 이건 순전히 나의 개인적 생각이다.

미국이라는 나라가 박근혜를 탄핵으로 몰고 가는 프로그램을 작동하면 나라가 휘청하지 않을까?

탄핵된다면 미국에서 관여했을 것이다.

박근혜의 행보를 보면 당당하다.

당당하다는 것은 탄핵이 연출된 것이고, 순진한 국민만 미국과 정부에 우롱당한 것이라고 말하고 싶다.

국민의 의식구조가 성숙했으면 한다.

정치인들의 이익에 놀아나는 국민이 아니라 자주적인 정신을 갖추는 국민이 되자.

우리 국민은 너무 이리저리 끌려다닌다.

일본에서 독도는 일본 땅이라고 쇼맨십을 하면 일본 정부는 어떤 국익을 가져가려고 우리의 민족정신을 흔드는 망발을 할까? 의문도 가져보자.

위안부 사건을 헤집으면 일본 정부는 한국에 어떤 국익을 얻어내려고 망발을 하는지 의심조차 안 하고 그저 정치인들의 현혹에 밀려 이성을 잃고 데모 진입 태세로 넘어간다.

바둑돌도 그냥 수를 놓는 것이 아니다. 집을 차지하기 위해 고도의 수를 놓는다.

국가도 그렇다. 자국의 국익을 위해서는 수단과 방법을 가리지 않고 비열한 수를 사용한다는 것을 국민은 알아야 한다.

정치인들의 한심한 모습들, 국민의 경제는 고려하지 않고 개개인의 정치적 야망과 이익에 혈안이 되어 추잡한 작태를 되풀이하는데 혀를 내두르게 된다.

사드 배치권의 경우, 데모를 통해 미국에 많은 국익을 요구하지 않았을까 하는 생각을 해본다.

국민은 데모하고 국가에서는 국민의 소리를 대변하여 이익을 창출해 내지 않았을까.

앞으로 국민이 정신 차리지 않으면 우리나라의 앞날은 예측 불허이다.

지금까지는 어찌어찌 살아왔는데 베이비 세대가 정신력이 약하여 과연 나라의 큰 빚을 짊어질 수 있느냐가 중요 관건이다.

나라에 빚이 많으니 결혼도 안 한다 하고 자녀 부양에도 자신이 없어 독신자 숫자도 늘어간다.

　국민을 위하는 대통령은 자질이 부족하고 정치인들은 더하다.

　정치인이 되려는 자의 전문학교가 있었으면 좋겠다.

　대통령 또한 그렇다.

　자질 이하의 이념을 가진 정치 후보자들이 출마한다면 국민은 표를 주지 말아야 한다.

　대한민국은 국민 한 사람 한 사람의 뛰어난 기량으로 나라를 지켜가는 것이지 대통령이나 정치인들의 이념으로 가는 나라는 아닌 것 같다.

　국민은 이제부터라도 국민의 정치를 할 수 있게끔 의식을 넓혀 나갔으면 한다.

위급 상황 처세

음력 2월 천제를 지내면서 많은 대화를 주거니 받거니 이어가며 질문도 받아주었다.

예전 제자들이 이 광경을 보았다면 어떻게 질문을 받아주냐며 분개할 제자도 있을 것이며, 지금 공부했다면 두려움 속에서 공부하지 않았을 텐데 하는 여러 가지 추측이 난무할 것이다.

지금의 제자들은 질문을 던지면 받아주고, 잘못된 해석을 하게 되면 바로잡아 주지만, 예전의 제자들에게는 스스로 깨우치라고 질문을 받아주지 않았다.

영성공부 경험을 내놓는 제자들에게 이 말을 전하고 싶다.

영성공부할 때 수없이 일어나는 현상 중에 제자가 대처하지 못하는 경우가 종종 생기는데, 그중에는 신명들이 공부하러 올라가고 없을 때이다.

갑자기 신명들이 하늘로 공부하러 올라가고 없어 맥이 빠지거나 정신을 혼란시킬 때가 있는데, 이때는 제자들이 신명을 불러 어디에 있는지 알아야 한다.

그 이유는 하늘은 영성공부를 하는 제자들에게 가끔씩 긴박한 상황과 부딪치게 하는데, 그때마다 어떻게 지혜롭게 대처하느냐에 따라서 수준에 맞게 능력을 내려준다.

사람의 머리로 해결하지 못하는 문제는 하늘에서 내려주는데, 하늘의 기운을 알라고 주는 것이다.

인간이 하늘의 기운을 알고 시작하면 스스로 어려움을 개척해 나갈 수 있는 방안을 알려주며 성공의 열쇠를 쥐어준다.

영성으로 공부하면 위급한 상황을 만나게 된다. 위급한 상황을 스스로 해결해 나가면 영성 지능이 진화된다.

영성으로 공부를 시키는 것은 정신세계의 질서를 바로잡기 위해서이고, 내면의 영성 지능이 향상되면 순리적으로 살아가는 방법이 자연적으로 이루어질 것이다.

영성 지능 개발이 향상되지 않으면 내면의 지능은 뒤죽박죽되어 항상 거친 삶을 살게 될 것이다.

영성으로 공부하는 제자는 살아가다 긴급 상황에 부딪치면 하늘의 소리를 듣게 하여 지혜롭게 대처하는 방법을 내려준다.

지나간 경험 중에 긴박한 상황들을 이긴 내면에서 알려주었는데, 그 의미를 모르고 사고를 맞고서야 아는 제자도 있다.

이미 내 안에서는 긴박한 상황을 알려준다. 정신 차려! 하고 사건을 주었고, 그 제자는 긴박하게 사고 처리를 마무리했다고….

어떤 때는 왜 영성공부를 했나? 하는 부정적인 마음도 들어오고, 일이 잘 해결되면 영성으로 공부하기를 잘했다는 생각도 들어온다고, 웃으면서 이야기하는 천신제자들….

제자들이 이것을 알았으면 한다.

하늘은 수준에 따라 능력을 내려주기 위해 때때로 긴박한 공부를 준다는 것을. 선천시대에는 신과 통하여 일을 해결하였지만, 후천시대에는 한 사람, 한 사람이 신이기에 스스로에게 위급 상황으로 시험을 친다.

인간이 신인 후천시대의 공부는 긴급 상황을 어떻게 대처해 나가느냐에 따라서 수준대로 능력을 내려준다.

영성으로 공부하는 천신제자들은 후천시대 하늘에서는 제자들에게 어떻게 공부를 내려주고 있으며, 인간세계에서 크고 작은 일들이 벌어질 때마다 해결하는 능력으로 평가한다는 것을 명심해야 한다.

인간이 신인 후천시대의 공부 방식은 인간 스스로의 경험으로 평가하며, 세상 그 어느 것 거부하지 않으며, 동적이든 정적이든 행하고 경험하며 내적 내공을 쌓을 때 하늘은 수준에 맞게 능력을 부여한다.

보호령 교체

천신제자가 호소한다. 이러다가 직장을 그만두어야 하는 경우가 생기겠다고, 학교에서 문제가 발생하면 예전에는 바로 해결할 수 있는 대안이 나왔는데 지금은 일 처리능력이 두세 시간씩 늦춰진다고 하소연한다.

이제 때가 되었네요.

다음 주 일요일 보호령 교체합시다 하고 상담을 접었다.

나도 하늘과 상의해야겠기에 다음 주로 미뤘다.

하늘과 상의하였더니, 보호령 교체 허락을 받았다.

우주에는 보호령을 교체하는 행성이 있다.

보호령 교체 허가가 떨어지면 방법을 일러준다. 제자 수준부터 점검이 들어가고 보호령들도 다 같은 보호령이 아니기에 제자의 수준에 맞는 보호령을 행성에서 준비한다.

보호령만 교체하는 것이 아니라 지도령, 수호령, 셋을 교체하는데 번개 같은 에너지가 필요하다.

천기 내려주는 작업보다 더 까다로운 작업이라 그 시간만큼은 신명들과 상의를 초당으로 해가면서 뚝딱 끝내 준다.

개인적으로 제자들의 수호령, 지도령, 보호령 교체 시기가 오면 기쁘다. 놀지 않고 본인들 신명들과 공부를 잘하고 있었다는 증거가 아닌가?

또 어떤 제자가 삼신 교체해 달라고 들어올지 사뭇 기대해 본다.

뜬구름 잡는 에너지

 남자 제자 한 명이 뜬구름 잡는 신명에게 빙의 되어 오십 평생을 농락당하며 살아왔다. 본인은 어떤 신에게 빙의 되어 뜬구름 잡고 있는 것조차 모르고 있다.
 육신에 입력된 정보에 의해 움직이고 행하고 절망하고 무너지고, 그런 부분들이 명분이라는 단어에 가려 있어서 육신의 정보에 이끌려 고통받고 있음을 아직도 인지하지 못한다.
 지금 인간들은 육신(조상신)에 입력된 정보에 의해 희로애락을 경험하고 있음을 모르고 사주를 보러 다닌다.
 나는 육신에 입력된 정보들을 확인하여 제자들에게 항시 지적한다. 조상신도 육신에 입력된 정보이다.
 마지막 삶을 살러 나온 자들은 육신에 입력된 정보들을 찾아서 정리하지 못하면 3차원의 세계에 온 명분이 없어진다.
 3차원 세계에 왜 왔는지를 안다면 지금의 인간들은 안일하게 살아서는 안 된다. 신들은 육신의 옷을 입고 3차원의 세계에 와서 마지막으로 정리하고자 공부들을 원한다.
 육신에 입력된 정보를 찾아서 제자들 체를 통해 조상신들 공부 주어 해원시켜 준다.
 남자 제자가 남해 여행에 가서 뜬구름 잡는 신명을 해원시켜 주기를 바란다. 이유가 있어서 파장을 맞은 것이다. 원인 없는 결과가 어디 있을까? 결과 뒤에는 원인이 있다는 것을 제자들이 확실히 공부하기 바란다.

수행 등급

유튜브에서 정신적 지도자에게 질문하는 것을 들었다.

내 뜻이 사업하면서 영성공부를 하는데… 그것에 대한 질문을 던졌다. 정신적 지도자의 답변이 너무 식상했다.

영성공부는 영적 기감을 느끼게 해주고, 누가 들어왔는지 체험해주고, 결국은 둗티 나는 부분까지 몰아갔다.

유튜브를 통해 내보내는 질문의 답변이라면 본인의 인격 수행을 생각하고 발언해야 한다.

무엇을 얼마나 아는지 모르겠지만, 수행자 개개인은 생명을 담보 잡고 뼈아픈 수행들을 한다.

정신세계 지도자라고 자처하는 자는 산속에서 십수 년간 생활하고 세상으로 나와 보니 한심하기 짝이 없다는 치졸한 단어를 사용해 가며 교만을 난무한다.

본인 그릇만큼 공부들을 해나가는 것이고, 근기들은 타고날 때부터 다르게 태어난다.

정신세계 지도자라고 자처하기에 그 사람의 강의를 여러 번 들었다. 그리고 쓸 만한 수행자가 세상에 나왔네 하고 흥미를 가지게 되었다.

처음에는 그럭저럭 겸손하고 여러 사람들에게 진실을 전달하고자 하는 모습에 호감도 가지게 되었다. 그런데 가면 갈수록 말의 교만이 하늘을 치솟는데 불쌍하다는 생각이 들어온다.

수행자가 세상에 왜 관여를 하는가?

무슨 목적이 있어서 저토록 떠드는가?

영성공부를 지도하고 있는 자로서 토해 본다.

영성공부를 신통으로 치부하는 무례한 발언에 자타하는 자의 내면을 들여다보았다.

말이면 다 말이 아니다, 초심을 잃지 말라고 일침을 고한다.

그리고 나도 반성하는 계기가 되어 옆에 살얼음판을 몇 개 더 갖다 두었다.

공부하는 데는 모두 과정이 있고, 그 과정들을 이수하는 과정 중에 생기는 문제이다.

순순히 수행 정진하는 자들도 있고, 혹세무민하는 자들도 있다. 그리고 그들을 신뢰하고 따르는 자들도 그 나름대로의 공부이다. 수행은 쉽게 얻어지는 것이 아니다.

커닝해서 얻는 능력들은 결국은 나를 죽이는 거라는 것을 천신제자들도 경험을 해야 알 수 있다.

천신제자들은 많은 경로를 통해서 본인의 등급에 따라 신명과 통해서 신의 원력으로 신들의 일을 한다.

영성으로 공부하는 자들을 무당 수준 운운해 가며 표현하는 정신적 지도자라는 자의 인격을 의심한다.

지도자라고 자처하는 자도 결국은 천신제자이다. 몇 가지 예언을 하였다고 경솔하게 말하지 않았으면 하는 바람이다.

이렇게 감히 말하는 것은 나에게 선생님이 계셨기 때문이다. 내 선생님은 그 사람보다 더 뛰어난 능력자이다. 그런데도 선생님은 본인만의 세계로 들어가 폐인이 되다시피 하였다.

나를 지도해 주신 선생님과 지나간 선배들을 보면서 하늘 아래 있는 천신제자들은 경솔한 교만을 부려서는 안 된다는 것을 배웠다.

하늘에서 내려받은 능력을 본인의 능력으로 착각하고, 어느 날 내가 하늘이요 외치다가 교만 떨다 추락당한다.

하늘은 원력을 주고 지켜만 보신다.

어떻게 사용하고 어떠한 방법으로 다시 하늘에 돌려주는지….

천신제자에게 경솔한 교만은 금물이다.

아마도 이 부분을 확실하게 공부하지 않았다면 나 또한 나를 지도해 주신 선생님이나 앞서간 선배들처럼 하늘에 제적당했을 것이다.

영성공부는 나를 알아가는 공부이다. 육신에 어떠한 정보를 입력시켜 왔는가를 알아가는 것이고 깨닫는 것이다.

본인이 깨달은 공부만 전달하면 되지, 각자 수행하면서 지도받는 제자들에게 망탈은 하지 마시라고 정중히 부탁한다.

알고 있는 분이니 자중자애하여 말을 조심해 주면 지금보다 많은 사람들이 존경심으로 지도받을 수 있을 것이다.

근기만큼 하늘과 우주와 통하는 것이고, 지적 수준만큼 고급 영과 통하여 세상에 존재하지 않는 정보도 받을 것이다.

천신제자들은 상위 자아 근기를 높이고 상위 자아 지적 수준을 높여 영성 지능 개발에 힘썼으면 하는 바람이다.

신명의 원력 유효기간

천신들이 가지고 오는 원력은 아주 다양하다.

약도를 가지고 오는 원력, 예능신이 가지고 오는 원력, 사업신들이 가지고 오는 원력, 중재권을 가지고 오는 원력, 음악의 수많은 악기 재능을 가지고 오는 원력, 기타 등등.

수만 가지의 원력들을 인간세계에 가지고 와서 자손들이나 인연이 있는 사람들 속으로 스며들어가 그 사람에게 이로움을 준다.

21세기는 다양한 직업들이 많아서 신들도 예전처럼 단순하지 않다. 신들은 크나큰 원력을 가지고 오기도 하고, 작은 원력을 가지고 오기도 하는데 인간이 가지고 있는 내적 의식 수준에 따라 원력을 배분하여 크고 작은 혜택을 준다.

끝까지 가는 자와 중간 중간에서 진로를 바꾸는 것은 신명들의 유효기간이 각기 다르기 때문이며, 인간들마다 근기가 다르기에 목표를 정해 놓고 가는 자가 있고, 중간 중간에서 자리 이탈하여 새로운 것을 찾는 자가 있다.

신들은 인간들에게 원력을 주어 뛰어난 능력을 주기도 하고, 하는 것을 주었다 뺏어가기도 한다. 또 주어보기도 하고, 또 뺏어가고, 아님 인간에게 안착하기도 하여 인간이 하고자 하는 성공의 도착지까지 같이 가는 신명들….

인간은 신들이 가지고 오는 원력으로 잘난 척을 하며 산다는 것을 모르고 산다.

신들은 인간들에게 재능의 원력을 주기도 하고 사업을 잘 이끌어가게 하는 원력도 준다. 또한 영적 멘토를 하는 크나큰 신명도 인간에게 조건이 있어 인간에게 안착하기도 한다.

그런데 그 신명들은 유효기간이라는 시간을 가지고 오면서 인간들에게 여러 가지 원력을 사용하게 해준다.

인간들에게 일하고자 하는 바를 조건부로 걸고 재능도 주고, 명예도 주고, 권력도 준다.

신명들은 유효기간 있다. 인간이 내면과 합의가 안 되어 신명들이 원하는 것을 알지 못하면, 신들은 신명계로 돌아갈 때 주었던 명예, 권력, 재능, 기술, 재물들을 털어간다.

신명들이 인간들에게 원력을 주는 것은 공부 비용이다. 신들은 공부를 가르쳐달라고 자손들에게 원력들을 주어 자손이 원하는 것을 맘껏 밀어준다.

신명은 자손들을 맘껏 밀어준 만큼 조상신들이나 인신들 공부시켜 달라고 조건을 제시하였는데 우매한 인간은 교만에 빠져 본인이 잘나서 잘된 줄 알고 살아간다. 결국에는 원력을 가지고 온 신명들에게 다 털리고 만다.

신들은 원력을 주고 인간은 그 원력을 받아 사람답게 살아가는 것이다.

신들이 원력을 가지고 되돌아가기 전에 자손은 원력을 제대로 받아서 사용하고, 신명들이 원하는 공부를 시켜주기 바란다.

조상신은 공부시켜 주기만을 바란다.

반성하는 자세

아쉬운 것이 있다면 제자들이 반성을 잘 못한다는 것이다.
어디로 반성하느냐고 물어보면, 다들 머리로만 하고 있다는 것을 잘 모르는 것 같다. 머리로 반성하는 것은 겉으로 잠깐 하는 척 끝낸다는 것을….

머리로 반성하면 진도를 내지 못한다. 속 기운은 때가 끼고 무뎌져 반성도 타성에 젖어 하고, 내면이 어두워도 모른다.

지적하는 공부에 들어가면 합리적으로 미꾸라지처럼 빠져나가려고 한다. 그리고 지적하는 자를 시기하고 질책한다.

나는 반성의 공부에 들어갈 때 말이 반성이지 그야말로 지옥 같은 반성 시간을 갖는다. 뼈가 녹고 뼈가 갈라지는 아픔을 겪어본 사람만이 공감할 것이다.

나 스스로도 놀랐다. 아픔을 참을 수 있을 때는 아프다고 소리 지를 수 있고 눈물도 흘릴 수 있는 여유가 있다는 것을.

가슴속 깊은 곳에서 나오는 반성은 눈물도 고통의 소리도 입 밖으로 낼 수 없는 수치감과 죄책감으로 온 세포를 짓누르고, 세포마다 박혀 있는 탁한 기운들이 나오는 고통의 소리도 낼 수 없는, 뼛속에 박혀 있는 가면들은 소리조차 낼 수 없는 통증을 고스란히 심장에서 겪어내야만 하는 반성의 공부….

아프다고 소리라도 지를 수 있는 것은 행복이라는 것을 그때 알게 되었다.

심장 속에서 반성시켜 줄 때는 참을 수 없는 뼛속 고통을 소리도 낼 수 없게 한다는 것을 깨닫게 해주었다.

　참으로 하는 탄성은 심장에다 던져야 함을 알아야 한다.

　제자들에게 부탁한다.

　반성의 공부는 머리로 하지 말고 심장에서 하게끔 하라!

질량이 찬 기운에 밀려나가는 기본 신

독도에서 타전이 왔다. 약속한 부분들을 정리하자고.

제자 앞에서 독도에 들어가야겠다고 했더니 저도 데리고 가주십사 정중히 부탁이 들어왔다.

혼자 가야 하는 상황인데 동행을 자청하니, 일단은 가봐야 알겠다 싶어 대답해 주고 인터넷 배편 예약에 들어갔는데, 독도행 배편은 예약하기가 싫어져 울릉도 배편 예약과 차량 렌트 예약을 끝냈다.

새벽 2시에 출발하여 묵호항에 7시에 도착, 예약표를 선수권으로 교체받아 쥐고 있는데 안내방송이 나왔다.

배가 출항하려 하니 승선 준비를 해달라고.

배를 타면서 이제껏 없던 걱정이 슬며시 들어온다. 뱃멀미를 어떻게 감당해야 할지, 내심의 걱정을 뒤로 보낸 채 배에 올라탔다.

선원에서부터 출발 조시가 안 좋아 더더욱 마음이 무거웠다. 출항한 지 30여 분이 지나면서 슬슬 멀미 기운이 온몸으로 들어온다.

그리고 독도에 있는 나의 가솔들에게 고맙다고 해주었다. 10여 년의 약속을 잊지 않고 진행해 주어서.

출발하면서 이제껏 경험하지 못한 배앓이와 구토로 감은 잡고 있었고, 운전도 못 할 정도로 참을 수 없는 고통을 감내하기 어려워 따라오는 남자 제자에게 운전대를 넘겨주었다.

이래서 제자가 동행되었구나!

두어 시간 감내하기 어려운 고통을 참아가며 묵호항에 도착하니, 고통은 순간에 없어져 버렸다.

배에서 3시간가량 멀미를 참아가며 울릉항에 도착. 그런데 그렇게 심했던 뱃멀미가 입도하자마자 언제 그랬냐는 듯 배고프니 밥 먹으러 식당 갑시다 한다.

우리가 내린 항구는 사동항인데 밥을 먹을 수 있는 식당은 도동항에 많아서 배고픔을 참으며 도동항으로 이동하고, 나는 독도와 울릉도와 나와 동행한 제자를 위해 메뉴를 검색했다.

3층에 있는 한적한 식당에 자리 잡고, 메뉴를 주문한 뒤 작업에 들어갔다.

독도 들어가는 표를 왜 끊지 못하게 했냐고 물어봤더니, 우리가 나오는데 고생하며 오실 필요가 있냐고. 그건 고맙다고 감사를 전하고 10년 동안 내가 한 약속을 지키러 왔다고 전달하니, 우리도 줄 것이 있다고 주거니 받거니 합시다 하는 에너지체들의 대화가 감사해 밥을 아주 맛있게 먹어주었다.

신시에 제자를 숙소에서 데리고 나와 에너지체들이 기다리는 장소로 이동하면서 제자에게 많은 이야기를 전달해 주었다.

천신제자가 하늘과의 약속을 지키면 큰 에너지체들은 준비를 하고 있다.

영적 내공을 채우는 영성공부를 못 한 사람들은 이 맛을 알 수도 없거니와 의미도 전혀 알 수 없음이다.

나는 수십 년간 영적 내공을 채우고자 생명을 담보로 하는 수행을 수도 없는 과목들을 통해 이수하였다. 그중에 내 자신을 죽이는 수행이 제일 어려웠다.

나는 우주만물의 음양 이치를 오늘에서야 얻었다. 그리고 실행하였더니 영적 내공은 무한히 개발되어 이제는 생각만으로도 가능한 것들이 많다. 같이 독도에 동행한 제자에게도 선물을 주어 보냈다.

이틀 동안 기본 신이 지랄을 치더니만 감사합니다, 정중히 인사하고 돌아갔다.

질량이 꽉 찬 에너지 자체가 밀고 들어오니 질량의 수준이 낮은 기본 신은 표적으로 사람에게 신호를 주고 밀려나간다.

신호라는 것은 사람에게 숨어서 인간 행세를 하고 살다가 밀려나가니 주변 사람들에게 그 억울함을 언행으로 속 풀이 할 만큼 해주고 돌아가는 것이었다.

이번 독도행에 따라온 제자는 앞으로 더 각별히 수행에 신경을 써야 할 것이다.

선원 가족들

혼자서 선원 규모를 키워나갈 수 없어 영성공부 지도받는 제자 중에 타진을 한다.

아무나 가족으로 받아들이는 것이 아니라 정신세계에 지도자 신명이 들어 있거나 교육 신들이 좌정되어 있으면 스스로 선택을 하게끔 한다.

가능성이 있다고 영성 지도자가 되라 해도 본인들이 싫으면 할 수 없고, 서서히 공부를 지도받다 보면 스스로 선택의 기회를 준다.

영성지도자는 홍익인간 이념을 바탕으로 둔다.

내가 홍익인간이 되어야 남을 홍익인간으로 만들 수 있음이지, 지도자가 되려고만 하는 욕심은 하늘에서 주지 않는다.

지금은 이념을 맞추어가고자 하는 가족이 몇 생겼다.

내가 운영하는 선원은 이익을 창출하는 곳이 아니다. 사람들 개개인의 정신세계 활용 방법을 터치해 주며 교육시켜 주는 곳이다.

하늘은 돈을 원하지 않는다. 마음을 원한다.

하늘의 대변자를 만들기 위해 하늘은 많은 노력을 기울인다.

하늘의 대변자가 되기 위해서는 홍익 이념이 바로 서 있어야 한다.

타인들과 불편한 상황을 만들어서도 안 된다. 하늘은 다 같이 잘 어울려 노는 것을 원하기에 교만함과 아집, 아만, 이기심은 혼자만이 가지라고 한다.

생각의 겸손함과 나를 낮추는 자세를 우선으로 하며, 이념을 갖추고자 항시 자세를 바로 하여야 한다.

　몇십 년 동안 선원을 운영해 오면서 재물하고는 거리를 멀리 두고 살아왔다.

　나의 바른 수행과 선원에 오시는 손님들과 영성공부하러 오는 제자들에게 언제나 최선을 다하였다.

　모른다는 것과 안다는 두 단어를 위해 몇십 년 수행을 게을리하지 않았다.

　수행의 급수가 오르면 오를수록 변명이란 단어는 접수가 안 되는 차원계에서는, 천신제자여! 질문한다. 두 가지 단어만 사용되는 차원계의 수행은 철벽 그 자체이다.

　100에서 1을 모르면 모르는 것이다. 나는 지금도 100에서 1을 물어서 모르면 전부 모른다고 답한다.

　차원계가 높으면 높을수록 실수에 용납이 따르지 않으며, 구구한 변명은 질책이 따르기에 질문에 답은 압니다와 모른다 외 단어는 허용이 안 된다.

　나는 이와 같은 공부를 할 자를 찾는다.

　하늘의 대변자는 주어지는 보상도 크지만, 만에 하나 인간의 마음으로 한다면 그 실책은 본인이 다 떠안아야 한다.

　앞으로 다가오는 세상은 눈 깜짝할 새이다.

　지금까지의 세상은 워밍업 단계였다는 것을 알게 될 것이고, 하늘의 대변자는 마음만 먹으면 이뤄지게 할 수 있는 내공을 얻게 된다.

후회 아닌 후회

영성공부를 지도해 주신 선생님께 고백한 적이 있다.

뒤를 돌아보니 후회 아닌 것이 없다고, 지금부터 후회되는 부분들은 가급적 안 하도록 노력하겠다고. 고백 아닌 고백을 했더니, 선생님이 운영하는 홈페이지에 나의 후회를 기록으로 올려주셨던 기억이 오늘은 눈물로써 반성을 준다. 그리고 감사했다.

하늘에서 나를 키우고 계시다는 것을 그제야 알게 되었다.

왜냐하면 선생님은 제자들의 그 어떤 것도 당신의 홈페이지에 올리지 않는 분이었다.

철저하게 하늘과 통하면서 각기 천신제자들에게 내려주는 공부를 받아서 우리에게 혹독하게 주셨다.

하늘은 천신제자들에게 공부를 한 가지라도 허술하게 주지 않는다는 것도 선생님을 통해서 알게 되었다.

하늘과 통해 영성공부를 하는 자는 하늘에서 보호한다는 것도 그제야 알게 되었다.

영성으로 공부하는 자들은 3년이 지나면 12천신 회의를 통해 보호령을 바꾸어준다.

3년 동안 나 죽었소 하고 죽어라 해야 한다는 것도 천신들의 회의에서 알게 해주어 친인척, 친구들, 지인들과 모든 연락을 끊었다.

3년 동안 어떠한 공부인지 알려고 하지 말라고 나의 천신교관들이 알려주기에, 그렇게 하겠다고 약속하였고, 3년 동안 배우러 들어왔지 알려고 들어온 것이 아니다라고 마지막으로 하늘에 선언하고 미친 듯이 나 자신의 수행에만 전념하였다.

그렇게 선언하였더니 하늘과 우주에서 관심을 가져주었고, 엄청난 내공들을 쏟아주었다는 것을 시간이 지나면서 알게 되었다.

지금은 알지 못하고 지나면 알게 해주는 반성의 공부들을⋯.

슬며시 살아생전의 아버지가 생각난다. 그리고 지금껏 영성으로 공부를 지도받고 나간 제자들도 생각이 난다.

또다시 묵직한 반성을 한다. 나는 하늘의 대변자로서, 신명들 대변을 해준다면서 나의 기량도 섞여 있었음을 아버지를 생각하면서 알게 되고, 앞으로의 방향을 잡아보며 반성한다.

나에게 영성공부를 지도받다가 공부 그만하겠다고 나간 수많은 제자들에게 전화든, 메시지든 한 번도 연락을 취하지 않았다. 10년 넘게 공부 받던 제자들과 정이 들어 보고 싶어도 문자도 못했다.

나를 지도해 준 선생님이 그렇게 하였기에 나도 그렇게 하는 것이 지도해 준 선생님에 대한 예의라고 생각했었고, 더 중요한 것은 하늘에서는 나간 제자들에게 일상적인 안부 전화하는 것을 허용하지 않았다.

왜?라고 물었더니, 하늘과 수없이 통하여 공부를 내려주었는데, 인간이 자신을 이기지 못하고 하늘과의 약속을 어겼다.

자기 자신을 믿고 하늘을 믿고 가는 방법을 수없는 방향으로 틀어가며, 하늘은 천신제자 육성을 게을리하지 않았다!

천신제자들에게 자신의 신들을 이겨나가라고 영성공부를 내려주었는데 자신을 이기지 못하고 나간 제자들을 보호할 필요가 없다는 천둥 번개와 같은 명을 받았다.

그렇게 명을 받은 세월이 15년 지났다.

15년 동안 공부 지도받고 나간 제자들과 안부 전화 없이 오늘 이 시간까지 왔다.

'돌아가신 아버지 보고 싶다' 하는 마음이 물밀듯이 들어온다.

눈물이 시야를 가린다.

아버지!

아버지!

소리 내가며 불러보지만, 안 계시다.

그리고 나에게 공부를 지도받고 나간 제자들 몇몇이 생각난다.

오늘의 마음을 하늘에 청해 본다.

역시나 거절이다.

앞으로 나의 기량을 놓는 공부를 해달라고 청해야겠다.

세월이 지나, 그때 가서 후회 아닌 후회라는 문장은 사용하지 말자!

영과 혼

여제자가 영혼에 대해서 질문을 해왔다. 영혼이 무엇이냐고.

인간이 지구상에 태어나기 전에는 영으로 존재한다.

그리고 지구에 내려가면 어떠한 삶을 경험하고 돌아올지 영의 세계에서 결정한다.

단순 영은 지구에 처음 내려왔을 때는 단순 영이라고 지칭해 주고, 지구에 여러 번 방문하였다면 복합 영으로 변화하여 영적 진화를 원한다.

영과 혼을 나누어야 영혼이 무엇인지 알 수 있다.

영은 지구상에 목적이 결정되면 염색체를 정리한다.

모든 것이 결정되면 인간세계의 신을 찾는다.

나의 영은 어디를 통해서 지구촌과 도킹해야 하는데 이것을 인간세계에서는 부모라고 지칭한다.

부모를 결정하고 정자와 난자가 결합하여 어머니 자궁에서 9개월 넘게 있다가 세상에 "응애" 하고 큰 울음을 내면서 지구촌으로 입성한다.

자궁에 있을 때도 아직은 영이다. "응애" 하고 울음을 터트리면 그제야 영이 애기의 세포로 진입하면서 영혼 합일을 시작한다. 이때 비로소 영혼 합일이 이루어지는 것이다.

인간세계에서 내적 진화 성장하기 위해서는 영이 성장해야 한다. 그러나 하늘은 먹고살기 급급한 현실세계에서는 내적 성장을 할 수 없다고 말한다. 나 혼자만의 삶의 지식과 상식만 존재할 뿐, 내적 성장은 이룰 수 없다.

  내가 지구상에서 할 일을 다 마치면 영이 먼저 육체에서 나온다. 영이 먼저 나오고 혼은 인간이 숨을 거두기 직전 분리된다. 육신은 지수화풍(地水火風)으로 돌아가고, 영과 혼의 분리는 숨을 거두기 전에 이루어진다.

책 읽는 방법을 지도하다

　제자들이 영성공부 시작하겠다고 입문한 첫날, 빼먹지 않고 영성공부에 대해서 지적해 주는 말이 있다.
　지금부터 책은 읽지 마시오. 그리고 왜!라는 단어와 친구가 되는 공부부터 시작하세요. 영성공부는 왜!라는 말이 공부의 시작입니다.
　왜?라는 단어 공부부터 시키는 것은 정보를 바꾸어주기 위함도 있고, 영을 성장시켜 주기 위함도 있다. 제자들이 자신을 믿는 방법을 모르기에 지금껏 방황하고 다니게 된 이유를 한 가지씩 깨우치라고….
　책 읽는 방법은 어느 정도 기초 단계가 끝나면 가르쳐준다.
　그래서 일요일, 제자들에게 책 읽는 방법을 일러주었다.
　내가 쓴 글은 나만이 알 수 있는 것으로, 혹여 회원님들이 내가 쓴 글을 읽더라도 수박 겉 핥기식으로 읽어 내려갈 뿐이다.
　문장 속에 어떠한 선물이 들어 있는지, 또 어떠한 지뢰를 숨겨놓았는지, 아픈 병자는 이 글을 제대로 읽고 이해만 해도 병이 낫고, 집안일이나 개인적인 일들이 제대로 풀리지 않는 자들도 내가 쓴 글을 제대로 읽을 줄만 안다면 일들이 술술 풀리는 온갖 조화가 숨어 있다.
　세상 사람들은 책 읽는 방법을 제대로 배우지 못하여 책 저자들에게 빙의 되어 저자들 대변인 노릇을 해주고 있다.
　주위에서만 봐도 내가 쓴 글도 아닌데 서로 본인이 읽은 책의 내용이 맞다고 언쟁을 벌이는 광경을 목격하게 된다. 또한 왜!라는 공부들을 안 하여 종교단체, 기수련 단체, 온갖 정신세계를 돌아다니면서 들었던 내용들을 내 것인 양 떠들어댄다.

나란 존재 가치를 높이려 하지 않고 쉽게 누군가에게 떠맡기려는 종속을 더 원하는 것 같다. 이유를 찾아보면 게으름이라는 게으름의 에너지에게 놀자 하고, 책임지기 싫어하는 성장 미숙아의 에너지에게 눌림을 당하고 있다는 것을 모르고 있다.

앞으로 현대인들은 영성으로 살아가야 된다.

우리나라의 경제 성장은 젊은이들에게 달려 있는데, 베이비붐 세대들이 젊은이들에게 지적 정신을 심어준 것이 없어서 나라가 이리저리 힘없이 끌려가고 있다.

베이비붐 세대들이 듣는 귀를 발달시켜 주었더라면, 또 왜!라는 공부를 제대로 가르쳐주었다면, 도한 책 읽는 방법을 제대로 가르쳐주었다던 우리나라가 이렇게 주변 강대국들에 줏대 없이 끌려다니지 않았을 것이다.

1년 동안 책 읽는 방법을 계속 지도해 주어야 제자들이 다른 사람들에게 전하지 않을까 하는 욕심을 가져본다.

왜!라는 공부와 책을 읽는 방법은 영성 멘토에게 질문을 던져가며 배워야 한다.

내가 행하되 하늘이 평가한다

부모는 부모의 자격을 갖추도록 자연과 한 몸이 되어야 한다.

힘들다고 자녀들에게 나의 힘든 부분들을 감당시켜서는 안 된다.

자녀들은 부모의 자격이 있는 자에게서 충분히 사랑받으면서 인성교육과 여러 종합적인 교육을 받을 권리가 있고, 부모는 양질의 교육을 시킬 의무가 있다.

부모들에게 주는 경제권은 자녀들도 받을 권리가 있다.

경제권은 하늘에서 자녀들 교육시키라고 선불로 내려준 것인데, 부모들은 본인들이 잘나서 돈을 번다고 생각한다.

하늘에서는 자녀들의 교육비 몫을 선불로 부모에게 맡긴다. 그리고 그것으로 양질의 교육을 시키라고 경제적으로 여유를 준 것인데, 부모는 그것을 자녀 교육비로 다 사용하지 않고 집 사고, 땅 사고, 증권투기하고, 고급차 구매하고, 사치로 낭비하고… 기타 등등, 개인 경비 지출로 더 많이 사용한다. 그렇다고 다 그러하다는 것이 아니라 대체적으로 그렇다는 것이다.

부부가 자녀 문제로 상담하는데, 이 부부는 부모 자격이 전혀 없는 인간들이다. 자격이 없는 자들이다 보니 본인들 자랑만 한다.

건강이 안 좋아 주로 자식들에게 짜증을 내고 일방통행을 한단다.

건강이 안 좋으면 자식들에게 함부로 해도 된다는 법이 있는가?

부모의 건강이 안 좋으면 자녀들에게 더더욱 부드럽게 해주어야 아이들의 인성이 비뚤어지지 않는다는 것을 너무도 모른다.

심신이 건강하다면 본인의 주장도 맞는다고 접수한다.

그런데 본인의 잘못된 내적 구성원으로 건강이 안 좋아졌다면 사고방식을 다듬어보는 반성의 시간을 가져야 하는데, 나는 잘하는데 자녀들이 부모의 마음을 몰라주고 마음대로 한다고 눈물을 흘리며 하소연하는 여자가 너무도 괘씸하다.

부도가 마음대로 사는 것을 가르쳐주어서 그것을 보고 자란 자녀에게 섭섭하다고 하는 부모의 아만은 또 무엇인지?

자녀는 부모의 모든 것을 보고 자란다. 자녀들이 본 대로 하고 있다는 것을 느꼈으면 한 번쯤은 생각해 봐야 하지 않을까?

내 무덤 내가 팠다고 자녀들과 함께 대화로 풀어가면, 자녀들은 언제든 제자리로 돌아오는데 부모는 자녀들에게 자업자득이란 말을 사용하고 싶지 않은가 보다.

다 내 자업자득이다 하고 반성하면 되는데… 그리고 자녀들에게 미안하다고 사과하면서 조금씩 진도를 내면 자녀들은 서서히 가정으로 되돌아온다.

행(行)은 내가 똑똑하게 했다고 하지만 그것은 상대가 평가한다.

주변 사람들이 평가해 주지만, 결국은 하늘이 평가한다.

평가치의 방식은 인간들마다 다르지만, 부모가 정신을 덜 차렸다고 평가받게 되면 자녀는 계속 부모 곁을 이탈하게 되고, 사고 치는 범위도 더 넓어지게 된다.

인간들의 행은 하늘이 평가한다.

하늘의 환수

영은 지구촌에 인간으로 태어나 많은 경험을 한다.

사람들 개개인마다 우주의 질량 속에서 작은 씨알로 10달 있다가, 지구촌에 나가야 하는 삶의 굴레판이 다 짜이면 10개월 못 돼서 작은 생명의 씨알은 태동을 준비하여 대우주에서 3차원인 지구촌으로 도킹하게 된다.

인간의 작은 씨알은 부모 품에서 보호받으며 즐거운 시간을 보내고 학업도 정진하며 어른이 되어갈 준비를 한다.

나 또한 우주에서 3차원인 세계로 오고자 엄마의 양수인 우주 속에서 10개월 준비하고 태어남과, 다시 우주로 돌아갈 삶의 굴레판을 짜서 지구촌으로 삼신을 대동하여 3차원으로 이동하여 왔다.

지나간 삶의 굴레들을 돌아보면 참으로 많은 애환이 있었다.

나는 그 애환들을 삶의 게임으로 받아들여 문제가 발생하면 수학 문제 풀듯 과감히 풀어낼 땐 과감히 풀어내고, 부딪치는 문제들이 작으면 작은 대로, 어떨 때는 코사인 문제가 떨어지고, 탄젠트로 풀어야 할 문제가 떨어지면 탄젠트로 풀어갔다. 루트로 풀어야 할 때는 나에게 많은 희생을 요구하였다.

3차원에서 살려면 세금들을 내야 하는데 내지 않으면 세금 추징을 당한다. 전기요금, 자동차세, 교육세, 유류세, 재산세, 전화통신 요금, 국세, 지방세, 직업마다 내는 추가적인 세금도 있다.

3차원인 지구촌은 3·4차원계가 동시에 존재하기에 하늘세계에서도 우리에게 세금을 환수한다.

그중에 봉사도 있고, 신명 여행도 들어 있고, 능력 기부라는 것이 바로 하늘에서 만들어낸 신종 언어이다.

능력 기부도 하늘에서 환수하고 있다.

내가 가르치는 영성공부는 환수공부를 가르치고 있는 것이다.

하늘에서도 세금을 내라고 한다.

왜?

신명들이 인간들을 도와주고 있기 때문에 세금을 내지 않으면 그만큼의 불이익을 당한다.

3차원인 인간세계에서는 세금을 안 내면 전기도 끊기고, 전화도 끊기며, 차도 압류당하며, 재산세를 내지 않으면 압류가 들어간다. 부가가치세를 안 내면 어떻게 하는가?

지구촌에서 세금을 내지 않고 산다면 거리의 노숙자가 된다. 아님 국가의 수배를 받는다.

하늘법도 그렇다.

하늘에서도 같은 세금을 환수하는데, 미련한 인간들이 그것을 모르고 있기에 왜 어려움을 겪고 있는지 모른다.

조상 덕을 보고 가는 자손, 사람으로 태어나면 누구나 전생이라는 것이 있다. 다만 그 전생을 모르게 봉인되어 있어 알려고 해도 알 수 없다.

전생의 봉인을 풀 수만 있다면 그 사람은 미래도 알 수 있다.

선원에 상담하러 오는 사람들 중 조상 덕을 보고 살아가는 자를 만나게 된다.

조상 덕을 보고 살아가는 자는 길거리 식당에 영양탕 간판을 피해 가라고 한다. 왜냐하면 조상이 개로 환생하는 일이 종종 생기기 때문이다.

때론 성인이 짐승으로 환생하기도 한다.

조상의 덕을 보고 살아가는 인간들은 영양탕은 금기하라는 주의를 받았음에도 불구하고 먹어 크고 작은 일들을 겪고 와선 고백을 한다.

먹지 말라는 말을 무시하고 먹은 죄를 톡톡히 치렀다면서 다시는 안 먹겠다고 약속한다.

조상들이 개로 환생하는데, 조상의 덕으로 살아가는 자들은 삼갑시다.

하늘은 한 번 사용한 것은 또다시 재사용하게끔 권장한다. 그래서 중고시장이 성행하고 있다.

쓸 만한 물건은 버리지 말고 필요한 사람들이 재사용하도록 물건 보시를 하자.

물건에 집착의 기운은 주지 말고, 그 집으로 가서 아무런 해가 되지 않게끔 막연한 마음으로 중고물품 사용자를 찾아 분가하자.

참신과 가신

사람들에게는 누구나 참신과 가신이 존재한다. 참신과 가신이 항시 옆에서 인간의 뇌를 조정하고 있는데 인간은 그것을 알려고 하지 않는다.

참신과 가신이 주는 정보를 판단할 수 있는 지혜가 부족하면 일평생 헷갈리는 정보망에 허우적거리다 돌아간다.

참신이 원하는 것은 무엇일까?

하늘에서 나에게 원하는 것은 무엇일까?

하늘의 마음을 안다면 참신의 마음을 알 것이다.

하늘은 절대로 순순히 주는 법이 없다. 꼭 함정을 파놓는다. 그 역할은 가신들이 맡는다.

신들마다 맡는 역들이 있는데 가신들의 역할이 찬란하게 움직이고 있기 때문에 인간은 번뇌와 고민을 달고 산다.

참신과 친하게 지낼 때에는 즐거움이 도처 곳곳에서 기다린다.

반성시키는 에너지

불현듯 반성이라는 단어가 떠오른다. 올바른 반성은 반성하게끔 도와주는 신명이 내려와야 할 수 있다.

인간이 알고 있는 반성이 아니다. 네 안의 신령스러운 기운이 반성의 에너지를 보내주면 제자들의 수준에 맞게끔 신성들의 에너지가 반성이라는 기운으로 감돌면서 세세하게 세포를 바꾸어준다.

신령스러운 에너지가 반성의 에너지를 감싸주면 제자는 갑자기 눈물을 흘린다. 인간이 흘리는 눈물이 아니라 신들의 반성 눈물이기에 그 순간 세포는 묘한 반응들을 한다.

세포에는 수만 가지 정보가 입력되어 있다. 묵은 세포가 소멸되면 그 자리에 새로운 세포가 자리 잡는다. 그러한 과정을 반복하면 제자는 내면 의식 구조가 바뀌어 새로운 정보들을 내려받는다.

새로운 정보로 입력된 세포는 항시 그 자리에 있는 것이 아니라, 제자의 정신과 지적 열량에 따라 수시로 바뀐다.

제자들아! 자연의 문리가 터져야 한다. 자연의 문리를 터트리려면 조상신들을 분리시켜야 하며, 영성공부는 조상신명 분리시키는 데 매우 빠르다.

조상 천도재로는 인간의 세포에 박혀 있는 생각들을 정리할 수 없다. 영성공부하면 조상신은 충분히 분리시킬 수 있다. 자연의 문리가 터지려면 3년은 입 다물고 조상신 공부에 전념해야 한다.

인성을 제대로 갖추지 않고는 제자들 자신의 정신계 신명들을 공부시킬 수 없다.

하늘 무게 측정

인간이 자신의 하늘 무게를 달 수 있다고 하면 믿을까?

인간마다 하늘 무게가 있는데, 영적 감각을 잃었기 때문에 하늘 무게를 느끼지 못한다.

사실 하늘은 엄청 무겁다.

영혼신들이나 조상신들 정리해 주는 단계에서 하늘 무게를 측정할 때가 종종 생긴다.

세포 속의 인자들을 한 개씩 정리하지 않으면 인간은 태어난 기본 발판으로만 살아간다.

사주에 3개의 천신과 4개의 지신을 대동해서 지상계에 내려선다.

子 丑 寅… 그 속에 지장간이 있는데 지장간 속에 숨어 있는 것은 사람들의 숨어 있는 욕망이고, 각자의 복병들의 신이다.

인간은 사실 사주의 3%도 활용 못 하고 영의 세계로 돌아간다.

한 글자에 숨어 있는 신들 세력은 대단하다. 그 부분을 건드려서 터트려주는 자를 못 만나 인간들 대부분이 혼란을 거듭한다.

천간에 있는 3자, 3자의 무게가 얼마나 되는지 세상 사람들은 아무도 알려고 하지 않았고 지금껏 역사가 흘러왔다.

3자의 무게가 무섭고 크다는 것을 알았다면 인간은 그렇게 안이하게 살지 않을 것이다.

세상 살기가 매섭고 춥고 힘들다고 투정 부리는 인간이 있는가 하면, 가자! 앞으로 가다 보면 길이 안 보이겠나 하고 여러 사람들을 이끌어 가는 지혜의 신을 앞장 세워서 운명을 개척하는 인간도 있다.

이거다 저거다 말은 못 하지만 인간 각자의 근기에 맞게 제각각 표현하지만 정말 중요한 것은 내 하늘은 어떤 것인지 찾으려 하지 않는다는 것이다.

내가 처음 하늘 무게를 알았을 때 멍~ 멍 때렸다.

알 수 없는 무게에 짓눌려 앞으로도 뒤로도 오가지 못하는 상황에서 정지, 몇 분을 그 자리에서 꼼짝도 못 하고 있었고, 어느 날 더 심한 상황까지 경험시키더니 그것이 너의 하늘 무게이니라!라는 소리에 깜짝 놀랐다.

발이 있으니 걸어 다녔다고 생각했지 하늘 무게는 생각도 못 해 본 것이어서 의외의 메시지에 순간 당황하였다.

그리고 그 이후 몇 차례 무게 공부를 받았다.

사주팔자의 천간에 있는 3자의 신들 무게는 영적 공부 속에서 알 수 있다.

그동안 제자들 공부 지도해 주면서 하늘 무게라는 단어를 가르쳐 주지 않았는데, 남자 제자가 소감을 내놓기에 이제는 하늘 무게를 세상에 내놓아야 할 때가 되었구나 해서 알린다.

제 5 장

약초 농사지으며

자연의 물리가 터지려면
모든 것을 먹을 줄 알아야 한다

　발효 효소에 관심이 많아 여러 지인들을 만나 효소와 약초에 대해 많은 정보를 주워 담고, 나름 독자적으로 시험 삼아 그네들이 안 해 본 방법으로 실행해 보았다.
　초보 시절에는 약초를 알 수 없는 초보 단계 수준이어서 인터넷으로 주문하기도 하고, 강원도 정선 오일장에 가서 손수 약초를 구입하여 효소를 만들었다.
　때론 재래시장에서 구입하였고, 심마니들에게 약초를 구입하여 효소를 담가 저장하였다.
　중간 중간 얼마만큼 발효되었는지 확인차 종류대로 내용물을 테스트해 보았는데 많은 종류가 실패였다.
　인터넷으로 주문한 것과 재래시장에서 주문한 것 그리고 오일장에서 구입한 몇 종류들이 발효율이 떨어진 것을 알게 되었다.
　원인 파악에 들어갔고, 지인들에게도 자문을 받아 원인을 찾아냈다. 원인은 자연 속에서 자란 약초들로 효소를 담궈야 한다는 것이다. 3년 만에 알게 된 사실이다.
　약초 주변에 제초제를 뿌리거나 비료를 준다거나 병충해를 잡기 위해 화학소독을 하게 되면 효소는 발효가 안 된다는 것을 알게 됨에, 천연효소를 얻기 위해 스스로 약초를 재배하기로 결정하였다.
　그렇게 해서 국립 수목원 자락 옆인 죽엽산에서 산 약초 농사를 짓게 되었다.

처음 산에서 농사를 지으려니 마땅한 농사 장비가 없어 기초 장비인 호미, 괭이, 곡괭이 등등을 구입하였다. 곡괭이로 땅을 파헤치고 수많은 돌멩이들을 파내어 흙을 부슬부슬하게 만들어 괭이와 호미로 밭을 만들어, 쉬운 것부터 씨앗과 모종을 구입하여 시험 재배를 시작하였다.

시간이 흐를수록 제법 농군의 흉내를 낼 정도로 완숙한 농부가 되어가고 있을 즈음, 어느 날 자연의 물리가 터짐을 받았다.

자연의 물리가 터지는 날 대우주의 천지가 진동함을 맛보았고, 나도 모르게 서러움의 눈물을 흘리고 말았다.

서러운 눈물이 반이요, 감사한 눈물이 반이요, 인내의 극치가 무엇인지 맛보게 해준 눈물이 반이요, 천신만고 끝의 눈물이 반이요, 환희의 감사한 눈물이 반이요, 도망가고픈 마음 잡게 해준 눈물이 반이요, 미친년 소리를 들음에 양쪽 귀 막아 눈물로 닦아준 그 눈물이 반이요, 최악의 상태로 몰아감어 무딘 마음을 눈물로 닦아준 시간들이 반이요, 자연의 물리 터짐은 죽음보다도 더 어렵다는 것을 눈물로 흘려준 시간들이 반이요, 수행함은 내 목숨에 연연하면 안 된다고 일러준 눈물들이 반이요, 결국은 반성함을 눈물로써 깨달음을 일러준 눈물이 반이요, 순수한 눈물이 나를 소생함을 알려준 눈물들의 시간이 반이요.

그렇게 하여 자연의 이치를 깨닫게 되었고, 자연의 이치를 깨닫고 나니 우주의 둘리가 터졌다.

당뇨약 만드는 중

간과 신장에서 오는 당뇨병 약을 만드느라 21일간 약초와 물과 불과 씨름하였다.

당뇨는 어느 장기가 약하면 제반증세로 따라 들어온다.

당뇨에 안 걸리려면 하늘과 친구 되면 되는데, 대부분의 사람들은 하늘과 친하려 하지 않고, 수준 낮은 곳과 놀려고 하고, 복잡한 것은 싫다 하고 편하게 시키는 대로만 하려고 한다.

육신에 입력된 정보대로 착실하게 실행하는 사람들은 답답하다. 영성 지능을 개발하러 온 내 본체를 키울 생각은 안 하고 육신의 (조상신) 정보에만 놀아남을 모른다는 것이 측은할 뿐이다.

병도 육신에 입력된 정보가 있어 집착으로 오는 것이 더 많다.

당뇨병은 특히 더하다.

본체에 입력된 정보를 알면 육신의 병에 대한 정보를 지울 수 있으며 병에 대한 면역성도 키울 수 있다.

사람은 태어나기 이전에는 에너지체로 존재한다.

에너지체가 지구촌에 와서 활동하려고 3차원의 세계에서 육신의 옷을 입고 신명들의 사명을 한다.

나는 영성공부를 지도할 때 육신에 입력된 정보를 지적하며 영성 지능을 개발시킨다.

육신의 정보가 해제되어야 본체 공부가 들어갈 수 있다.

병들은 육신의 정보만 지우면 자연적 사그라짐이다.

하늘과 친구 되어 즐거운 삶을 살아가자.

당뇨약 완성

드디어 당뇨약 완성.

처음 3일 동안은 몸살로 힘들었다. 혼자서 약재를 씻고 솥에 물 받아서 네 시간씩 약재를 물에 우려내는 작업이 하도 길어 왜 이 고생을 하나 싶은 마음을 이겨내 가며 불과 씨름을 거듭해 나갔다.

30년 된 뽕나무와 말뼈와 노봉방, 하수오, 옻나무, 그 외 약초들이 약을 만들어달라고 전파를 보내 거절할 수 없어 또 다시 진옥고를 만들기로 결정했다.

사실 진옥고를 만드는 작업은 쉽지 않다. 일일이 약재들을 잘 선별하여 약재마다 네 시간에서 다섯 시간 푹 고아야 한다.

작년 11월에 진옥고를 만들면서 다시는 진옥고를 만들지 않겠다고 했는데, 주변에 당뇨로 고생하는 사람들이 있어 약 만들기를 결정했는데 이번에 만드는 약은 앞으로 더 이상 만들지 못한다.

이 약을 만들려면 말 한 마리를 사야 하는데, 그것도 쉬운 일이 아니라 인연이 있는 자에게만 이 약의 순서가 갈 것 같다.

오랜 시간 달여서 양이 많지 않지만 약성만큼은 잘 나왔다.

경옥고를 만든다는 생각만 하면 머리에 지진이 나는데, 약재들이 약 만듭시다 파장을 보내오니 약재들의 파장에 손을 들어주는 나도 대견하다.

간에서 오는 당뇨와 위에서 오는 당뇨, 신장에서 오는 당뇨에 많은 도움을 줄 것이다.

장기들의 기능이 저하되어 오는 제반 증세여서 장기에 에너지를 배가시켜 주면 당뇨 수치는 떨어지게 된다.

　진옥고를 용기에 담기 전 맛을 보았는데 맛이 좋게 나왔고, 약성이 좋은지 액상청을 한 잔 타 마셔보니 30여 분이 지나자 갑자기 시야가 훤해지면서 피곤한 눈이 시원해짐을 느꼈다.

　나도 간 기능이 저하되어 항상 눈이 침침하고 눈을 잘 뜨지 못했는데 지금은 양쪽 눈이 너무나 편안하다.

당뇨약 효능 검증

약 만들면서 항시 느끼는 것이 있지만 이번은 유달리 긴장된다.

약의 효능을 검증하기 위해 당뇨가 심한 남자 제자에게 약을 하루에 두 번 복용하게 하여 몸 상태를 잘 점검해 보라고 신신당부하며 약을 건네주었다.

일주일 복용했는데 약성이 확실히 좋은 것 같다고 한다. 오전, 오후에 한 숟가락씩 먹었는데 다리도 덜 아프고 피곤도 덜하고, 어제는 1년에 한 번 하는 조상 격사제에 참석하여 술을 많이 마셨는데 배앓이도 없고 편하다고.

특히 무릎이 쑤어오르지 않아 걷기가 편했다고. 나도 하루에 한 숟가락 먹는데 눈이 많이 편해졌다.

약을 먹기 전에는 항상 눈이 피곤하여 양쪽 눈이 뻑뻑해 반눈 감은 채 생활이 많았다. 운전할 때도 침침해서 장거리 운전은 피했다.

새로운 세상을 보는 것 같이 시야가 훤해져서 이번 약에 자부심을 가진다. 수행할 때 하늘에서 이런 메시지를 내려주었다.

아픔을 주어가며 공부를 내려준다. 그 아픔은 한순간에 고쳐줄 것이니 걱정하지 말고 아픔의 근원지를 찾아가며 공부하라.

시간이 지날수록 메시지의 내용이 새록새록 떠오른다. 하늘은 공부를 시키기에 앞서 주는 아픔과 고통의 근원만 찾으면 이자까지 쳐서 되돌려준다는 것을 시간이 지날수록 확인시켜 주었다.

아픔의 고통과 삶에 힘겨움을 주는 것은 내가 당장 겪지 않으면 찾는 노력을 안 하므로 공부에 게으름을 피우지 말라는 것이고, 근원만 찾으면 공부 세금으로 환수해 간 것에 이자까지 쳐서 되돌려준다.

나는 제자들에게 이렇게 말한다.

지금 힘들다고, 또 기회가 왔는데 받아먹지 못했다고 조바심 내지 말라. 왜냐하면 그것 또한 시험지에 올려놓고 시험을 치는 중이다. 많은 것을, 더 큰 것을 원한다면 하늘의 신뢰를 받아라.

가르침을 받고 있는 스승에게도 신뢰를 얻지 못하면서 어찌 하늘의 인정을 받으려고 하는가?

나는 하늘에 인정받으려고 내 목숨까지 담보로 잡혀놓고 공부에 매진하였다.

자녀들 학비 낼 형편도 안 되었고, 학교에 들어가는 기초 학습비도 감당하느라 매일매일 버거웠다.

그래도 나는 하늘과 약속하였기에 하늘에 떼를 쓴다거나 조바심을 낸다거나 하지 않았다.

왜냐고 묻는다면, 나에게는 떼를 쓰거나 조바심을 내는 것이 허용되지 않는지 그러한 정보는 뇌에서 지워버리고 공부시켰다.

끊임없는 연구와 질문을 하도록 동기부여를 해주었다.

병마로 인한 육신의 고통과 주변과 조화롭게 어울리지 못하도록 만들어놓았고, 삶의 어려움을 수천 가지로 동기부여해 주면서 묻는 공부를 하도록 만들었고, 해결할 수 있는 대처법을 그때마다 정확하게 내려주었다.

그렇게 공부를 내려받으면서 혹독한 시집살이도 견뎠다.

나에게 삶의 어려움과 육신의 고통을 주지 않았다면 이러한 명약을 만들어내지 못했을 것이다.

이제 자본만 있으면 효과가 빠른 약을 얼마든지 만들어낼 수 있는 처방전을 받아냈으니 감사하다.

통증 클리닉 전문병원에 가도 효과를 못 본 원인 불명의 통증 약을 만들어 통증으로 오는 병도 정지시켰다. 염증성 통증은 겪어본 사람만이 그 통을 이해한다.

오장육부 기능이 약해 오는 제반 증세인 당뇨병을 고치는 명약 처방전도 내려받았다.

이보다 더한 기쁨이 어디 있으랴.

나는 요즈음 대우주에 가서 휴식을 취하고 온다.

제자들아, 조바심 내지 마라.

너희들이 십수 년간 잘못 살아온 삶을 단 한순간에 회복시켜 달라고 하지 마라.

하늘에 반성조차 하지 않는 제자가 어떻게 도둑질하는 것을 먼저 배우려 하느냐.

얕은 생각이 나를 죽이고 있음을 인지하고 심지를 바로잡아야 언젠가 인정받는다.

후천시대에는 하늘마음이 우선이고, 어떤 목표를 설정하였는지 심사할 것이다. 심사 기간은?

기간은 천신제자 뜻함에 달려 있다.

심사가 끝나고 나면 사람들이 너를 도우러 올 것이다.

제자들에게 부탁하고 싶다.

우선 지나간 시간을 반성하는 것이 공부의 시작이다.

자신의 법을 갖춘 자가 되어라

뉴질랜드로 유학 간 막내아들이 귀국한 지 한 달이 넘어간다.

중1을 마치고 15세에 유학 보냈는데, 중간 중간 후회하곤 했다. 한국 정서를 습득하기 전에 너무 일찍 타국으로 보낸 것이 아닌가 하고.

가끔 막내아들 나이와 같은 사주를 놓고 상담할 때, 헉하고 놀라는 때가 있다. 심리 상담하러 온 남자아이들을 마주하면서 느끼는 불안감, 때늦은 후회에 생각들을 정리해 본다.

너무 일찍 유학 보냈다. 아들의 인성교육을 잡아주지 못한 부분들이 생각났고, 올겨울 뉴질랜드로 들어가서 막내아들의 인성교육을 바로잡아 주고 와야겠다고 했는데, 아들이 한국에 귀국하므로 프로그램을 정리해 본다.

어디서부터 인성교육을 바로잡을까 생각하던 차에 농사를 같이하면서 필요한 인성을 찾아서 챙겨주는 시간을 가졌다.

농사에 투입시켰더니 야릇한 미소를 짓는다.

농사 공부하면서 인성공부 지도가 제대로 들어가겠군.

1단계는 관찰, 2단계는 모자라는 부분들은 농사를 짓도록 하면서 정리정돈하라는 처방전이 바로 떨어져 시행에 들어갔다.

부모와 떨어져 어른 보호 없이 배운 사회생활 부작용도 있지만, 내 곁을 떠나보낸 것이 잘한 일이었다는 것을 희미하게나마 점수를 주게 한다.

내 곁에서 자랐다면 음주가무가 무럭무럭 자랐을 텐데 주류 값이

비싼 나라에서 음주는 기본에서 끝낸 것 같은데, 한 가지 흠은 외로움을 극복하지 못해 게임에 중독된 것이다.

밤새 인터넷 게임하는 아들을 지켜보면서 게임 중독에서 벗어날 수 있는 처방전을 찾아본다.

아들이 뉴질랜드로 돌아가면 다시 얼굴 볼 날이 5년이 될지 10년이 될지 모르는 상황이라 마음선원도 뒷전에 놓고 아들에게 긴 시간을 투자한다.

지적 수준이 넓고 높은 세계에서 와서 그런지 막내아들에게 마음이 많이 쓰이고, 지금 정신세계를 손봐주지 않으면 자신의 세계에 입문하는 과정이 순탄하지 않을 것 같아 나름대로 하늘, 우주와 교신하면서 인성교육을 수정하며 바로잡아 간다.

앞으로 20년간 사회 교육을 잘 받아서 본인만의 법을 만들 수 있게끔 해주어야 하는 의무가 나에게 떨어졌다. 의무를 다하면 나의 세계에서 빛남을 정리할 것이다.

개인적인 생각이다. 내 집안일도 해결 못 하면서 남의 일을 해결한다는 것은 어불성설이다. 나는 자녀 관리를 영적으로 하고 있다. 그리고 내 집안 해결도 못 하면서 선원에 오는 상담 손님이나 제자들 공부시킨다는 것은 자격이 없다고 생각한다.

수행자들은 영적 내공을 끊임없이 채워 나만의 법을 만들 수 있어야 한다. 구원자는 법을 행할 수 없지만 수행자는 자신만의 법을 만들 수 있다.

제자들에게 자신을 믿고 영적 수행을 게을리하지 말라고 전하고 싶다.

수행일지(1)

의통이든 신통이든 선생 없이 자신이 잘났다는 교만함으로 15년을 직업 삼아, 병원에서 못 고친다는 병든 자들이 오면 병을 고쳐주고, 가정사에 문제가 있으면 정화제라는 타이틀로 진행해 주어 가정사와 개인적인 일들을 해결해 주면서 고민이 많았다.

선원에는 단순한 문제부터 복잡하고 알 수 없는 병의 모체를 가지고 들어오는 손님들이 많은데, 갖가지 사연을 대하다 보면, 혼자서 감당할 수 없는, 가슴을 짓누르는 답답함으로 마음이 타들어 갔다. 답답한 속내를 어디에도 털어내지 못했다.

나를 지도해 주실 선배는 없나 고민에 빠지기도 한다. 다행히 선원을 운영하면서 큰 실수는 없었으나, 혼자만의 갈증으로 속이 타들어 갔다.

그러던 어느 날 내 안의 신성이 모악산 대원사에 가라고 한다. 모악산이 어디에 있는지도 모르는데 대원사라니?

내 안의 신성이 일러준 것만 해도 감사해서, 주변 사람들에게 탐문했더니 모악산에 대원사가 있다고 한다. 길을 알면 데려다 달라고 부탁했더니, 순순히 길잡이를 해준다.

다음 날 길잡이 안내를 받아 모악산에 도착해 주차장에 차를 세우고 산을 오르기 시작했다.

날은 더워 땀은 쏟아지고, 등산도 좋아하지 않아 일행에게 아직도 더 가야 하느냐 계속 물었다. 그러다 대원사 입구에 도착했다.

나도 모르게 대웅전으로 발길을 재촉하며 대웅전 문을 열었다. 어떤 대사 영정이 떡하니 걸려 있는데 눈에 확연히 들어왔다.

나는 웃으면서 대사 당신이 와 주면 내가 이리 힘들게 운전하지도 않았을 거고, 힘들게 산을 오를 일도 없지 않느냐고 질문을 던졌더니, 웃으면서 왔으니 이리 오시오 한다. 나도 웃었다.

대사 영정 앞으로 간단히 목례하고 앉았다. 앉은 지 5분도 안 되어 나의 왼손 바닥에 벼락이 떨어졌다. 참선으로 내공을 쌓지 않았다면 기절했을 것이다. 그야말로 전광석화 같은 벼락을 왼손 바닥에 내려치고는, 가서 줄 것도 있지만 와서 받아야 하는 것도 있다고 소곤댄다.

고맙다고 인사하고, 감사의 뜻으로 앞으로 이곳에 3번은 꼭 오겠소 약속하고 그 약속을 지켰다.

3번 방문 약속을 지키고 대원사를 하산하는데 또 어디로 가라고 세 글자를 준다.

사실 이때까지도 나는 영이 무엇인지, 신통이 무엇인지 모르는 무지렁이였다.

사람들 병 고쳐주는 것도 의통이 되어 병을 고치는 건지, 개인적 우환을 신통으로 해결한다는 것조차 몰랐다. 다만 내 말에 의해 병이 고쳐졌다고 하니 즐거웠고, 손만 가도 병이 나았다고 하니 그것으로 행복했기에 생각 없이 그냥 했었다.

에너지가 계속 채워지는 것도 모르던 초보 애기 시절, 세월이 흘러감에 사람도 철이 드는지 내게 병을 고치는 능력이 어떻게 생긴 것인지 의구심 갖는 시간이 많아졌다.

그러다 손님들이 새로운 병명을 가지고 오면 와~ 이건 뭐지? 여기가 나의 한계인가 좌절하기도 하였다. 이 난관을 극복하려면 방법을 세워야 하는데, 주변에 어려운 문제를 해결해 줄 사람이 없어서 고민하고 있으면, 불쑥 내 안의 신성은 어디를 가라고 했다.

지시받은 장소에 가면 조금은 다른 세계의 맛을 보여주었다.

능력을 조금씩 향상시키면서 큰 영과 통한다는 것은 상상도 못 했고, 큰 영에 대해서 알지도 못했기에 의구심은 날로 늘어만 가는 상황인데, 또 어디론가 방향 지시를 해줌에 기운에 이끌려 그 장소를 찾아갔다.

지시한 장소에 서 있으면 나도 모르게 흐르는 눈물을 제어하지 못하고 엉엉 소리 내며 울었다.

나를 낳아주신 부모님이 돌아가셔도 울지 않았는데, 이 자리가 뭐라고 이렇게 눈물을 쏟게 만드는가? 의구심이 들지만 제어되지 않는 서러운 눈물들….

그 자리에서 30여 분간 오열하고 서울로 향했다. 서울로 올라오는데 차 유리를 통해 남편과의 전생을 보여주었다.

내 눈을 의심했다. 난 환영조차 모르는데 차량 전면 유리를 통해 남편과 나의 전생을 보여주다니. 전생을 보면서 남편 영을 불러 사죄를 시작했다.

그만큼 큰 악연의 고리를 만들어 만났는데 사이 좋게 지낸다는 것은 턱도 없는 욕심이었다는 것을 반성하고 남편 영을 해원시켜 주기 시작하였다.

전주에서 서울까지 네 시간 걸리는 시공간 전생 공부를 시켜주어 시간 가는 줄 모르고 시공간을 이동하며 서울 집으로 향했다.

사실 그때는 남편과의 관계가 최악인 시기였다. 발 뒤꿈치도 안 쳐다볼 정도였고, 서로 말도 안 섞는 차디찬 분위기였다.

집에 도착해 현관문을 여는데 남편이 "어서 와! 추웠지" 하고 말을 걸어오는데 뒤로 자빠질 뻔하였다.

신명이 차량 우리를 통하여 보여주는 전생 화면을 보면서 잘못했다고 사과한 효과가 즉시 나타나다니! 우리 가족은 그 시간 이후부터 밝은 빛이었다.

아이들이 항시 불안해했는데, 아빠가 그날부터 표정이 밝아져 아이들에게 잘해 주니 불안감은 일시에 사라졌다.

이때 전생의 해원 상생 공부 내려받음을 경험 삼아 선원에 오시는 회원들 가족의 불화를 원만하게 해결해 주었다. 지금도 나는 가족 간 해원을 잘해 주는 주무기를 자주 사용한다.

큰 영을 통해 영적으로 내려받은 지 7년 세월이 흘러갔다. 그러던 어느 날 다 전수해 주었으니 길을 터 달라고 간청이 들어왔다.

한쪽 벽면에 걸려 있던 영정을 태우면서 감사하다고, 당신이 못다 한 일들 나에게 맡기시오. 내가 이어서 하리다. 그리고 원하는 공부를 다시 내려주었다.

그 영은 수행자의 수준에 맞게 어느 한 부분을 전수해 주고 가신다는 것을 알려주어서 그때 알게 된 부분이다.

어떤 큰 영과 통했다고 해서 전생을 다 통하는 것이 아니고, 일부분만 통해서 주거니 받거니 하는 거래라고 한다. 나는 그 거래를 잘 끝내주었고 폐관시켜 주었다.

큰 영과의 소통을 위해 안테나를 세워두었고, 지구촌 곳곳에 안테나를 세워두웠다. 필요할 때 언제나 사용한다.

이 툴의 세계를 접하기 위해 오늘도 나는 나를 털어낸다.

수행일지(2)

　큰 영과 동행 수행하면서 제자들 영성공부를 지도해 주었다. 큰 영은 내가 제자들 공부시키는 데 매우 엄격하면서 자유롭게 지도하기를 바랐다.
　제자들 공부시키면서 짬짬이 영성공부 지도하시는 선생님에게 공부를 받았다.
　나를 지도해 주신 선생님은 동자령들이 많아 질투와 시기심으로 나의 대뇌를 통째로 뒤흔들어 혼돈을 야기시키거나 영성 안테나를 교란시켜 공부를 뒤흔들어 멍 때리게 하는 탁월한 능력이 있었다.
　내가 그 선생님을 택한 이유는 나의 주관 신명이 그분을 선택해 주었고, 3년만 보는 공부를 하라고 했기 때문이다.
　선생님의 모든 언행을 연구하면서, 이분에게서 신들이 속이고 장난치는 것을 터득해야 함을 알게 되었다.
　영들의 장난과 신들의 배신에 대한 선생님의 모든 행동거지를 연구하였더니 연구 신명이 내려와 신명을 연구하는 데 도움을 받았다. 천신교관들에게 고맙다고 예의를 갖추어 인사했다.
　영적으로 지도해 주시는 선생님이 시기와 질투로 장난을 치면 큰 영이 어김없이 나를 어디론가 데려간다. 그 장소에서 천·지 이론을 설해 주어 안테나를 바로잡아 주고 진도 나가는 데 지장 없이 해주었다.
　신들을 어떻게 훈육시켜야 하는지, 조상들은 어떠한 원리로 정리해 주어야 하는지 상세히 내려주셨다.

큰 앞은 수행하는 자들이 돈을 벌려는 물질욕을 두고 수행하면, 신들의 장난감으로 전락한다는 것을 알려주었다.

어느 날은 나도 모르게 미친 듯이 나만의 장소를 찾아가 그 자리에 털썩 주저앉았다. 그날은 나에게 너무나 행복한 시간이었고, 지금도 그날이 나의 생에서 제일 큰 전환점이었다.

천부경을 외우고, 천부경 해석서는 읽어보았지만, 천부경 해석은 하지 못했었다.

하늘에서 음성이 들려왔다. 천부경에 대해 해석서를… 천부경을 한 자 한 자 해석해 주는데 나의 귀를 의심하였다. 이렇게 명확하고 또렷한 음성으로 천부경 해석 내려받음어….

그때 알았다. 천부경 해석은 인간의 학문으로 해석해서 알 수 있는 것이 아니라는 것을. 천부경 해석은 하늘에서 하늘과 손잡고 가는 자만 선택하여 내려준다는 것을.

나는 알았다. 모세가 산에서 십계명을 받아 내려와 법을 행했듯이, 하늘과 통한 천신제자는 법을 내려받아 하늘을 대신하여 일을 해야 됨을.

그때는 천부경 해석을 줄줄이 해주어 놀란 가슴 정리하느라 몰랐지만, 십계명을 내려받으면 뒤로 후퇴는 없다. 앞으로 전진만 있다는 것을 나중에 알게 되었다.

천부경 해석을 내려받은 자는 스스로 법을 만드는 방법을 경험하게 만들어 법을 집행하는 권한을 준다.

하늘에서 재판관 신이 내려와 영이 하나가 된다.

나는 영을 자판한다.

상담하러 오는 자들 영성 멘토를 해주건서 영을 풀어주기도 하고,

조상들 해원도 시켜주지만 영을 재판하기도 한다. 재판받은 육신들은 다시 기회를 받는다.

상담받고 가는 자들은 얼마나 큰 상담을 받고 가는지 모른다. 그네들에게 일일이 설명해 보았자 알아듣지 못하므로 멘토해 주면서 순간순간 영을 재판해 준다. 그들은 돌아가서 어떤 변화를 느끼지만, 내가 영을 재판해 주어 변화하였다는 것은 모른다.

나 같이 해주는 상담은 대한민국에서 나 혼자이다. 수준 낮은 자들에게 설명해 보았자 그대들에게는 생소한 분야라 설명이 불가하다.

이 부분을 공부할 때 재미있는 사건이 있었다.

영과 자유 자재로 노는 나를 보고 대사가 "그건 무엇이오?"라고 질문한 적이 있었다.

그때만 해도 대사가 이러한 방법은 알 것이라고 생각했었고, 대사의 에너지 장 도움으로 영을 자유 자재로 운영하는 줄 알았다.

그런데 영을 자유 자재로 운영하는 것에 대해 질문하길래 아아, 대사의 에너지장이 아니었구나!라고 생각하였다.

소상히 영에 대해서 설명해 주었더니, 자기가 수행할 때는 그런 것이 없었다며 영에 대해 공부시켜 달라고 하여 영을 운영하는 방법을 가르쳐주었더니, 고맙다고 인사하면서 내가 당신을 선택한 것은 이것을 알기 위함이었다고 한다.

"이제 나는 가겠소" 하면서 대사는 더 공부하러 돌아갔다.

그래서 알게 되었다. 옛 조사나 선사, 우리가 알고 있는 뛰어난 수행자들은 살아생전 수행하였던 에너지 장을 주고자, 올바른 수행자를 찾아 본인의 에너지 장을 전수하고, 에너지 장을 받은 수행자는 본래 나의 수행과 에너지 장을 결합하여 새로운 것이 내적 성장이 되면 그 부분을 취한다는 것을 큰 영과 통해서 공부 내려받아 알게 되었다.

수행한 자의 에너지 장을 받고 그 능력만 사용하고 내 수행을 결합하여 새로운 에너지 장을 주지 못하면, 그 에너지 장은 본래 나의 에너지장과 수행자의 에너지 장까지 모두 가지고 돌아간다. 이 부분을 수행자들이 몰랐기 때문에 능력들이 어느 날 없어진 것이다.

능력을 주면서 시험을 본 것인데, 그 부분들을 알 수 없어 다 빼앗긴 것이다.

천부경은 대단한 경전이다.

수행일지(3)

처음 영성공부 시작할 때 단어에 대한 공부를 받은 적이 있다.

낮과 밤을 가리지 않고 어느 장소를 가도 천어에 대한 것만큼은 잊지 않고, 신들과 교류해 가며 영의 세계를 연구하였다.

수없이 나오는 영들과 천어로 교신해 가면서 언어에 대해 질문을 던져가며, 언어의 영역을 넓혀갔다.

수준 낮은 영들과 교류할 때는 어눌하면서도 아이 같은 순수한 에너지체가 감돌았고, 조금씩 더 진도를 나갔더니 중간 수준의 영들이 꽃비를 내리며 나를 어디론가 데려가면서 영적 체험을 시켜주었다.

영의 세계를 경험하고는 주변 모든 지인들과 관계를 다 정리하고 철저히 혼자만의 영의 세계를 연구하기 시작하였다.

영적 세계를 경험하기 전에는 영적이라는 것이 무속인이나 신과 통해서 일을 하는 정도로만 알고 있었는데, 막상 내가 영의 세계를 경험하고부터는 기존에 알고 있는 지식과 상식의 틀부터 깨야겠다는 마음이 일어나게 하더니, 그야말로 순식간에 저장된 파일이 지워지듯 나의 뇌가 멍하게 변해 가기 시작했다.

지금도 당시를 돌이켜보면 이해가 안 된다. 20여 년 넘게 차곡차곡 쌓아놓은 전문 지식을 찰나에 정리받았다는 것이. 인간의 머리로는 알 수 없지만, 어찌 되었든 뇌 속에 입력된 정보가 순간 픽 하고 삭제되었다.

경제학 박사라고 상담을 청해 온 남자분이 있었다.

손님은 여식이 1년 전부터 밥도 안 먹고, 인터넷하느라 잠도 안 자고 과자만 먹는다고 하소연하였다.

  작년에 대학에 들어가야 했는데 결국 대학에 떨어지고 지금은 육체적, 정신적으로 모든 것이 엉망이라면서 도움을 청하였다.

  나는 손님에게 절에 가서 천도재를 지내도 아무 반응이 없고, 무당에게 가서 굿을 해도 아무 반응이 없으면 사찰이나 무당에게 손해배상을 청구하든지 해야지, 고스란히 손해 보는 멍청한 부모가 어디 있냐고 호통을 쳐주었다.

  경제학 박사라고 잘나 봐야 거기서 거기지.

  그리고 무식해도 너무 무식하다고 말해 주었더니 이래 봬도 경제학 교수라면서 뻔뻔히 고개를 들며 항변하였다.

  이 사람아, 당신은 한글 모음, 자음 24자 가지고 공부해서 교수가 되었지. 나는 369,666자 가지고 공부했네. 어디서 까불고 있어 하고 면박을 주었더니 교수라는 사람이 놀라서 369,666자가 어디서 나오는 것입니까? 하고 질문하였다.

  이 사람아, 지구상에 존재하는 각 나라의 기본 글자 만들어내는 초성, 중성, 된음 다 모아보면 369,666자가 나오네.

  교수라 그런지 말귀를 빨리 알아듣고는 저도 그 공부하고 싶습니다. 어떡하면 배울 수 있습니까? 조급해하면서 문의하였다. 당시 교수 딸의 영적인 문제를 정리해 주고, 3년간 아버지 공부를 지도해 주었고, 딸은 건강한 정신으로 회복되어 가정이 화목해졌다.

  교수에게 언어에 대해서 설명해 준 것은 교수의 신명계에서 원했기 때문이다. 교수는 그 뒤 정신적으로 많은 성장을 이루었다.

  사람들은 기껏해야 모음, 자음 합해서 24자 가지고 공부하면서 자격증을 취득하고, 그 자격증으로 취직도 한다. 그리고 고작 24자 가지고 취한 지식으로 잘난 척들을 한다.

　기껏해야 24자 가지고 딴 자격증으로 박사네, 의사네, 판사네, 과학자네, 철학자… 기타 등등 잘난 척들을 한다.

　나도 전문적인 지식을 삭제해 주지 않았다면 고작 24자로 배운 지식을 가지고 잘난 척을 했을 것이다.

　하늘에서 인간의 지식을 삭제하고 짧은 시간에 369,666자를 경험하게 해주었다.

　영의 세계를 경험한다면 인간은 대우주의 질서에 놀람을 금치 못할 것이며 겸손해질 것이다.

　인간은 고개를 숙이기 위해 태어난다.

　제자들은 다양한 영적 경험을 하여 언어를 많이 취하길 바란다.

명리학 공부(1)

요즈음 남자 제자 한 명에게 명리학 공부를 시키고 있다. 사실 영성공부를 했어도 사람들의 사주를 봐주는 것은 쉽지 않다.

나는 30세 전에 명리학에 입문하여 기본은 갖추어놓았고, 체질오행과 천문학을 짬짬이 공부하여 놓았고, 기공 선생을 만나 기공 수련 지도를 받았다.

신과 통하였지만 상담 중에 본인만 아는 미숙한 부분들을 감추기에는 내 자존심이 허락지 않았다.

병에 대해서 상담해 오는 자들은 자신 있게 해결되는데, 전생에 얽혀 있는 영적인 부분은 나의 수준에서는 풀 수가 없어 고민하다가 영성공부라는 것을 알게 되었다.

하늘을 만나 알게 된 건데, 영적인 공부를 기본으로 통하게 되면 어느 공부도 수월하다는 것이다.

명리학 공부할 때 중간에서 접은 것은 통변하기가 매우 어려웠고 나이 또한 젊었기 때문이다.

통변한다는 것은 세상 삶 속에서 수많은 동·서·남·북 애환을 경험하지 않으면 제대로 풀어내지 못한다는 것을 그 당시에는 몰랐었고, 암튼 명리학 공식은 모두 외워야 한다는 것이 심리적 부담으로 작용했다.

명리학 공부는 처음에는 매우 쉬워 얕잡아보았다. 얕잡아보다 결국 중급반에서 손을 들었다.

그리고 나서 음양오행과 체질에 대해서 수박 겉 핥기로 배웠고, 그 외 정신세계 분야는 손 안 댄 것이 없었다.

  손님들이 어떠한 정신적 분야의 공부를 했다고 하면 다 알 수 있는 것이 30세 중반까지 해볼 만큼 다 해보았기 때문이다. 손님들이 기공이면 기공, 카이로프랙틱 하면 그것대로, 호흡하면 호흡대로, 침 하면 침, 한약 하면 한약에 대한 부작용과 효과를 알 수 있어서 손님들과 대화하다 보면 나 혼자 일방적으로 대화를 끌고 나간다.

  그네들은 단지 한 과목 가지고 잘난 척을 하는데, 나는 종합적으로 두루두루 섭렵하다 보니 말만 들어도 알 수 있다.

  영성공부를 먼저 하고 앞에 늘여놓은 과목을 영과 통해서 했다면 필요 이상의 시간 낭비를 하지 않고 시행착오도 덜했을 것이다.

  하지 않아도 될 공부 과목이 많다는 것을 알고는 가슴을 치며 무식함에 한심스러워 스스로 혼을 냈다.

  지금 명리학을 공부시키고 있는 제자도 그렇다.

  신과 영이 통하는 단계에 있는 제자가 이제 저도 명리학 공부해도 되냐고 질문을 던졌을 때, 반가운 마음으로 공부하여라, 하고 명리학 신명을 내려주었다.

  남자 제자가 영과 신과 기의 세계도 모르고 명리학 공부를 하겠다고 하면 나와 같은 과정을 밟았을 것이다.

  처음에는 신기하고 재미있어 배우고 외우지만, 갈수록 재미를 잃을 것이다. 명리학 신명과 같이 공부하면 공부가 한결 재미있고 수월해질 것이다.

  늦은 감이 있지만, 아직 총기를 잃은 나이는 아니므로 수준에 맞추어서 지도할 것이다.

  신명을 실어서 공부하면 어려운 과정도 수월하게 넘어갈 것이라는 것을 제자도 알 것이다.

남의 삶을 상담해 주고 이끌어준다는 것이 얼마나 어려운지 아는 사람은 알 것이다.

하늘과 우주의 힘을 실어서 공부 지도한다면 서로가 공부를 주거니 받거니 한다는 것도 알 것이다.

그렇다!

모든 공부는 신명과 같이한다면 쉽게 할 수 있다는 것을, 신들의 도움을 받고 가면 어떠한 공부들도 쉽다는 것을….

명리학 공부(2)

십여 년 넘게 영성 지능 개발 공부하던 제자가 명리학을 공부해도 되겠느냐?는 질문에, 내면을 열어보니 지식 신명이 나서겠다고 청한다.

명리학은 모든 공식과 원리를 외워야 하는데, 건망증이 심한 제자가 과연 해낼 수 있겠냐? 되물었다.

명리학 신명이 우리가 책임지고 맡아서 지도할 테니 우리 믿고 놔두라고 하기에 승낙한 지 한 달 가까이 된다.

한 달을 지켜보면서 명리학 신명들에게 교육은 잘 시키고 있고 신들도 잘 배우고 있냐고 질문하면, 너무 재미있다고 답을 한다.

이번 생은 지식을 넓히고자 왔는데, 여린 가지(어린 영들) 치는 시기도 있고, 어린 영을 가르치는 데 시간도 많이 걸렸다고 한다. 이제야 기본 공부가 끝나 지식을 공부하는 신명들이 대거 들어왔다고. 그리고 고맙다고 정중히 인사한다.

포기하지 않고 우리를 믿어주고 키워주어 고맙습니다.

어른 신들이 서서히 발복하고자 명리학 학문을 취하면서 지식 신명들이 발복하고자 한다. 제자 하는 것 보면 어른 신들이 발복하고자 애를 쓰는 것이 보인다.

잘 보이려고 아기처럼 어리광을 부렸던 여린 가지가 굵어져 있음이 보이고, 제자가 포기하지 않고 여기까지 온 것이 대견하다.

어른 신명들이 발복하여 영역을 넓혀가겠다고 기준을 세워주었다.

명리학은 질량의 힘, 말의 힘이 있어야 한다.

명리학을 공부하면서 질량의 그릇을 깊고 넓고 높게 만들어 질량의 힘을 가져라. 그리고 말의 에너지를 내려받아라….

장사를 한다고 하면 장사 신명 줄이 내려서야 하고, 공부하는 학생은 공부 신명 줄이 내려서 주어야 제대로 공부할 수 있음이고, 수행도 수행 신명들이 발복해 주어야 쉽게 완성할 수 있다.

이 세상 어떤 분야에서 특출 난 재주를 가졌거나 전문분야로 가는 인간들은 그 세계의 신명 줄이 내려섰기에 가능한 것이다.

학자도 학자 신명 줄이 내려서 있기에 쉽게 갈 수 있고, 벼슬도 벼슬 지냈던 신명 줄이 있으면 쉽지 정치에서 놀게 된다.

예능도 마찬가지이다. 예능신이 발복하면 인연도 만들어주고 예능인으로서 성공할 수 있는 가능성이 매우 크다.

어느 날 알았다. 하늘과 통한 자는 하늘과 상의하여 신명 줄을 내려주는 특권을 부여받았음을.

나는 신명들을 내려주는 특권을 부여받아 제자들 공부시킬 때 합의하여 부족한 신명들을 내려주어 앞으로 더 나아갈 수 있도록 지도해 주고 영적 확장을 도와준다.

단, 천신제자는 하늘의 마음을 사야 한다.

약초 농사짓는 이유(1)

정신세계에 접어든 지 30년이란 세월에 접어들었다.

죽엽산 자락에 약초 농사를 짓는다고 자리 잡은 지 올해로 11년.

나는 태어나면서 신장병이라는 병을 판정받고, 부모님과 같이 세상에 태어난 지 4년 만에 병마와 싸워야 했다.

4세부터 6세까지 병원에 가서 치료를 받고 약을 먹어도 차도가 보이지 않자 어머니는 한의원으로 방향을 틀어 한약과 침을 병행하였다. 어머니의 끈질긴 모성애로 건강을 회복하여 사람 구실을 하게 되었다.

신장병 탓에 나는 항상 외로움을 동반해야 했다.

초등학교에 입학해서도 체육 시간에는 운동장에 나가지 못하였는데, 강한 햇빛이 나에게는 무리였다. 강한 햇빛은 현기증을 유발시켜 쓰러지기 다반사여서 체육 시간은 교실에 남아 운동장에서 뛰어노는 친구들의 모습을 부럽게 바라보았다.

책가방의 무게가 버거웠지만, 그래도 학교에 가면 지루하지 않아, 컨디션이 좋으면 무조건 가방을 메고 학교를 갔다.

신장병은 초등학교 6년까지 계속 따라다녔는데, 중학교 입학하면서 서서히 건강이 좋아져 중학교 3년, 고등학교 2년을 즐겁게 생활하였다.

그러다 고등학교 3학년 초 신장병이 또다시 재발하여 한 달에 한 번씩 학교에 진단서를 제출하고, 학교를 가지 못했다.

그런데 류머티즘 관절염이라는 병도 동반하였는데 1년 유급하면

후배들과 같이 공부해야 하므로, 한 달에 한 번씩 진단서를 제출하고 졸업시험을 보라는 담임선생님의 배려로 고등학교를 졸업했지만, 병은 점점 더 심해졌다. 급기야 진행 속도가 빨라 걷지 못할 정도였다.

외출은커녕 화장실 가는 것도 버거웠다. 또다시 병마가 나를 집안에 가두어놓았다.

시간이 흘러 상태는 조금씩 나아졌고, 진통제를 복용하면 고통도 참을 만했다.

중간중간 참을 수 없는 고통은 있었지만 그래도 예전보다는 견딜 수 있었다. 그 정도로도 감사했다!

더 바라면 안 될 것 같아 혼자 고통을 감수했다.

큰아이 낳고 100일도 안 되어 허리를 다치는 큰 사고가 생겼다.

허리를 다침으로써 결혼도 없고 자식도 없는 천신제자가 자식을 낳았으니, 사고 발생하는 것이 당연하다는 사실을 알았다.

기 치료 잘한다는 사람을 소개받아 다친 허리 고치는 데 주력했다. 얼마나 허리를 크게 다쳤는지 일어서지를 못했다.

아이 돌봄이 힘들어 지인에게 부탁하고 일주일 동안 심한 통증으로 눈굴로 보냈다. 그때 내 삶의 경로를 확실히 정했다.

가자. 이 길이 나의 길인가 보다.

이제는 더 이상 피하지 않는다. 받아들이고 가자.

다친 허리를 웬만큼 고친 후, 본격적으로 공부에 들어갔다.

그러다 38세에 경추 7번부터 견갑골, 횡격막 주변에 통증이 찾아왔다.

어린 딸에게 발로 경추를 밟아보라고 했는데, 어린아이에게 무리한 주문이었다. 얼마나 통증이 심하면 어린 딸에게 경추를 밟아보라고 했을까. 누군가에게 고통스러웠던 내 지나간 이야기를 해준다면, 아무런 감정 없이 말을 못 할 것 같다.

  내가 미성년자일 때는 어머니가 백방으로 데리고 다니면서 병을 고쳐주고자 애를 쓰셨고, 나름 효과도 보았다. 성인이 되고 결혼하면서 찾아 들어오는 병은 남들에게 자랑하면서 정보를 수집하였다. 지압도 받아보고, 기 치료도 받았다.

  기수련을 권유하여 기수련 단체에 가입하여 기체조를 열심히 하였더니, 경추 7번부터 견갑골의 통증이 서서히 잡히고, 완치되었다 싶을 정도로 통증을 모르게 되었다.

  암만 안 걸렸지 웬만한 통증으로 오는 병은 다 거쳐온 것 같다.

  오랜 세월 속에 병을 고치려고 여러 분야를 설치고 돌아다녔다. 그러면서 남의 병도 고쳐줄 수 있는 대체의학을 연구하기 시작하였다.

  대체의학도 분야가 많아 여러 분야를 다 섭렵해 보기로 결정하고, 기수련 단체를 순회하였다.

  기수련 단체를 순회하면서 기 치유는 수련자 본인의 생체 에너지를 개발하여 하는 원리를 알게 되었고, 기 수련의 끝이 술이라는 것을 깨닫고는 고도의 기공 수련을 접었다.

  연습하면 누구나 할 수 있다는 것이 흥미를 잃게 하였다. 누구나, 아무나 못 하는 것을 찾아서 하자 다짐하고 영성공부를 시작하게 되었다.

  영성공부를 시작하면서 나의 무지를 반성하였다. 통증은 중간중간 소리 없이 찾아왔지만, 눈물로 참아냈다.

  영성공부 시작한 지 3년 가까이 되자, 내면에서 한 가지씩 일러주었다.

 어려서부터 신장병에 걸려 고생한 것, 류머티즘 관절염 통증으로 화장실 가는 것도 어려웠던… 아픔들, 크고 작은 교통사고들… 경추 7번의 통증, 견갑골과 횡격막 주변의 통증들, 발바닥 염좌로 걷는데 절룩거리며 칼로 에이는 듯한 통증으로 8년을 고생하였다.

 시도 때도 없이 찾아오는 왼쪽 어깨의 통증… 제자들 공부와 상담을 진행할 때는 통증을 모르다가 혼자 있으면 어김없이 찾아오는 왼쪽 어깨의 뼈를 깎는 듯한 통증들… 다 열거하기에는 내 자신이 한없이 작아진다. 또한 시도 때도 없이 찾아오는 경제적 어려움들… 수많은 아픔들, 크고 작은 교통사고들.

 나의 교관들이 이러한 모든 것을 세세히 알려주었다. 원인과 이유를 그리고 병을 고치는 방법까지.

 나는 행복하다. 약초 농사는 땅만 있으면 되기에 제자들 공부시키기 위해 평생할 것 같다. 그러면서 부가스득도 얻을 수 있는 연구도 할 것이다.

 이번에 제자들이 흡족한 부분들을 채워주었으면 하는 바람을 가진다.

 약초 농사를 짓지 않았으면 나는 '왜?'라는 의문을 찾지 못했을 것이다.

약초 농사짓는 이유(2)

선원만 운영할 때는 상담 손님 또는 제자 상담이 줄어들면 선원을 운영하는 데 많은 어려움이 따랐다.

제자들이 한 달에 한 번씩 지내는 천제 때 내는 수업료로 10년간 선원을 운영해 가면서 운영 방침을 바꾸지 않으면 수행에 걸림이 생길 것 같은 긴장과 불안감이 맴돌았다.

매일 영성공부를 가르치는 것도 아니고, 수행의 깊이가 깊어질수록 선원의 자생력을 기르지 않으면 나의 자존심이 무너지는 불행이 올 것 같았다.

나는 지금껏 공돈을 받은 적이 없고, 상담 손님이 와도 턱없이 조상일 시킨 적도 없다.

내가 아는 여러 곳은 조상일에 많은 액수를 요구하여 물질을 풍족히 만들어 땅도 사고 건물도 근사하게 짓는다. 초대받아 가는 그 시간만 부럽다는 마음이 잠시 왔다가 가 버린다.

준비하자!

환자들의 깊은 병을 고쳐주면서 한약을 먹지 말라고 주의를 주면서 자연 치유를 권하다, 진짜로 한약이 필요한 환자들이 줄줄이 들어왔다.

그때 약초 농사를 짓고 계시는 스님을 통해서, 농약을 안 친 약재들을 구입하였고, 심마니들을 통해 약초들을 구입하여 한약들을 처방해 약을 만들어주었다.

그러다 우연히 약초 농사를 같이하자며 동업을 권해 왔고, 그때부터 내가 주로 사용하는 약재들의 씨앗과 모종을 구하여 약초 농사를 짓게 되었다.

산 약초를 재태하면서 한약이 필요한 환자들에게 처방하여 한약을 지어주어 수입원을 만들게 되었다.

또한 무농약 친환경으로 재배한 산 약초로 발효 효소를 만들어 1차로 만든 것은 모두 판매하여 선원 운영 경비로 사용하였다.

선원만 운영할 때는 제자들의 공부 수업료와 천제 진행비가 다였는데, 약초 농사를 지었더니 선원 운영 경비가 분산되어 들어와 수행하는 데 많은 도움을 받았다.

약초 농사를 지으면서 선원에 상담하러 온 사람에게 천제를 지내게 하려고 에너지를 무리하게 사용할 필요가 없었다.

선원은 명분만 유지하고 제자들과 함께 약초 농사를 지으면서 제자들 공부에만 전념하였고, 새로이 공부하러 들어오고 싶다는 제자들도 선별해 가면서 받아 공부를 가르쳤다.

지금은 아무나 받아주지 않는다. 선원에서 나오는 수입원으로 선원을 운영한다면 비굴한 마음을 가지고 수행해야 하고, 공부하러 온 제자들 눈치도 봐야 한다.

나는 누구 비위를 맞추기 위해 생사의 갈림길 수행을 한 것이 아니다.

자기 자신이 누구이며, 왜 태어났는지를 알고자 하는 천신제자들이 찾아오면 길을 안내해 주기 위해 정신수행을 한 것인데, 선원 운영 때문에 걸림돌이 된다는 것은 나의 자존심이 용납을 못 한다.

약초 농사를 짓고, 약초를 수확하여 약을 만들어 약간의 수입원을 만들어놓았다.

선원은 사주카페로 전환하여 또 다른 약간의 수입원으로 운영하면서 상담하러 온 손님들에게 수시로 봉사해 주고 있다.

수행의 경지가 깊어질수록 물질과는 점점 멀어져 간다.

그래도 현실 세계는 무시할 수 없다.

하계 만행

 십여 년을 공부한 여제자가 천제날 공부한 자료를 점검해 달라고 조심스럽게 내놓는다.
 허참, 대학 과정을 공부시켜 달라고 천신들이 정중히 청해 온다.
 천신제자를 여기까지 이끌어왔소.
 이제부터 대학 과정의 공부를 하게끔 지도해 주십사 하고… 기쁨이 들어온다. 제자에게 공들인 코람이 이제야 보이는구나. 이번 만행은 즐거움이 기다리고 있다.
 천신들과 공부 일정을 짜느라 머리에 지진이 났다. 다 같이 출발하고, 상경도 다 같이하면 공부 진도 내는 데 수월한 텐데, 우리는 금요일 저녁에 출발하고, 두 명은 일요일 새벽에 합류한다 하고, 또 한 사람은 월요일 결근이 안 돼 일요일 서울로 올라가야 한단다.
 지진이 난다. 그래도 용케 아주 훌륭한 계획을 잡아채 냈다. 낄낄낄. 이번 여행은 가뿐함이 따라와 고생은 덜할 것 같다.
 다행히 대학 공부 입문하는 제자가 있어 축하 파티도 하늘에서 진행해 준단다.
 한 가지 아쉬운 점이 있다면 펼치는 신명이 들어서야 하는데 홀로 닦는 신명이 들어섬이 아쉽다.
 홀로 닦음이 끝나면 펼치는 자리 주시겠습니까?

영성공부 대학 과정

하늘에 물어본다.
대학 과정은 무엇이냐고.
아주 짧게… 연구다.
완성 단계이지.
그리고 주는 거다.
대학 과정을 이수해야 대변자로 인정한다.
고등 과정까지는 공부를 내려받는 것이고,
하늘은 받는 자보다 주는 자를 원한다.

선원 활성화 고민

영성공부하는 천신제자들이 선원에 들락날락했으면 하는 바람으로 천신들과 회의를 했다.

예전에는 일대일로 공부를 지도하였으나, 지금 상담받고 가는 자들은 수준들이 있으니 합동으로 교육해도 되지 않겠는가?

아직은 시기상조라니 조금만 더 기다려달라고 오히려 나에게 부탁한다.

상담받으러 오는 손님들 상담도 같이하고, 공부도 주거니 받거니 하면서 이야기도 들어준다. 그렇게 상담을 주거니 받거니 하다 보면 가끔 옛 제자들 생각이 난다.

십여 년 전 제자들이 지금의 상담 광경을 보면 기함할 것이다.

지금처럼 상냥하게 자신들의 이야기를 들어주면서 공부시켜 주었다면, 도망갈 생각들은 안 했을 것이라고 말할 것 같다.

영성공부 지도시키는 것과 상담을 주거니 받거니 하면서 공부 지도해 주는 방식은 분야가 완연히 다르다.

신명들이 거짓말을 시키고, 영들도 거짓말을 잘 시켜서 제자들도 구분할 줄 알아야 하기에 엄격히 공부를 지도한 것인데, 제자들은 그 순간의 섭섭한 마음만 저축해 놓는다.

하늘과 의논하면서, 선천시대처럼 교육시키면 안 됩니다. 교육법을 바꾸지 않으면 어렵습니다. 그러니 교관들을 일부 교체해야 된다고 청했더니, 일주일 전에 일부 교관이 교체되어 지도하는 나도 편해졌다.

새로운 교관들로 구성원을 이루어 영성공부 지도하는 데 소홀하지 말고, 개개인의 신명들과 다시 회의하는 시간을 만들어 앞으로 나아가는 데 좀 더 연구할 수 있게끔 눈과 귀를 보강시켜야겠다.

혼을 울리는 영성 멘토

아주 가끔씩 혼을 울리게 하는 공부가 있다.
혼이 운다.
혼이 운다.
가슴속 밑바닥부터 올라오는 혼이 울림으로 나의 정신세계가 다 운다.
영적 지도자는 때때로 그러한 혼의 정화를 해주어야 한다.
혼이 울어야 영적 진화가 가능하다.
혼의 울음은 사람이 가슴속 밑바닥까지 반성해야 가능하다.
심연 깊은 곳 새로이 솟아나오는 영적 샘물을 파야 한다.
마르지 않는 영적 샘을 만들려면 거짓이 없어야 한다.
특히 자신에게 거짓이 없어야 가능하다.
20여 년 전 나는 환웅이란 이름을 걸고 상담하였다.
그리고 거짓 없이 단군의 이름으로 공부시켜 주고 있었고, 하늘이란 단어로 공부를 내려주었다.
어느 날 내면 깊숙한 곳에서 호되게 꾸짖음을 받았다.
네가 하는 것이 진정이냐고 질문을 던지는데, 말문이 막혀 눈물만 하염없이 흘렸다.
내 내면의 깊이가 이렇게 얕았구나… 내면의 깊이가 이렇게 얕은데 그 허울로 지금껏 하늘을 기만하고 자신을 기만한 죄가 얼마나 큰지 그때 알았다.
반성의 눈물은 멈추지 않았고, 나중에는 가슴의 온 뼈 마디마디가 아파서 눈물도 나오지 않았다.

아픈 뼈마디를 부여잡으면서 철저하게 반성하였다.

아버지, 잘못했습니다.

그리고 몰랐습니다.

그런 것이 진정으로 하늘을 전달하는 것인 줄 알았습니다.

오늘부로 선원 문을 닫고 새로이 거듭나도록 수행 정진하겠습니다.

그리고 선원 문을 닫았다.

바로 수행 정진에 들어가, 지금껏 갖고 있던 지식과 상식, 종교 지식 등과 병원에서 못 고치는 난치성 영적 병으로 고통받는 자들도 모두 덮었다.

주변에서 대단하다고 여겼던 기공술, 신명의 능력 등을 한꺼번에 덮어놓고 "나는 아무것도 모릅니다. 다시 시작하겠습니다. 아버지, 저는 이제 아무것도 모르는 어린아이입니다. 지금부터 다시 지도하여 주십시오" 하며 내면의 세계로 들어가버렸다.

지금의 이 자리에 있기까지 가장 큰 시련이었고, 그 덕분에 더 이상 나를 기만하지 않고, 하늘을 속이는 자가 되지 않았다.

수행 정진은 참으로 가혹했다. 자신이 수천 번 죽어야 산다는 3년이란 수행 과정을 보냈다.

3년 동안 조상신을 공부시켜 해원시켜 주었고 인신들과 잡신들을 공부시켜 주어 다시금 기회를 받았다. 그 시기에는 혼을 울리는 공부가 산재해 있었고, 툭하면 혼이 울었다.

지나간 시간들을 생각하면 반성이 되고 나도 모르게 감사 눈물로 변하여 영혼이 성장하게 되었다.

홍익인간이라는 단어를 외우기에 바빠 책에 나오는 내용들로 혹세무민한 죄를 반성하였더니 천부경을 영적으로 해석해 주는 신명들이 대거 내려왔다.

그때 알았다. 천부경은 인간의 학식으로 해석되는 것이 아니고, 하늘의 어느 차원계에서 신들이 내려와서 천신제자 수준에 맞게 해석해 준다는 것을. 그리고 몇 년 후 천부경을 재해석해 주었다.

지금도 수시로 천부경 해석을 바꾸어주고 있다. 나의 신명들이 승급하면 바로 천부경을 수정해 준다.

내게는 지독히도 혼의 반성을 많이 시켜주었다.

가끔 손님을 상담할 때 측은지심이 발동하면 영혼을 정화시켜 주는 재판을 해준다. 재판을 받고 간 손님들은 돌아가면 좋은 일들이 기다린다.

때론 욕해 가며 재판할 때도 있고, 급하면 하늘의 매를 사용하여 속전속결로 재판을 끝낼 때도 있다.

큰소리치는 재판은 제자들 공부시킬 때 가끔씩 사용한다.

혼이 정화되면 하늘에서 보상이 꼭 따라온다.

허심탄회한 사이

 3개월 만에 카페에 들어왔다. 옮기고 싶은 말들이 많았는데 뭔지 모르는 게으름 에너지로 속수무책 두 손 놓고 있었더니 그 기운이 지금껏 생활해 오면서 바늘방석 에너지로 만들어놓아 결국은 바늘방석에 앉았다. 바늘방석에서 일어나 정신 차리라고 자신에게 호통을 쳐도 요리조리 핑계만 댄다.
 드디어 엄명이 떨어졌다. 막바지에서 구슬땀 흘리면서 얼음물을 마시고 싶고, 냉수를 마시고 싶어도 마시지 못하는 입막음의 단계, 하늘과 허심탄회하게 한판 붙었다.
 이곳의 실정을 낱낱이 고하면서 인신들에게 반성을 고하게 해주었다. 인신들의 반성은 인간이 하늘과 허심탄회하게 해야 한다. 한 가지라도 숨기고 대화를 주거니 받거니 한다면 하늘에서는 접수를 해주지 않는다.
 나 또한 인신들의 행위들을 반성시키기 위해 사정없이 시정에 들어갔다. 그러면서 맑아지는 것을 느낀다.
 각자 하늘과 우주와 허심탄회한 사이가 되려면 인신들을 반성시켜야 한다.

아픔 속의 아픔

예전에는 외롭다고 할 때 뭉뚱그려 '외롭다'라고 표현하곤 했다. 그리고 문득 '외르움 속의 외로움을 겪어보았느냐!'라고 천신들이 되물었다.

그제야 인간은 실제 속으로 들어가 보지도 못하고 '외롭다, 힘들다, 고독하다'라는 말들을 무책임하게 던진다는 것을 알게 되었다.

사람들은 간혹 엄살을 부리는데 이유도 확실히 알지 못한 채 입에서 나오는 대로 거침없이 내뱉는다.

"에휴~ 사는 게 너무 힘들어!"

"사는 게 왜 이렇게 고통스러운 거야!"

이럴 때마다 그네들에게 물어본다.

"사는 데 무엇이 힘들고 고통스럽냐"고.

그네들은 한결같이 함정을 파놓고 자신들을 기다리는 것 같다고 말한다.

태어나는 것 자체가 희로애락인데 잠시 어려운 것을 꽤 기나긴 시간 동안 어려웠다고 엄살을 피운다. 그렇게 표현하면 자신이 살아온 길을 알아주지 않을까? 하는 못난 마음에 큰소리를 낸다.

얼마 전 어머니가 인간세계의 문을 닫고 저 세계로 가셨다. 어머니를 저 세계로 보내고 한동안 마음이 아프고 쓰라려 잠을 이루지 못했다. 눈을 감으면 어머니의 마지막 얼굴이 떠올라 눈물이 앞을 가려 거의 한 달이나 잠을 자기 힘들었다.

어머니는 11년 동안 전신 중풍으로 침대 생활만 하셨고, 음식을 씹지 못해 모든 음식 재료들을 믹서로 갈아서 죽을 쑤어 드렸다.

 음식물을 씹지 못하는 어머니도 음식 드시는데 고생이요, 간병인도 어머니가 음식을 씹지 못하고 입 밖으로 흘리니 식사를 챙겨드릴 때가 제일 어렵다고 했다. 나 역시 어머니에게 음식을 드릴 때 음식물이 밖으로 흘러내려 연신 숟가락으로 쓸어 올려 입 안으로 밀어넣었다.

 어머니를 보내 드리고 어머니 생전의 극한 상황이 생각나서 근 한 달 동안 눈물로 밤을 새웠다. 더더욱 마음 아픈 것은 다른 형제들은 어머니가 보고 싶으면 언제든 달려가 뵙고 오는데 나는 그럴 수 없었다. 어머니가 보고 싶어도 수행이 항시 발목을 잡았기 때문이다.

 지금도 후회되는 것은 10년 전 어머니를 모셔 가려는 사자를 돌려보낸 것이다.

 어머니가 "사자가 문 앞에 두 분 서 있다. 두렵다"고 하면서 "돌려보내 달라"고 공포에 질려 부탁하여 사자에게 "나의 어머니가 가실 때가 되면 어련히 알아서 가실 텐데 벌써 오셔서 어머니에게 두려움을 주시냐"고 나중에 오시라고 정중히 돌려보냈는데 이렇게 세월이 흘렀는지 전혀 생각지 못했다.

 사자들을 돌려보내고 10년을 더 사셨는데 이렇게 오랜 시간이 흐를 줄 알았다면 어머니가 아무리 무섭다고 해도 사자들을 돌려보내지 않았을 텐데… 그 시간이 너무도 후회된다.

 나도 그렇게 오래 걸릴 줄 몰랐고, 그때는 어머니의 의지가 강해서 재활 운동을 열심히 하면 호전될 가능성이 있어 사자를 돌려보냈는데, 어머니는 시간이 흐를수록 의지가 약해져 재활 운동이 힘든지 점점 꾀를 내기 시작하였다. 그 후 좋아지기는커녕 점점 사지를 움직이기 힘들어 누구의 도움 없이는 일어나지 못하게 되었다.

전신 중풍으로 11년간 침대 생활을 하시고, 누구의 도움 없이는 음식도 드시지 못하고, 거동도 못 하셨지만 한 번도 화를 안 내시고 어느 자식이 와도 항상 미소로 맞아주시던 어머니의 모습이 새록새록 생각나서 잠을 이룰 수 없었다.

어머니가 보고 싶어 찾아가면 어머니의 수명이 늘어나고 또 그래서 어머니가 보고 싶어도 못 가는 수행 과정이 마음 아팠다. 아픔 속의 아픔을 느끼지 못하면 아픔이란 단어조차 사치라는 것을 알게 해준 셈이다. 양파는 까도까도 껍질이 계속 나오듯 사람도 그렇다. 아픔도 아픔의 껍질을 벗기고 벗기다 보면 언뜻 알게 해준다. 일상생활의 엄살들은 남들에게 떼를 쓰는 것임을….

경험해 보니 어려움을 표현할 때 실상 무엇이 외로운지 확실히 알지도 못하면서 그냥 외롭다고 떼를 쓴다.

아픔 속의 아픔 속에 들어와 보라. 그럼 진정 아픈 마음이 어떤 것인지 알 것이다 마음의 사치를 부리면 나의 신명 구성원들은 점점 나약해진다는 것을 알자!

어머니, 못난 자식 살펴주고 가셔서 감사합니다.

마지막 인사드립니다.

무덤덤한 어머니의 사랑

어머니를 먼 곳으로 보내고 몇 날 며칠 죄책감에 견디기 매우 어려웠다. 숨어 있는 나의 죄책감을 어디에 풀어야 할까?
어머니의 영을 불러 대성통곡하며 나의 죄를 청합니다.
어머니에 대한 나의 무심한 마음의 죄를 용서해 달라고···.
어머니에게 예의도 갖추지 않고 나의 잘못을 덮으려고 급급하였던 어리석은 행위들을 한 것이 벌써 십여 년을 훌쩍 뛰어넘었다.
어머니에게 무덤덤하였던 나의 무딘 마음을 용서하소서.
수행의 길을 걸어가는 자식의 무심함 때문에 어머니는 얼마나 섭섭하셨을까?
당시는 하늘의 뜻이라는 이유로 수행자로서 혹독함을 잃지 말아야 하는 중도 과정 공부 중이었기에···.
가슴이 다 닳혀 수행 중의 한 종목에 들어가 있는 나로서는 어찌할 수 없었다. 두 마음으로 두 마리 토끼를 모두 잡을 수 있는 방법을 알았다면 수행도 놓치지 않았을 것이고 어머니를 외롭게 만들지도 않았을 것이다.
지금 수준만 같았으면 현명하게 두 마리 토끼 잡는 방법을 택했을 것이다. 당시 나의 수행이 수준에 미치지 못하였기에 한 마리 토끼조차 지키기 힘든 지경이었다. 나의 경험을 미루어 다른 자들에게 가르쳐주고 싶다. 나와 같은 수행 과정을 거치는 수행자들에게 효를 놓치지 말라고···. 하늘도 중요하지만 나를 낳고 사랑으로 보듬어주신 인간의 부모도 중요하다는 것을···.

한 가지는 위로하고 있다. 어머니의 영과 통해 어머니가 원하는 곳으로 보내드릴 수 있는 수행 단계까지 와 있음에 어머니의 신을 교화시켜 주고 조상들을 일체 소집하여 어머니의 역할을 대행해 주었다. 그리고 어머니의 신을 자연신으로 승격시켜 드렸으며, 다시금 인간계에 오고 싶으면 인간계로 와서 할 수 있는 판을 영계에서 구상해 가지고 와야 함도 이미 공부시켜 드렸다.

어머니의 영과 통해서 어머니에게 용서를 받고, 어머니가 원하는 곳으로 보내드릴 수 있는 수행경지에 서 있음에… 생전 어머니의 원죄를 딸이 대신 대행해 드렸습니다.

어머니는 천신으로 명패를 받아 살아생전 당신이 하시고픈 일들을 하는 교관이 되셨다.

자유로운 영혼으로 다니소서!

어머니, 이제 이별입니다.

신문

　사람들은 인간세상에서 여러 삶을 공유하며 발자취를 남기고 돌아간다. 나 역시 나에게 주어진 빛나는 소임을 끝내면 본래의 자리로 돌아갈 것이다.
　현재 인간세상에는 신문이라는 것이 있다. 스포츠신문, 연예신문, 경제신문, 종교신문….
　지금까지 걸어온 나의 발자취를 신문으로 이야기하고 싶다. 많이 활용한 지면이 있는가 하면 단 한 줄의 기사조차 없는 면도 있다.
　생각해 본다.
　나는 어느 면들에 칼럼을 많이 썼는가?
　몇 장의 신문을 남기고 갈 것인가?
　나에게는 기자 신명도 있다. 기자 신명들에게 한시도 늦추지 않고 재촉한다. 기삿거리 내놓으라고.
　기사 신명에게 기사를 주기 위해 오늘도 기삿거리 사냥을 나간다.

영적 결합

막내아들을 한국에서 중학교 1학년을 마치고 15세에 머나먼 뉴질랜드 오클랜드로 유학을 보냈다.

보내고 싶어서 보낸 것이 아니라 아들이 누나는 멕시코로 유학 보냈으니 자기도 보내달라고 했기 때문이다. 학교생활 적응이 어렵고, 다른 나라에 가서 성공하고 싶다는 아들의 의지가 강해 유학 보내기로 결정하기까지 한 달도 안 걸렸다.

뉴질랜드에서 중·고등학교, 대학 과정을 마치고 한국에 다녀가고 싶다기에 한국에 돌아오면 무조건 엄마 말을 따라야지 만약 따르지 않으면 뉴질랜드로 안 보내준다고 했더니, 웃으며 "넵, 어무이 말 뜻대로 따르겠습니다"란 확답을 듣고 왕복 티켓을 보내주었다.

그렇게 한국에 귀국한 아들의 9년 세월 공백을 농사짓게 하면서 채워주었다.

두 달의 긴 휴가를 끝내고 뉴질랜드로 돌아가는 아들과 인천공항에서 못다 한 대화를 풀어가면서 끊임없이 영적 결합 마치기를 인내한다.

미성년자인 15세부터 24세까지는 영적 결합하기에 어려움이 따른다. 9년의 공백을 이어주지 않으면 성인이 되어 트라우마에 걸릴 확률이 매우 높다. 아들은 이제 성인이 되었고, 미성년에서 성인으로 공백을 메우는 농사를 가르치면서 9년간의 공백을 한 줄 한 줄씩 이어가면서 퍼즐을 맞추니 영적 결합이 이루어진다. 이제 아들은 어디에 가든 나의 주파수에서 보호를 받을 것이다.

이 방법 저 방법 다 동원해도 대화로 결합하기 어려웠는데, 농사를 가르쳐가면서 연결하였더니 소통도 잘 이루어지고 탁한 기운도 농사 속에서 정리되어 갔다.

타국에서 혼자서 판단하고 결정했던 예전의 미성숙한 인자들은 농사로 가르쳐주면서 영적 진화를 시켜주었다. 뉴질랜드로 돌아가면 판단하고 결정해야 하는 많은 부분들이 수신들 기운으로 도움받을 것이다. 또한 판단하고 결정해야 하는 여러 문제들이 수월하게 풀릴 것이다.

지금까지 아들에게 제일 잘했던 것은 아들의 말을 의심하지 않고 믿고, 해달라는 대로 해준 것이다. 만약 그때 아들의 말을 믿지 않고 한국으로 데리고 나왔다면, 아마도 아들은 한국에서 올바른 학교생활을 끝내기 어려웠고, 지금의 저 자신감 넘치는 삶의 기운을 잃었을 것이다.

아들아, 그렇게 어려우면 한국으로 돌아갈까?

어무이, 저 이 나라에서 성공하려고 왔어요. 그냥 온 것 아니에요.

그때 막내아들 나이가 16세였다. 그래! 아들! 엄마는 네 말 믿는다. 그렇게 해서 오클랜드 외곽에 있는 사립 중학교에 입학시켰다.

막내아들이 나의 인자를 제일 많이 가져간 것 같다. 다정다감한 아들이다. 막내는 어디를 가도 자신감 있는 삶을 살 것이다.

먼 훗날 나와 같은 길을 걸어갈 천신제자이다.

건강의 행복

꽃다운 18세에 도봉산을 내려오다 발목을 접질렸다.

이후 조금만 몸의 균형을 잃으면 바로 발목이 접질린다. 6년 전 동해바다에서 오른쪽 발목을 또 접질렸다.

나의 뇌 속 인자들에게는 병원이란 단어가 부재중인가 보다. 그렇게 발목을 크게 접질려 놓고도 밀려오는 통증에 고통스럽다고 끙끙 앓지만, 도대체 병원 갈 생각을 안 한다.

다른 사람들이 아프다고 하면 병원에 가서 검사받으라고 하면서 정작 나는 병원 가는 것을 잊고 산다. 그만큼 나에게는 병원에 가서 치료받아야 한다는 자체가 부재중으로 남아 있어 핑계만 댄다.

병원에 가봐야 깁스하라고 할 텐데, 깁스하고 중국에 들어갈 수도 없고 그렇다고 예약해 놓은 것을 취소할 수도 없다.

중국을 공부하기 위해 한 달 전 예약한 4박 5일 중국 여행을 제자들과 함께 다녀왔다.

중국이란 나라의 땅덩어리가 얼마나 광활한지 접질린 오른쪽 발목의 고통을 진통제로 다스려 가면서 여행을 마치고 무사히 한국으로 돌아왔다.

한국에 돌아오니 미얀마에 다녀와 달라는 부탁에 또다시 접질린 발목의 고통을 진통제로 해결해 가며 5박 6일 동안의 종교성 일을 무사히 끝내주고 한국으로 귀국했다.

이제라도 깁스하려고 병원에 가려는데, 뉴질랜드에 유학 보낸 학생들이 잘못되어 긴급히 사고 수습하러 뉴질랜드로 들어갔다.

당시 뉴질랜드 시민권을 가진 사람에게 네 명의 학생을 위탁했는데, 시민권자가 이득을 취하고 학생들은 부실하게 관리하였다. 통증이 너무 심해 근육 염증 질환 몸살을 앓으면서 오클랜드에서 한 달 동안 무사히 사고를 수습하고 귀국하였다.

깁스하는 시기를 놓치고, 부황으로 통증을 잠시 멈추어놓고, 조심조심 약으로 보호해 가며 근근이 시간을 보내는 중 또다시 동해바다 똑같은 장소에서 왼쪽 발목을 접질렸다.

오른쪽, 왼쪽 발목 접질림으로 아침에 일어나려면 어느 누구에게 호소도 못 하고 혼자 고통을 감수하며 하늘에 투정을 부렸다.

18세에 발목을 접질려 류머티즘 관절염으로 학교에 통학을 못 하고 진단서를 제출하여 간신히 학교를 졸업하였는데, 그때부터 무릎에서부터 발목까지의 통증은 눈물 속에서 혼자만이 감당해야 할 고통이었다.

그러한 고통 속에서 선원을 운영하였고 제자들 공부를 지도하였다. 제자들은 내가 얼마만큼의 고통을 겪고 있는지 모른다.

아이러니한 것은 나도 고통을 겪고 있으면서 병원에서 못 고치는 암 환자들을 돌봐주는가 하면, 인간의 병이 아닌 영적인 병이나 신적인 병으로 고통받는 병자를 돌봐준다는 것이다.

하루하루 아픔의 고통을 겪어가면서 약초 농사도 짓고, 제자들 공부도 게을리하지 않았다.

사실 나는 살아가면서 엄살이나 투정 부리는 데 익숙하지 않다. 주어진 일에 최선을 다해 막힌 일들을 풀어나가는 것이 더 재미있기 때문에 고통은 활동하는데 잠시 불편할 뿐이지 정신까지 지배하지는 못했다. 그래서인지 극심한 통증이 와도 병원이라는 단어를 모르고 살아왔다. 지금도 나에게는 병원이라는 단어가 부재중이다.

최선을 다해 일상생활을 하던 중 예상치 못한 큰 선물을 받았다. 5월 만행을 나가는 출발시간에 선물을 준다는 찰나의 예시를 받고 만행을 시작했다.

약초 농사지으러 포천에 들어온 지 9년이란 세월이 지났고, 약 만드는 데 많은 시간을 들여 연구하였다. 만행을 끝내고 돌아오자마자 '약을 단듭시다' 하는 약명계 차원계에서 서둘렀다.

밭에서 캐낸 더덕과 도라지, 오미자, 하수오, 뽕나무 그 외 17가지 약재를 끓이며 4박 5일간 뜨거운 불볕더위와 싸워가며 가마솥에 불을 지폈다.

연일 32도가 넘는 뙤약볕에서 흐르는 땀과 불의 뜨거운 열기를 참아가며 4박 5일을 꼬박 달여 경옥고 식으로 만들었다. 다 만든 약을 그릇에 옮겨 담고 가마솥에 눌러 붙은 약은 물을 더 넣어 휘휘 저어 페트병에 따로 담아놓았다.

주문한 손님의 약을 포장해 놓고, 막내아들이 주방에 하루 종일 서 있어서인지 발바닥이 너무 아프다고 호소하기에 아들 약도 포장해 놓았다.

약 만들기가 하도 힘들고 지쳐 솥에 붙어 있는 약을 물로 씻어내가며 모아놓은 약을 심심할 때마다 마셨다.

아침에 일어나려면 발목이 욱신거리고 아파서 겨우 일어나곤 했는데 약 먹은 지 3일 만에 아침에 일어나는데 몸이 새처럼 가볍다는 느낌이 왔고, 실제로 발목의 고통을 거의 느낄 수 없었다.

약을 만들어 20일 정도 복용한 뒤 표현 못 할 통증들과 발목의 통증들이 완전히 사라졌다.

갑자기 수행 초기에 신명들이 해준 이야기가 생각났다.

"하늘은 죽이기도 하고 살리기도 한다. 수행자가 제대로 한다면 병은 한 방에 고쳐준다"는 메시지가 사실이었구나 감탄하며 또다시 감사함을 간직하며 하늘에 감사 기도를 올렸다. 그렇게 아픈데도 병원에 다니지 못하게 했던 이유를 그때 알았다.

막내아들도 "엄마, 그 약 먹고 발바닥 쑤시는 통증이 없어졌어요. 신기하네요"라고 한다.

약을 더 연구하면 선원 운영자금을 만들 수 있는 효자가 되지 않을까 하고 몇 사람에게 복용케 하였더니 다들 약성 효과를 보았다고 한다.

이제 당당히 살아가라고 차원계에서 내려준 선물 그리고 나는 30년 만에 건강의 행복을 맛보았다.

자신을 믿고 당당히 살아가자.

건강의 행복 마무리

약도계에서 선물로 내려준 약을 복용하면서 최상의 건강 행복을 누린다.

약방문을 내려주는 조건으로 신들이 나에게 거래를 해왔다. 흔쾌히 신들의 조건을 받아들이고, 신명 차원계에 약속한 것을 이행하고자 만행을 강행하면서 새록새록 육신의 가벼움을 즐긴다.

30여 년 세월 동안 겪은 수많은 아픔 중에 탁한 혈액과 싸움할 때 아픔을 참아야 하는 인내 공부는 다시 하고 싶지 않았다.

긴 한숨을 내쉬면서 하루 중 많은 시간을 같이해야 하는 고통은 겪어본 사람만이 알 수 있다.

염증이 섞인 탁한 혈액은 약을 쓰면 잠시 이동하여 사라진 듯하다 방심하면 더 진한 탁함을 가지고 연속적인 고통을 준다.

염증이 섞인 탁한 혈액 에너지와 타협을 본다. 그래 그냥 친구하자. 그럼 내가 혈액들을 미워하지 않을 것 같다.

그렇게 동맹 맺은 30년의 시간들이 지나가고, 이제는 염증 섞인 혈액 동맹을 깰 시간이 다가온 것 같아 웃는다.

그동안 다리 아프게 만들어놓고, 공부하라고 어디 못 가게 붙잡아 두느라 애 먹었네 하며 이번 만행 길에 툭툭 털어 본래 자리로 보내 주었다.

16년 만에 태백산을 산행하였는데 내 발로 산을 올라가면서 믿기지 않는 일들에 입을 다물지 못하였다.

산행 초입부터 경사라 숨이 가빠지는 게 정상인데, 숨도 안 가쁘고 발목도 가볍고 모든 사지육신이 그리 가벼울 수 없었다. 태백산을 올라가는 내내 가벼운 다리와 편안한 호흡으로 산행했다는 행복 누림에 감사했다.

약도계에서 내려준 치료약을 더 개발하여 통증으로 고통받는 사람들에게 도움을 주어야겠다.

18세 때 도봉산 산신이 다리를 접질리게 하여 염증 섞인 탁한 혈로 고통받게 한 이유를 듣고 산신에게 미안하다고 하였다.

수많은 세월 겉으로 나타나는 통증, 숨어 있는 통증을 동반하였는데 이제야 통증에서 벗어나 완쾌를 본다.

내가 고통을 겪지 않으면 고통을 겪는 자들의 심정을 이해하지 못한다.

약사신명은 나에게 아픔의 고통을 겪게 만들어놓고, 신병으로 선원에 오는 천신제자들을 측은지심으로 병을 고쳐주라고 한다.

천어와 천서는 신병 고치는 데 매우 좋은 약이다.

짝사랑

나에게는 아들 하나, 딸 하나가 있다.

어느 날 내가 자녀들을 짝사랑한다는 것을 알게 되었다.

딸에게 엄마가 딸을 무척 짝사랑하고 있다고 했더니 딸이 "엄마, 나도 엄마를 짝사랑하고 있어요" 한다.

가슴에 뭉클하게 들어오는 것이 있었다.

지나간 시간들을 되돌아보면서 제자들이 생각났다.

내가 제자들을 짝사랑하고 있다는 것을 몰랐었다. 딸과 대화를 주고받다 제자들을 짝사랑해 가면서 공부시켜 주었다는 것을 깨달았다.

제자들 영성공부 내려주면서, 나의 모순들을 알게 되었다. 나의 모순을 찾아서 시정하고 수정하였더니, 아이들하고 잘 노는 사이가 되어 있었다.

제자들 영성공부 지도해 주면서 얻은 것도 있고 잃은 것도 있지만 그중 으뜸은 엄마와 함께 사는 것도 나쁘지 않을 것 같다는 딸의 말이었다. 같이 살아도 괜찮다는 말을 이렇게 빨리 들을 줄은 생각도 못 했다.

자녀들을 제자들과 똑같은 비중으로 교육시켜 왔기에 나를 좋아하지 않는 줄 알았다. 먼 훗날 부모의 뜻을 알겠지 했는데, 그날이 이렇게 빨리 올 줄 몰랐다.

어두움이 갑자기 환한 빛으로 가슴으로 들어온다.

좋은 부모가 되기 위해 나름 부단히 노력해 왔다. 그리고 아이들이 중년이나 되어야 나의 교육법을 이해할 거라고, 그제야 친숙해질 거라고 생각했는데 이렇게 빨리 찾아오다니 감격스러웠다.

이날을 맞이한 것은 나의 모순들을 찾아서 인내와 겸허라는 단어를 수도 없이 각인하여 내 안의 신성을 지도시킨 결과일 것이다.

부모가 자녀에게 인내와 겸허라는 단어를 각인시켜 놓지 않으면 자녀들의 생각을 현명하게 접수하지 못한다.

대화 중 미묘하게 부딪치는 감정을 다스리기에 역부족인 부모들이 태반이다. 나도 그중 한 사람이었다. 제자들 영성공부 지도해 주다 보니 나도 모르게 모순을 발견하고 모순을 찾아서 순화시키는 방법을 알게 되었고, 실천하고자 인내와 겸허로 대화를 주고받았다. 그 결과 엄마하고 살아도 괜찮겠다는 말을 20년은 앞당겨 듣게 되었다.

나는 앞으로도 나의 자녀들을 짝사랑할 것이고, 그 아이들도 나를 짝사랑해 주었으면 한다.

카페에 들어오는 회원

나만의 수행일지를 쓰기 위해 공간을 만들어 수행한 부분들을 간간이 쓰고 있다.

간혹 내가 운영하는 카페에 들어와 보건 회원으로 가입해 놓고 정보만 읽고 가는 사람들이 있다.

나의 수행일지는 영적으로 통한 자든, 도가 통했든, 신통하였든 어느 누가 읽어도 알 수 없고 이해할 수 없게끔 겉만 써놓았기 때문에 나와 통하지 않은 자는 알 수 없도록 곳곳에 함정을 파 지뢰를 밟게 해놓았다.

수준 이하인 차원계에서 정보를 받아오려 하는데, 대우주 자연계에서는 쉽게 공부를 주지 않는다. 에고 하나 정리하는데 눈으로 뚝딱 읽어서 그렇구나 한다 해서 카르마가 정리되는 것이 아니다.

카페에 회원으로 가입하신 분들에게 노크해 본 적 없고, 앞으로도 노크할 생각은 없다. 하늘의 선택받기가 내 마음대로 되지 않는다는 것을 알려주고 싶기 때문이다.

수행은 각자 근기에 맞게 해야 한다. 스스로 에고에 갇혀 대단한 착각 속에 천부경부터 하려고 한다. 천부경이 어떠한 경인지도 모르고 겁 없이 달려든다. 나도 처음부터 천부경으로 공부를 시작하였다면 그네들과 같지 않았을까?

카페에 들어와서 정보 공유하시는 분들에게 댓글은 필수이다.

그들에게 이렇게 말해 주고 싶다.

나의 수행일지는 적어도 100번 정도는 읽어야 내 안의 신성들이 깨어납니다.

  사람이 읽는 것이 아니라 내 안의 신성들이 읽어야 후천세계를 알 수 있고, 안다고 해도 영성 진화가 될까 말까 합니다.

딸의 트라우마

딸과 맛있게 조식을 먹던 중 뉴스에 나오는 소식을 접하고 딸에게 나의 생각을 말했더니 딸이 부르르 떨면서 "엄마, 그 부분은 나에게 더 이상 이야기하지 말라고 전에도 이야기했는데 왜 반복하느냐"며 몇 분간 서로 피 터지는 논쟁에 들어갔다.

"엄마, 나는 그 부분에 상당한 트라우마를 가지고 있어요"라는 딸의 말을 듣고, 나를 뒤돌아보았다.

딸이 말한 그 부분이 나에게도 충격이었는데 내가 그 부분을 뒤집으려 하지 않았구나! 아! 내가 바보 같았구나.

딸에게 곧바로 전달해 주었다. 엄마가 바보 같았다며 그 부분이 죽어 있었다는 것을 인정하고 오열을 토했다.

이 글을 쓰면서도 흐르는 눈물을 주체할 수 없다.

어쩌다 감성이 이다지도 메말랐을까?

왜!

자녀들이 겪는 삶의 부분들을 제대로 들여다보았는지 깊이 반성한다.

수행한답시고 나의 성장과 영적 진화만 생각했지, 자녀들의 고통은 산속의 메아리 정도로만 생각했던 무능함, 아님 문제를 떠안지 않으려고 잠재된 이기적인 생각으로 흘러가게 만들어놓고, 비 온 뒤의 성숙함이라는 단어로 합리화시키려는 비열함이 있지 않았는지, 오늘은 깊이 자아를 돌아보아야겠다.

뒤돌아보면 나에게도 고통스런 사건들이 줄줄이 있었음을 다시 한

번 상기하게 되고, 그 트라우마를 어떻게 넘어섰고 극복하게 되었는지 다시금 시간을 더듬어본다.

트라우마를 극복하기 위해서 그 사건이 희미해질 때까지 처음 보는 사람에게도 막 떠들었던 기억이 있고, 아버지께도 자문을 구했던 기억이 있다. 아버지께서 해주시던 말씀 중에 사람이 죽는 일만 아니면 큰일은 없다 하시던 말씀이 트라우마를 극복할 수 있는 가장 강력한 마약이었다.

그다음부터는 어떠한 일들이 생기더라도 죽는 일만 아니면 큰일은 아니다, 그러면서 종지기 같은 마음 자락을 넓혀가는 연습을 했고 트라우마를 극복해 나가고 있었다.

영성공부를 하면서 또다시 트라우마가 튀어나왔다. 트라우마를 극복한 줄 알았는데 영적으로 공부하면서 튀어나오는 문제점들을 껴안으면서 또다시 나의 심연 속을 들여다보는 계기가 되었다. 트라우마는 영적으로 들어가지 않으면 치유되지 않는다는 것을 경험을 통해서 알게 되었다.

딸에게 어느 한 부분을 깨닫게 해주어서 고맙다고 해야겠다. 무겁게 입고 있었던 문제가 환해진 것에 감사하다.

전혀 예상치 못한 뜻밖의 질문

딸내미를 퇴근시켜 주는 단란한 시간에 전혀 예상치 않은 질문을 받았다.

지금껏 자식에게 그러한 질문은 처음 받았고, 나도 그 부분은 잘 모르니 하늘에 질문을 던져보았다.

부모가 세상에 먼저 태어나고, 자식은 부모가 태어나기 전에 우주에서 너와 나는 부모자식로 만날 것이다 하고 미리 약속하고 자식이 태어나느냐? 하는 질문이 들어왔소! 답을 주실 수 있으면 지금 당장 주시오.

3차원 인간세계에 태어나기 이전에 영으로 존재하면서 인연을 먼저 살펴본다. 그리고 이번 생의 목적을 정한다.

이번 생의 목적이 정해지면, 그다음 나의 부모가 될 영을 인연으로 찾아내어 회자정리와 부모로 만나면 내가 원하는 교육을 시켜줄 신명인지 구체적으로 살펴본다.

그리고 자녀가 내적 수준이 상위 아이면, 영적 수준을 더 끌어올려 줄 수 있는지도 살펴본다.

내적 수준 그리고 전생의 인과를 통합하여 자식으로 태어날지, 상자로 인연을 만들어 3차원 세계에 더 머물러야 할 이유가 있는지, 마지막으로 이번 생으로 끝내야 하는지 세밀하고 면밀하게 조사하여 결정한다고 한다.

그래서 나는 너를 자식으로 선택할 권리는 없고 네가 앞에 나열한 원리로 부모를 선택한다고 한다.

그리고 딸에 대해서 말해 준다. 이번 생은 너와 일곱 번의 인연으로 만났고, 자식이 아니라 상자의 관계라고 한다.

너도 영계에서 아주 신중하게 조사하여 나를 택하였고, 잘 인도해 주시면 고맙겠다고 너의 신들이 말을 전한다.

돌이켜보면 나는 이미 너희 남매를 7세, 4세 때 하늘에 맡겼다. 너희 남매들이 나의 우주만 빌려 세상에 나온 것을 깨닫게 해주어, 나의 자식이 아니라는 것을 각인시켜 주었다.

유치원 다니던 그때부터 너희 남매를 떠나보내는 교육을 시켜주었다.

어차피 인연으로 부모의 연을 맺었지만, 내가 너희 남매 앞날을 인간적으로 성장시켜서는 안 된다는 메시지를 그때 받았고, 매의 말로 (인성교육) 남매를 성장시켜 준 것이 오늘의 문제를 풀게 됨을 고맙다.

딸에게 이러한 질문을 받게 되리라곤 상상도 못 했다.

그리고 즉문즉설이 되게 해주시어 감사하다.

딸이 매우 만족한 답을 주셔서 감사하다고 예쁜 미소를 던진다.

딸내미의 탁한 에너지 이동

나에게는 27세 된 딸이 있다. 중 고등학교 시절만 해도 몰랐던 부분들이 성인으로 넘어가면서 눈에 띄었는데 특히 느긋함이 도를 넘어섰다.

대기만성이려니 했는데 그것도 아니어서 원인을 찾아보았더니 17세에 유학을 보낸 나라, 멕시코의 게으름과 느긋함의 에너지가 딸과 함께 한국으로 귀국한 것이다.

본인에게는 불필요한 에너지라 정리해 주려고 하는데 딸이 영적인 부분을 이해하지 못해 호시탐탐 기회만 엿보았다.

뉴질랜드에서 돌아온 딸내미를 두 달 동안 출퇴근시켜 주었다.

지금 다니고 있는 회사에서 쉽게 퇴사할 것 같지 않아 운전면허증을 취득하라고 딸과 상의한 후 먼저 중고 승용차를 구입해 주었다.

면허증을 취득하라고 하면 언제 시작할지 몰라, 차부터 사주면 면허증 취득을 서두르지 않을까 하는 조바심에 일을 저질렀다.

그런데 차를 사다 놓은 지 일주일이 지났는데도, 딸은 필기시험 문제집조차 구입하지 않았다.

다른 집은 우선 면허증을 취득하고 그 후에 차의 구입을 결정하는데, 나는 승용차를 미리 구입해서 딸의 대기만성 + 느긋함 + 게으름 + 지저분함의 에너지를 정리해 줄 생각이었다.

원래 딸한테도 지저분함과 게으름의 에너지가 충만했는데, 멕시코에서 지저분함과 게으름의 사이클을 덧붙여 왔다.

고민 끝에 딸의 탁한 에너지를 정리해 줄 방법을 찾아내어 다행이다 싶었는데 역시나였다.

두 달 동안 마당에 승용차를 주차만 해놓고 핸들 한 번 잡아본 것이 끝이다. 이 방법도 통하지 않으니 다른 방법을 찾아보자.

승용차 구입 해프닝은 그렇게 끝났다.

웃고 살자

웃~자!
웃~~자!
웃~~~자!
웃으며 살자.
웃음만큼 사람의 기운을 정화시키는 데 빠른 것이 없다.
인간이 겉으로 웃는 웃음이 아니라 내적의 어느 기운이 웃어주어야 한다.
웃음에도 조건이 형성되어야 웃을 수 있다.
때론 주변의 문제들이 산재해 있어 처리 못 할 상황이 벌어지면 에라 모르겠다, 그렇게 문제를 던져놓고 노래방에 간다.
처지는 노래가 아니라, 상황에 반전을 주는 제목을 찾아서 부르다 보면 나도 모르게 해결 방안이 떠올라 더더욱 신명나게 노래 부르며 흥에 드취된다.
다음 날 복잡한 문제들이 일사천리로 해결되었다고 연락받는다.
신들은 문제를 처리할 때 시간을 질질 끌지 않고 항시 바로바로 처리한다.
그런 것 같다.
신명들이 즐거우면 어떠한 기운이 움직여준다는 것을….
단, 신명과 합의되었을 때 그렇다는 것이다.
그런 말이 있다.
걱정해서 해결된다면 고민하라.

고민해도 되는 문제가 아니라면 내면에 던져놓아라.

나도 수많은 고민을 한다.

지금도 수많은 고민을 껴안고 있다.

다만 인간 혼자서 고민을 껴안는 것이 아니라 하늘과 우주와 같이 껴안고 하라.

고민은, 난제의 문제는 인간이 해결 못 하는 것이라면, 때론 하늘에 던져놓고, 때론 우주에 던져놓고, 때론 지신들에게 던져놓고, (그 외에 많은 곳이 있지만) 인간은 웃고 살자.

웃고 살면 고민은 해결된다.

웃고 살자!